Nc
14,9

HISTOIRE
DE
GUILLAUME III.

ROY D'ANGLETERRE, D'ECOSSE, DE FRANCE, ET D'IRLANDE, PRINCE D'ORANGE, &c.

Contenant ses Actions les plus memorables, depuis sa Naissance jusques à son Elevation sur le Trône, & ce qui s'est passé depuis jusques à l'entiere Reduction du Royaume d'Irlande.

Par Medailles, Inscriptions, Arcs de Triomphe, & autres monumens Publics,

Recueillis par N. CHEVALIER.

A AMSTERDAM.
M. DC. XCII.
AVEC PRIVILEGE.

AU ROY.

IRE,

Voyant qu'on celebre Vos Vertus & Vos Actions Heroiques en plusieurs manieres, comme j'ay quelque connoissance des Medailles, j'ay crû que je ne pouvois mieux employer mon étude qu'à recueillir celles que l'on a fait fraper à vôtre honneur,

EPITRE.

neur, les ranger selon l'ordre des temps, & y ajoûter des reflexions pour les rendre intelligibles à tout le monde. Ainsi j'en ay fait un Corps d'Histoire Metallique que j'ay crû devoir donner au Public. J'avouë, SIRE, que si une main plus habile que la mienne eut entrepris cét Ouvrage, il seroit écrit avec plus de justesse & de politesse. Neanmoins j'ose dire que si VOTRE MAJESTE daigne y jetter les yeux, elle y trouvera des choses dignes de son attention, puisqu'Elle s'y verra dans toutes les pages, & qu'Elle y lira ses Grandes Actions qui Luy ont attiré l'admiration & l'amour de toute l'Europe, & l'estime même de ses plus grands Ennemis. C'est cela aussi uniquement qui m'a fait prendre la hardiesse de presenter cét Ouvrage à VOTRE MAJESTE. Je m'estimeray toûjours fort heureux d'avoir donné un témoignage public du zele & du tres-profond respect avec lequel je suis,

SIRE,

DE VÔTRE MAJESTÉ

Le trés-humble & trés-obéïssant Serviteur

NICOLAS CHEVALIER.

HISTOIRE
DE
GUILLAUME III.
PAR LA GRACE DE DIEU ROY DE LA
GRAND BRETAGNE.

Sur les Medailles que l'on a frappé pour luy depuis sa naissance jusqu'à ce jour.

ENRY GUILLAUME DE NASSAU Prince d'Orange, à present Roy de la Grand Bretagne 1650. glorieusement regnant nâquit à la Haye le 14. de Novembre 1650. dans les larmes ameres de sa Maison, & au milieu des troubles que l'esprit de defiance & de confusion avoit semé depuis Barnevelt dans la Republique. Il n'y avoit que huit jours que le Prince Guillaume II. son Pere estoit mort. Ce grand Prince qui possedoit toutes les belles qualitez qui font les grands hommes, avoit succedé aux biens & aux charges des Princes d'Orange ses Predecesseurs, par la mort du Prince Frederic Henry son Pere, à qui les Estats Generaux avoient accordé pour son Fils la survivance de ses Charges & de ses Gouvernemens dés l'an 1631. Aimé de la Noblesse & du Peuple, craint & admiré mesme de ceux qui ne l'aimoient pas, on le regardoit comme un digne & precieux residu du sang de ces Heros qui avoient estabi la Souveraineté des Provinces-Unies; car des trois fils que Guillaume surnommé le *Grand* ou

le *Taciturne*, premier Fondateur de ce grand ouvrage avoit laissé en mourant, quand Balthasar Gerard l'assassina à Delft, Philippe l'aîné estoit mort à Bruxelles sans enfans, & dans la profession de la Religion Romaine, dans laquelle les Espagnols l'avoient élevé, Maurice le second estoit mort dans le Celibat, & le Prince Frederic qui estoit le plus jeune n'avoit laissé en mourant que ce fils unique. Comme il estoit tout feu & tout vie on s'estoit consolé de n'avoir plus que luy qui fût sorti en ligne droite de ce sang illustre. Jeune & plein de santé il sembloit promettre avec une longue vie de dignes Successeurs pour relever sa Maison & servir de soûtien à la Republique ; mais la petite verole vint l'emporter dans sa plus grande vigueur, & à la vingt-quatriéme année de son âge. Alors tout le sang des Nassau Princes d'Orange sembla s'éteindre ; il y avoit déja neuf ans que le Prince avoit épousé Marie fille de Charles I. Roy d'Angleterre ; cependant il n'avoit point eu d'enfans encore, & ne laissoit en mourant à la Maison d'Orange aucune esperance de posterité que celle qui estoit cachée dans la grossesse de la Princesse, esperance incertaine, & que le grand deüil où se trouvoit la Princesse affoiblissoit. Comme on attendoit en crainte ce qui en seroit elle accoucha du fils que nous depeindrons, & le Prince vit le jour dans ces tenebres. Cette naissance rejoüit les bons Citoyens ; mais tous ne sçavoient pas combien ce present que Dieu leur faisoit estoit precieux ; & c'estoit-là le malheur de la Republique. On y joüissoit alors d'une paix profonde ; & si les troubles du dedans eussent esté aussi heureusement appaisez que ceux du dehors, il n'y auroit rien eu à desirer pour le bien public. Aprés une guerre de plus de 80 ans, où l'on avoit veu d'un costé tout ce que l'ambition, la colere, la haine de Religion, l'antipathie de l'humeur, la fierté irritée par le mépris, l'esprit de vengeance conçû sur une opinion de revolte, le dépit de se voir humilié par des sujets que l'on avoit proscrits, & resolu de mettre à l'interdit comme des rebelles, peuvent inspirer de rage & d'obstination à une nation naturellement cruelle & sanguinaire, & de l'autre tout ce que l'amour de la liberté & de la Religion, fortifié de la peur de rentrer sous le joug d'une domination tyrannique, peut inspirer de zele, de constance, & de vray courage à un peuple libre & belliqueux. Enfin les Espagnols avoient fait la paix avec les Estats, & reconnu solemnellement la liberté & la Souveraineté des Provinces-Unies, par un Traitté signé dés le 30. de Janvier 1648. & ratifié le 18. d'Avril suivant. Mais si cette Paix avoit chassé la guerre de la Republique, elle y avoit laissé un levain secret de discorde & de confusion interieure qui a failli à la perdre dans la suitte. Depuis les broüilleries Arminiennes, qui furent moins une querelle de Religion que de Politique, il est toûjours resté dans la Republique certains esprits ombrageux, ou plûtost ulcerez contre la Maison d'Orange, qui jaloux de sa gloire & de son pouvoir, l'accusoient du dessein de vouloir s'emparer de la Republique, & tâchoient de persuader qu'elle ne cherchoit que les occasions d'envahir la souveraineté sur les sept Provinces, par le moyen des gens de guerre qui estoient à la devotion des Princes d'Orange ; soit que ces gens eussent conçû de bonne foy cette opinion par foiblesse, & par un principe de méfiance, soit qu'ils eussent pour but d'exciter contre cette Maison la haine du public naturellement jaloux de sa liberté, par un principe de ressentiment & de malignité. Il est vray que ce parti s'estoit bien diminué depuis Barnevelt par la bonne conduite des Princes d'Orange: Sur tout le Peuple ayant vû le zele avec lequel les Princes Maurice & Frederic s'estoient devoüez à la gloire & à la grandeur du Pays, & bien loin de rien entreprendre de pareille nature avoient exposé leur vie genereusement pour maintenir la liberté, & pour augmenter le bonheur du public, apres la chûte du parti Arminien, & dans un temps où ils auroient pû entreprendre & executer pour leur interest particulier tout ce qu'ils auroient voulu dans la Republique, estoit bien revenu de cette impression & avoit converti tous ses soupçons en amour & en confiance ; mais comme il arrive aux

plus

plus grands hommes de s'éblouïr quelque-fois dans la paſſion, & de n'enviſager pas toutes les ſuittes des reſolutions que le reſſentiment leur ſuggere, il arriva que le Prince Guillaume qui leur avoit ſuccedé, voulant humilier la ville d'Amſterdam qui mépriſoit ſon authorité, & tirer raiſon de pluſieurs injures particulieres qu'il s'imaginoit en avoir reçûës, fit marcher des Troupes pour la ſurprendre la nuit du 30 de Juillet 1650. Cette entrepriſe qui n'eut point de ſuccez pour le Prince, parce que le Poſtillon de Hambourg avoit paſſé à travers du Camp ſans eſtre arreſté, & donné avis à la ville de ce qu'il avoit veu, fut un grand pretexte à ceux du party pour rappeller les ſoupçons, & pour ramener la méfiance. On depeignoit cette action comme un attentat manifeſte à la liberté publique; on diſoit que le Prince non content du trop grand pouvoir qu'il avoit déja dans l'Eſtat, s'abandonnant aux Conſeils de l'ambition qui ne trouve point de bornes dans les deſirs qu'elle inſpire, l'avoit voulu changer en une domination ſouveraine & abſoluë; qu'il ne s'eſtoit oppoſé à la reforme des Troupes comme il avoit fait peu auparavant, que pour s'en ſervir à cette fin; qu'il eſtoit pouſſé à cela par les conſeils de la Princeſſe, qu'eſtant fille de Roy elle ne pouvoit le voir commander & ſoumis à des ordres ſuperieurs; qu'au reſte il n'avoit commencé par la Capitale que ſur l'eſperance que le reſte des villes ſe ſoumettroient aprés aiſément; & bien que la bonne foy & la probité reconnuë du Prince détruiſit ces ſoupçons injurieux, & que les Eſtats Generaux euſſent appaiſé cette querelle par leur prudence le troiſiéme d'Aouſt, cependant les mal-intentionnez contre la Maiſon d'Orange continuerent leurs brigues & leurs diſcours paſſionnez pour détruire tout-à-fait dans la Republique le credit & l'authorité que cette Maiſon y avoit; ce qu'ils continuerent meſme aprés la mort du Prince Guillaume, qui arriva trois mois aprés, avec une application & un ſuccez tel qu'il faillit à eſtre fatal à tout l'Eſtat, comme il paroiſtra dans la ſuite. Les choſes eſtoient en cet eſtat quand Guillaume III. vit le jour. Ce fut pour la Republique un Ange tutelaire; pour ſa Maiſon un precieux germe ſorti du Tronc de *Guillaume le Grand*, pour faire reverdir ſa gloire & ſon nom; un Moïſe pour l'Eſtat; un Joſuë pour l'Egliſe; un ſujet d'eſtime, d'admiration & de benediction pour toute la Terre; né par les ſoins & ſelon la deſtination de la Providence pour arreſter les conſeils des Roys Tyrans, & reſtablir la liberté des Peuples; qui a merité le titre de P R O V I D U S, *Prévoyant*, par les ſages conſeils dont il a éclairé l'Europe endormie, & qui meritera bien-toſt celuy de *Grand Conquerant*, ſi les vœux des Peuples ſont exaucez. Ce fut pour marquer la joye & les eſperances que l'on avoit conçû quand le Prince nâquit, que l'on fit frapper cinq ans aprés cette medaille, qui eſt la premiere que l'on ait frappée pour Guillaume III. Prince d'Orange.

On voit le jeune Prince au milieu d'une Couronne d'Orange, entre laquelle & le Prince, on lit ces paroles.

WILHELMUS III. D. G. PRINCEPS ARAUS. &c.

Guillaume III. par la Grace de Dieu Prince d'Orange.

REVERS.

On voit un Phœnix sur son bucher, pour marquer que le Prince estoit né, peu de temps aprés la mort de son Pere, & sorti comme de ses cendres pour perpetuer sa Maison.

1651. jusqu'en 57.

LA naissance des grands hommes estant un ouvrage du Ciel est souvent mysterieuse, & l'on ne doit point imputer à superstition, si l'on y remarque plusieurs circonstances qui semblent avoir de la liaison avec les évenemens memorables que la Providence avoit medité & resolu d'executer par leur ministere. Nous avons vû que le Prince qui devoit estre la joye & la gloire de sa Maison, tel que nous le voyons aujourd'huy, nâquit dans une circonstance où les choses luy estoient fort contraires, car estant né d'ailleurs pour sauver l'Estat, & pour devenir les delices de la Republique, il y trouva un parti armé contre luy, méditant sa ruine avant qu'il fût né, & complotant de luy ravir les Charges & l'authorité que tous ses Predecesseurs avoient obtenuës. Il semble que les troubles qui regnoient alors en Angleterre presageoient de mesme qu'il en seroit un jour le Liberateur, & que ce triple Trône que l'on a veu chancelant depuis tant d'années, par la méfiance reciproque où les Peuples ont esté à l'égard des Roys, & les Roys à l'égard des Peuples, principalement sur la Religion, ne se verroit bien affermi que quand GUILLAUME, le sincere, le pieux, le debonnaire, y estant monté, auroit establi sur la bonne foy, sur le zele de la pieté, & la tolerance de la charité, comme sur trois colonnes inebranlables, cette belle correspondance du Roy qui protege, & du Peuple qui benit, d'où naissent la force & la prosperité des Éstats, la vraye gloire des Roys, & le vray bonheur des Peuples. En effet la Maison du Prince n'estoit pas moins affligée, ni abbatuë du costé Maternel que du Paternel. L'année precedente avoit vû l'horrible spectacle de la mort de Charles I. Roy d'Angleterre Pere de la Princesse, que l'on avoit decapité à la vûë du Ciel, & devant son propre Palais le trentiéme Janvier.

1649.

Peu aprés Olivier Cromwel, l'autheur & le promoteur de cet execrable parricide, avoit contraint Charles II. son fils & son successeur de s'enfuïr en France, aprés l'avoir défait avec son Armée à la Journée de Worchester; puis s'estant emparé de la Monarchie sous le titre moins odieux de Protecteur de la Republique Anglicane: il gouvernoit avec autant de succez que de hauteur; jamais Roy d'Angleterre n'eut un pouvoir si absolu, ni peut-estre si redouté que l'estoit le sien. Maistre d'une grande Armée & d'une Flotte nombreuse dont il couvroit la Terre & la Mer, il rompoit les Traittez, cassoit les

Parlemens

GUILLAUME III.

Parlemens qui les vouloient faire; mettoit à leur place un Conseil Souverain qui composé de personnes qui luy estoient devoüées regloit tout à sa fantaisie, faisant trembler de son Cabinet l'Espagne, la France, l'Italie, l'Afrique, les Indes; obligeant les testes Couronnées à dissimuler leurs ressentimens & à luy envoyer des Ambassadeurs; humiliant fierement une noblesse hautaine; levant des subsides de son authorité privée sur un peuple libre & ombrageux; changeant & expliquant les loix comme bon luy sembloit; faisant la paix & déclarant la guerre selon son caprice. Ce fut ce pouvoir illimité & reglé par le seul caprice de l'usurpateur qui suscita cette rude guerre qui dura depuis l'an 1652. jusqu'à l'année 1654. & où l'on vit les deux Republiques de Hollande & d'Angleterre se choquer si rudement l'une contre l'autre, comme si elles avoient voulu mesurer leurs forces. Cromwel estoit irrité contre la Republique, parce qu'il la croyoit dans les Intérêts des Rois; & qu'en effet elle avoit fait tout son possible par le moyen de son Ambassadeur pour sauver la vie au Roy Charles. D'abord il fit éclatter son ressentiment par la prise de quelques vaisseaux Hollandois; ensuitte ayant ordonné à Blak de chercher querelle sur l'honneur du Pavillon, cet Amiral des Parlamentaires salua Tromp de trois volées de Canon par forme de compliment comme il passoit vers les côtes d'Angleterre; à quoy les Hollandois respondirent aussi si bien que l'on en vint à un combat sanglant qui ne pût estre fini que par la nuit. Les Etats envoyerent des Ambassadeurs à Londres pour arrêter le cours de ses demeslez; mais Cromwel n'ayant voulu écouter aucune proposition d'accommodement, il fallut en venir à une guerre ouverte. Cette guerre qui fut la premiere que les Provinces eurent à soutenir depuis le parfait affranchissement de de leur liberté, fut sanglante, & coûta bien du sang & bien des finances aux deux Republiques : comme on combattoit de part & d'autre pour l'honneur & pour l'Empire de la Mer, on fit des efforts extraordinaires pour la victoire; mais aprés six combats sanglans sur la Mer du Nord, & deux sur la Mer Mediterranée, qui ne servirent qu'à abbaisser les forces des deux partis, au grand contentement des Estats voisins, à qui la puissance des nouveaux Republiquains donnoit beaucoup de jalousie, enfin ces deux Nations que leur conformité sinon de fortune au moins de Religion devoit unir plûtost trés-étroitement, reconnurent qu'il estoit de leur intérêt commun de se rendre reciproquement leur amitié; de sorte que la paix fut concluë à Londres le 15. d'Avril 1654. malgré les Intrigues de l'Ambassadeur d'Espagne qui la traversa autant qu'il pût. Cependant le Prince grandissoit, & rélevoit l'esperance de sa Maison par les marques qu'il donnoit déja d'une capacité d'esprit & de cœur extraordinaire. La Princesse Doüairiere sa Mere qui voyoit croître avec grand plaisir le fruit de ses soins fit frapper cette Medaille pour marquer sa joye.

La Princesse en buste à l'Angloise avec le sein découvert & cette inscription.

MARIA DEI GRATIA PRINCEPS MAGNÆ BRITANNIÆ AU-
RANTIÆ DOTARIA.

C'est à dire :

Marie par la Grace de Dieu Princesse de la Grand Bretagne Doüairiere d'Orange.

REVERS.

On voit le jeune Prince en buſte avec une toque ſur la teſte, il eſt au milieu d'une Couronne, tiſſuë de branches d'Oranger entrelaſſées; dans l'Exergue on lit ces paroles.

WILHELMUS III. DEI GRATIA PRINCEPS ARAUS. &c.
Guillaume III. par la Grace de Dieu Prince d'Orange.

Cette ſeconde Medaille qui fut auſſi frappée, reſſemble aſſez à la precedente;

La Princeſſe paroît en buſte avec ces paroles.

MARIA DEI GRATIA PRINCEPS MAGNÆ BRITANNIÆ AU-RAICÆ DOTARIA.
Marie par la Grace de Dieu Princeſſe d'Angleterre, Doüairiere d'Orange.

REVERS.

Le jeune Prince avec un bonnet de plumes ſur la teſte comme auparavant, & dans l'Exergue.

WILHELMUS III. D. G. PRINCEPS AURAICÆ C. N.
Guillaume III. par la Grace de Dieu Prince d'Orange, Comte de Naſſau.

GUILLAUME III.

En voicy une troisiéme qui marque les grands soins que l'on prenoit pour donner au Prince une education digne de sa naissance, & qui respondit à la pieté de ses glorieux Ancestres; on luy enseigne pour maxime fondamentale que la crainte de Dieu & l'amour sincere de la Religion, est le principe de toutes les vertus qui font le Heros, & le vray moyen d'attirer du ciel, la faveur qui est necessaire pour le devenir; comme si l'on eut pressenti que le Prince estoit destiné à devenir sous la benediction de Dieu, un Heros Chrêtien qui ne porteroit que des armes justes, non pour envahir & persecuter, mais pour conserver & rétablir ce que les hommes possedent de plus precieux, sçavoir la liberté dans l'estat, & la pieté dans l'Eglise.

Le jeune Prince paroît en buste affublé d'une toque comme dans les figures precedentes.

AU REVERS.

Il est debout vestu à la Romaine, Couronné de Laurier comme un Heros; le baston de Commandement à la main; auprés de luy est la Déesse Pallas, assise & dans la posture de ceux qui enseignent; cette Déesse a ses Armes, son Casque, sa Couronne de Laurier, sa Lance, son Bouclier sur lequel on voit la teste de Meduse: à ses pieds est un chat-huant, oiseau consacré à cette Déesse estendant les ailes; & l'on apperçoit de loin comme en perspective son Temple qui est le Temple de la Sagesse; tout cela pour marquer qu'elle est tout ensemble la Déesse de la Guerre & de la Sagesse; & qu'un Heros par consequent ne se peut jamais former, qu'en écoutant bien ses instructions & ses Conseils; sur cela les yeux fixement attachez sur le Prince elle luy montre du doigt un Soleil tout Rayonnant, l'emblesme de la Divinité, au milieu duquel est le nom Hebreu de *Jehova*, & derriere le jeune Prince, on lit ces paroles.

TIME DEUM.
Crains Dieu.

C'est en substance toute l'instruction qu'il en reçoit pour parvenir au Heroïsme; & c'est sans contredit la grande leçon qu'il faudroit bien de bonne heure enseigner aux Princes.

LEs années qui s'estoient écoulées depuis que la paix avoit esté faite avec Cromwel, avoient esté des années de gloire pour la Republique; si l'on excepte la guerre du Bresil que les Portugais reprirent entierement sur les Hollandois en 1655.

1657.

aprés

après une guerre de dix ans. On avoit secouru la Ville de Munster en 1656. contre Christophle Bernard de Galen son Evêque, homme fier & ambitieux, plus propre pour l'espée que pour la mitre, qui avoit assiégé cette ville pour se venger de quelque mécontentement qu'il croyoit en avoir receu, mais qui fut obligé de lever le siege & de s'accommoder, quand il vit approcher les troupes de l'Estat sous le commandement du Rhringrave; ce qui le rendit un ennemy Implacable de la Republique, mais qui obligea si sensiblement les Munsteriens, qu'ils envoyerent des Deputez aux Etats, pour les remercier solemnellement d'une protection si genereuse. On avoit envoyé la mesme année l'Amiral Opdam avec une Flotte nombreuse moüiller l'anchre à la veuë de Lisbonne Capitale de Portugal, pour demander au Roy avec des instances reïterées la restitution du Bresil que ses sujets avoient envahi; & sur le refus qu'il en avoit fait, cet Amiral luy avoit declaré la guerre dans toutes les formes le 22. Octob. & enlevé en revenant en Hollande plus de 15. vaisseaux appartenant à des Portugais. On avoit en 1658. à la gloire & à la Loüange Immortelle de la Republique, toûjours preste à courir au secours des oppressez, gagné sur la mer Baltique par la valeur & par la conduite du mesme Amiral la memorable Bataille du Sond contre les suedois; jetté du secours dans Coppenhague; Et par ce moyen arresté Charles X. Roy de Suede dans le cours rapide de ses conquestes, & comme arraché de ses mains la Couronne de Dannemark pour la remettre sur la teste de Frederic III. que Charles Victorieux avoit depoüillé de tous ses Etats & qu'il tenoit tres étroitement assiegé dans sa Capitale. La Majesté de l'Estat paroissoit aussi dans la magnificence de ses bâtimens & de ses ouvrages publics. On avoit achevé en 1655. la Maison de Ville d'Amsterdam, edifice qui égale en richesse & en magnificence les Palais des Rois, creusé en 1659. un long Canal depuis Harlem jusqu'à Leyde pour le transport des marchandises & des voyageurs, & inventé l'art de faire rendre à la Mer les thrésors immenses qu'elle a engloûti, par le moyen d'une Machine que les Zelandois inventerent & dont ils firent avec succez la premiere épreuve en 1660. sur un riche vaisseau brisé & abysmé dans le sable prés de l'une de leurs Isles, que l'on retira neantmoins au grand étonnement des spectateurs, avec une partie des Canons, de l'argent & des pierreries qui y avoient esté renfermées. D'ailleurs le Commerce fleurissoit par tout dans l'Europe, dans l'Afrique, dans les Indes, & cette petite Republique qui estoit comme sortie des flots de la Mer & s'estoit formée à la Brille par la descente hazardeuse, & l'entreprise hardie, pour ne point dire temeraire, de quelques Matelots portoit dans tous les endroits du Monde la gloire de son nom & le respect de ses armes. Dans cet estat de prosperité où l'on se trouvoit alors, ce n'estoit pas simplement la Maison d'Orange, ni ceux qui luy estoient alliez du costé du sang qui se réjoüissoient de voir croistre le Prince; tous les bons Citoyens de la Republique le faisoient aussi: on se souvenoit des grands services que les Princes de cette illustre Maison avoient rendus; & comme ils avoient esté l'appuy de l'estat, l'on estoit bien-aise d'en voir reverdir un germe qui croissant sous la benediction de Dieu pût luy servir encore dans les temps d'adversité de Liberateur & de Pere. C'est dans cet esprit que l'on fit frapper cette Medaille l'an 1657. comme pour marquer que les Hollandois taschoyent de haster par leurs vœux & leurs benedictions, l'âge & la vertu du jeune Prince.

Il paroît en buste avec ces paroles mises autour.

WILHELMUS III. DEI GRATIA PRINCEPS AURAICÆ
COMES NASSOVIÆ.

Guillaume III. par la Grace de Dieu Prince d'Orange, Comte de Nassau.

GUILLAUME III.

REVERS.
Ces vers Flamands.

Al lag d'Oranje Boom geknot,
Dit Eedel Spruitje wierd van God
Gekoeftert in Marias fchoot:
Des leeft de Vader, na zijn dood,
Gelijk een Phenix, in zijn Zoon.
Hy groey en bloey en fpan de Kroon
In Deugd en princelik verftand,
Tot Heul en Hail van 't Vaderland.

Quoy que l'Oranger fut abbatu, ce noble réjetton a efté confervé par les foins de Dieu dans le fein de Marie, ainfi le Pére naît aprés fa mort, comme un Phenix dans fon fils, qu'il croiffe, qu'il fleuriffe, & qu'il furpaffe en vertu les plus grands Princes: à la gloire & pour le falut de la Patrie.

En voicy une feconde qui exprime a peu prés la même penfée.

Le Prince comme à la précedente avec ces paroles.

WILHELMUS III. D. G. PRINCEPS AURAICÆ.
Guillaume III. par la Grace de Dieu Prince d'Orange.

REVERS.
Un Phenix fur fon bucher environné d'une Couronne d'Orange, entre laquelle & le Phenix on lit ces mots.

Emoritur & requiefcit.
Il meurt & il repofe.

HISTOIRE DU ROY

La suivante a esté frapée sur les grandes esperances que nôtre grand Prince donnoit comme on le pourra fort bien voir par le revers; il est en buste avec une petite toque de plumes; autour on lit cette inscription.

WILHELMUS III. D. G. PRINCEPS AURAICÆ.
Guillaume III. par la Grace de Dieu Prince d'Orange.

REVERS.

La patience chargée d'un joug nous fait entendre que la grandissime vertu qui éclatoit en nôtre Prince faisoit esperer de grandes choses de son Auguste Personne, comme il n'a point manqué de faire éclater, ainsi que l'on verra dans la suite de cét ouvrage: il ny a jamais eu de Prince qui ait esté doüé d'autant de belles qualitez que nôtre grand Conquerant; autour on lit *ces mots*:

Patientia & virtute.
Patience & vertu.

IL ne se trouve point que l'on ait frappé aucune Medaille au sujet du Prince, depuis l'an 1657. jusqu'en 1672. où commença cette guerre peu juste, que les Rois de France & d'Angleterre avoient meditée de concert pour l'extinction de la Republique. Cependant comme il est arrivé pendant le cours de ces 15. années plusieurs choses tres remarquables, qui ont de la liaison avec l'Histoire que nous écrivons, il est à propos d'en dire un mot. Et pour commencer par la Principauté dont le Prince porte le nom, elle a subi pendant cét espace de temps deux ou trois revolutions assez singulieres & assez fascheuses pour être remarquées. Chacun sçait que les Comtes de Nassau ont sur la Ville & Principauté d'Orange, qui passe pour une des plus anciennes Principautez de l'Europe, un droit de possession & de Souveraineté incontestable, par le mariage qui fut procuré par les soins de François I. entre Henry Comte de Nassau, & Claude de Châlon fille unique de Philibert de Châlon: au moyen duquel René de Nassau, & de Châlon son fils unique demeura heritier de la Principauté, par la mort de son Oncle maternel, qui l'a luy avoit leguée & laissée par Testament; commençant la quatriéme race des Princes d'Orange dont la premiere qui paroisse dans les Histoires, se trouve avoir commencé par *Guillaume* surnommé *le court né*, ou plûtost le *Cornet*, ou au *Cornet*; qui vivoit au temps de Charlemagne dans le huitiéme siecle; d'où vient peut-être, pour le remarquer en passant, que les armes d'Orange portent encore aujourd'huy un Cornet, que ce Prince avoit apparemment choisi pour les siennes. La Maison de Nassau joüissoit encore de ce droit paisiblement en 1660. lors que le Roy Trés-Chrétien prenant pretexte de quelque demeslé qui s'estoit élevé entre les Princesses, au sujet de la regence, se saisit de la Ville d'Orange, non pour conserver le bien du Pupille & de l'Orphelin; mais pour la piller & la démolir, & en disposer comme de son propre. Il y envoya des troupes

qui

qui entrerent dans la Ville sans resistance ; assiégerent les Reformez dans le grand Temple ; pillerent, tuerent, exercerent mille extorsions sur les habitans, & couronnerent l'injustice de ce bel exploit, par la démolition de la place, comme si ç'eût esté une place qui leur eût appartenu, ou ni plus ni moins que s'ils l'avoient conquise dans une juste guerre. Il est vray que sur les remonstrances & les plaintes reïterées, qui furent portées au Roy Trés-Chrétien contre ce procedé, par les Ministres de plusieurs Estats tres-considerables dans l'Europe, on se resolut enfin à la Cour de France à écouter la justice, & à consentir que la Principauté retournât à son Maître legitime. Ce fut le 12. jour d'Avril 1665. que Monsieur de Zuylichem Pere de l'Illustre Monsieur Hugens, si connu & si estimé par tous les sçavans d'aujourd'huy, aprés quatre années de Negotiations à Paris pour ce sujet, arriva enfin à Orange pour y rétablir le pouvoir du Prince. Il fut receu du Peuple avec des demonstrations de joye proportionnées aux maux qu'on avoit soufferts. Et comme il s'aquittoit de sa commission, qui estoit si agreable aux Orangeois, & qui avoit esté si desirée, il arriva une chose que je tairois, n'estant ni credule ni superstitieux sur les prodiges, si plus de huit mille personnes de l'une &· de l'autre Religion ne l'avoient vû. On s'estoit assemblé le 6. de May à la place du Cirque, pour publier de la part du Prince une amnistie generale ; le Parlement y estoit en habit de Ceremonie, Monsieur de Zuylichem l'Envoyé du Prince seoit à la tête pour representer son Autorité : & d'ailleurs le peuple qui brûloit du desir de marquer son zéle pour le service du Prince, n'avoit pas manqué de s'y rendre en foule ; comme tout le Monde estoit attentif, & avoit les yeux ouverts, voilà une Couronne qui se formant dans l'air petit à petit vint se poser directement sur le Thrône que l'on avoit dressé pour le Prince, tout le Peuple le voyant, & s'en étonnant. Je laisse aux speculatifs le soin de faire sur ce rare prodige autant de refléxions Prophetiques où Philosophiques, qu'il leur plaira ; mais voicy l'Epigramme que Monsieur de Zuylichem composa le même jour pour en conserver la memoire.

Dum stat, Arausiacæ confirmatura Coronæ
Antiquam populi læta Corona fidem ;
Non dubie cœlo placuit, quod utrique Coronæ
Tertia, de cœlo missa, Coronat opus.

Ainsi fut rétablie à Orange l'Autorité violée du Prince pupille, & la paix renduë à des peuples opprimez : mais cet ordre de justice ne dura que peu. Le Roy de France n'eût pas plûtost declaré la guerre aux Hollandois, qu'il fit rendre un arrêt dans son Conseil d'Estat en datte de l'onziéme de Janvier 1673. portant qu'il ajugeoit la Principauté d'Orange à Monsieur le Comte d'Auvergne par droit de represailles pour des biens situez en Hollande, dont il ne pouvoit tirer les revenus. En exécution de cet arrêt on recommença bien-tôt la violence : Monsieur Roüillet Intendant en Provence s'en vint à Orange dés le mois de Mars suivant, accompagné d'un Prevost, de ses Archers, & d'un bourreau, grondant, menaçant, sommant le Commandant de la Forteresse au nom du Roy son Maître, qu'il eût à luy remettre la place incessamment, & ne parlant que de pendre si l'on s'obstinoit. A ces menaces le Bourgeois effrayé subit le joug ; mais le Commandant du Château demeura ferme. On fit mine en Cour de France de consentir qu'il restât dans la Forteresse avec la Garnison qu'il y avoit, pourveu seulement qu'il n'empêchât point le Commis de France de lever les deniers de la Principauté ; mais ce n'estoit qu'un tour de politique pour mieux cacher la résolution que l'on avoit prise de s'emparer de cette Forteresse, que le Prince Maurice avoit renduë en 1622. trés-forte & trés-reguliere, pour la renverser entiérement ; soit qu'on ne crût pas qu'il fut seur de laisser dans le voisinage, & comme au milieu du Royaume une place aussi forte que celle-là l'estoit; soit que l'on commençât à se chagriner contre le Prince d'Orange qui venoit d'estre mis à la teste des Armées de la Republique Hollandoise, & qui commençoit par sa bonne conduite à faire esperer qu'il enleveroit aux François une si belle conqueste qu'ils avoient déja si fort avancée. Aussi bien que le Commandant qui n'avoit que 70. Hommes de Garnison s'en tint prudemment aux termes que l'on avoit desiré; n'estant point assez fort pour soûtenir plus vigoureusement le droit & les Intérêts de son Prince, il fut bloqué dés le 26. Octobre suivant; puis assiegé dans les formes par le Comte de Grignan, qui s'estoit mis à la tête de la Noblesse de Provence pour faire cette expedition. Alors il fut sommé de nouveau de rendre la place; mais il respondit encore qu'il ne la rendroit qu'aux ordres de son Prince, ou à la force de ceux qui l'attaqueroient. Cependant comme il se vît attaqué dans les formes avec de l'Artillerie que l'on avoit tiré de Marseille, & qu'il n'avoit point des forces suffisantes pour resister, il rendit la place peu de jours aprés, sous une Capitulation honorable. Les François y estant entrez en enleverent l'Artillerie, & les munitions; raserent le Château jusqu'aux fondemens, voulurent obliger les habitans à faire eux mêmes cette démolition, & à tourner leurs propres mains contre eux, & contre leur Prince; mais l'ayant refusé courageusement l'on fit venir du voisinage les Contadins, peuple bigot, & brutal, qui s'acquittant avec joye de cet employ par un esprit de zele pour leur Religion, eurent bien-tôt renversé cette belle Forteresse, laissant dans ses ruïnes & dans les mazures de toute la Principauté un triste monument de l'injustice des François; en attendant que les François laissassent dans la ruïne & dans la persécution éternelle des habitans mêmes un monument de rage & de barbarie tel qu'il paroîtra dans la suite.

 Pendant que les choses s'estoient ainsi passées dans la Principauté d'Orange, il estoit aussi arrivé bien des changemens dans les deux Republiques de Hollande & d'Angleterre. Cromwel estoit mort à Londres dés le 13. de Septembre 1658. & avoit laissé Richard son fils pour luy succeder dans la dignité Protectorale. Mais soit qu'il se sentit trop peu de genie pour se maintenir dans cette dignité, où son Pere ne s'estoit conservé que par la force de son esprit & de son courage; soit que n'estant point épris de l'éclat qui accompagne le Commandement, il aimast mieux mener une vie de particulier, que de gouverner au dépens de son repos, & au milieu des dangers dont l'usurpation est menacée, il ne fit aucun effort pour se maintenir; mais dés qu'il previst que l'on pensoit à le déposer, il se démit volontiers du Gouvernement dont il n'avoit joüi que tres peu de mois. Cependant la Republique Anglicane n'ayant plus de Protecteur commença à se troubler par la discorde, & la confusion s'augmentant de jour en jour par l'ambition de ceux qui briguoient le Commandement, le General Monck & les autres Partisans de la Royauté, en sçûrent si bien profiter, qu'ils firent rappeller le Roy Charles. Ce fut à Breda que ce Prince receût de la part du Parlement une deputation solemnelle, par laquelle on l'invitoit à reprendre les resnes du Gouvernement & à remonter sur le Thrône de ses Peres. Les Estats témoignerent combien ce rappel leur donnoit de joye par la reception pompeuse qu'ils firent au Roy. L'ayant invité de venir attendre à la Haye les vaisseaux qui devoient venir d'Angleterre pour l'y transporter. On le conduisit aprés à Scheveling avec un Cortege des plus magnifiques, & s'estant embarqué sur la Flotte Angloise le 2. de Juin, il descendit à Douvres, & fit au milieu des acclamations du peuple son entrée publique à Londres le 9. du même mois qui estoit le jour de sa naissance: Il arriva peu de temps aprés un évenement qui rallentit la joye de la Cour; c'est la mort de la Princesse d'Orange sœur du Roy & Mere de nôtre Prince, qui mourut à Londres le 24. Decembre âgée seulement de 29. ans; c'estoit une Princesse de grand cœur; recommandable par sa naissance & par sa beauté, mais plus encore par ses rares vertus, & par

1660.

GUILLAUME III.

par la naiſſance du Roy Guillaume. Au reſte il ſembloit que les marques de diſtinction, d'honneur & d'amitié reciproque, que le Roy d'Angleterre & les Eſtats Generaux s'eſtoient donné dans leur entreveuë, promiſt une paix durable entre ces deux Nations, & même une alliance plus étroite; cependant cinq années ne s'écoulerent point qu'ils recommencerent une guerre furieuſe; ce fut le Roy d'Angleterre qui la declara aux Eſtats en 1665. dans le mois de Mars, irrité de ce que 1665. Ruyter leur Vice-Admiral avoit eſté reprendre ſur les Anglois le Fort du Cap Verd dans la Guinée, & enlevé quelques vaiſſeaux en chemin faiſant. Le premier combat qui ſuivit cette funeſte rupture faillit à être fatal aux Hollandois; car ayant eſté attaquez vers Harwick le 13. de Juin par la Flotte Angloiſe, commandée par le Duc d'York, aujourd'huy le Roy Jacques, & par Robert de Baviere Prince Palatin du Rhin, ils perdirent Opdam leur General que le feu fit ſauter avec quatre-cens jeunes hommes des meilleures familles du païs qui l'avoient voulu ſuivre pour ſe diſtinguer, Egbert Cortenaer Vice-Admiral de la Meuſe, pluſieurs bons Matelots, dix-ſept Navires, heureux d'avoir pû conſerver le reſte de leur Flotte par l'adreſſe & par la valeur de Corneille Tromp qui la fit retirer au Texel en tres bon ordre. Mais il ſembla que la Victoire voulant les dédommager de cette premieme diſgrace qu'ils eſſuyerent, réſolut de ſe mettre de leur côté dans tous les combats qui la ſuivirent. Il s'en donna un ſanglant l'onziéme jour de Juin de l'année 1666. ſuivante, entre Nieuport & la pointe du Nort d'Angleterre; le General Monck commandoit alors la Flotte Angloiſe, & les Eſtats avoient mis à la place d'Opdam Michel de Ruyter à ſon retour de Guinée. Les Flottes s'eſtant mêlées l'on combattit de part & d'autre furieuſement pendant quatre jours: mais Ruyter eut toûjours l'avantage ſur les Anglois, les contraignit tous les ſoirs de ſe retirer avec perte; les pourſuivit le 13. en plein jour, prit le Chevalier George Aiſcuë leur Admiral de l'Eſcadre du Pavillon blanc, & bien que le lendemain les Anglois revinſſent à la charge fortifiez de 22. Vaiſſeaux que le Prince Robert avoit amenez, Ruyter les reçut avec tant de bravoure, & de fermeté qu'il les mit en fuite tout de nouveau, & remporta une Victoire qui couſta aux Anglois vingt-trois Navires. Il y eut un troiſiéme combat dés le 4. Aouſt de la même année, qui fut un peu plus douteux, chacun s'attribuant la Victoire. Cependant on s'eſtoit aſſemblé à Breda pour negotier la paix entre les deux Nations par la mediation de la Suede: mais comme les Anglois ſont extremement paſſionnez pour la gloire, leurs pertes les avoient plus irritez qu'adoucis; & il n'y avoit pas d'apparence que l'on s'accordât facilement. Ce fut alors que les Hollandois firent la grande & belle action de Chatan que toute l'Europe à oüie & admirée. Ruyter ayant ordre de harceller les Anglois le plus qu'il pourroit, & de profiter des avantages 1667. qu'il avoit remporté ſur eux dans les combats precedens pour les obliger à faire la paix, réſolut d'entrer dans la Tamiſe, de s'emparer de leur Magazin, de brûler leurs Vaiſſeaus, & de porter la terreur juſques dans la Ville de Londres, s'il eſtoit poſſible. Pour executer cette grande entrepriſe il choiſit dans ſa Flotte 17. Vaiſſeaux de guerre, des plus legers, avec quatre brûlots, & autant de barques, & les fit avancer ſous le Commandement du Lieutenant Admiral de Gent. Ce brave homme fit en quatre jours des actions qui tiennent du prodige. Il emporta le 20. 1667 Juin le Fort de Cherneſe ſitué à l'embouchure de la Riviere de Chatan, d'où ayant enlevé ou brûlé pour plus de quatre-cens mille livres de materiaux, ſervant à l'Equippage des Vaiſſeaux, que les Anglois avoient mis là comme dans leur principal Magazin, il fit ſauter le 21. les Fortifications de la Place. Puis remontant la Tamiſe il continuë; les Anglois avoient tiré de grandes & robuſtes chaiſnes au deſſous du Château d'Uptom, pour arreter ſes Vaiſſeaux tout court, & l'empêcher de monter plus haut: mais rien n'eſtant capable d'arrêter ſon zele & ſon grand courage, il fit aller ſon Vaiſſeau à pleines voiles, rompit & força les chaiſnes le 22., eut la hardieſſe d'aller chercher les Vaiſſeaux Anglois juſques dans leur port, brûla le même

jour

jour trois grands Navires, prit un grand Vaisseau nommé le Royal Charles, & une Fregate de 44. pieces de Canon, envoya de brûlots le lendemain qui malgré tout le feu, tant du Canon que de la Mousqueterie des Anglois, allerent mettre le feu à trois autres Navires, & revint à la Flotte aprés cette expedition sans avoir perdu que 50. Hommes. La gloire de cette action ne fut pas le seul fruit que les Hollandois en retirerent. Car les Anglois se voyant hors d'estat de tenir la mer d'assez long-temps aprés tant de pertes, consentirent à la paix qui fut conclüe & signée à Breda le 3. Juillet 1667.

1667.

Cependant la guerre venoit de se rallumer entre la France & l'Espagne sur un prétexte que l'on croyoit un peu recherché. Les François se fondant sur je ne quelle Loy qui veut en Brabant que les Enfans d'un premier lit, ou masle ou femelle, excluent ceux d'un second, soûtenoient que Marie Therese d'Autriche, Reine de France avoit par consequent, au préjudice de Charles II. son Frere Cadet, & d'un second lit, un droit réel & incontestable sur le Duché de Brabant, & demandoient aux Espagnols une prompte satisfaction sur cela. Mais la Cour d'Espagne ne pouvant se persuader que cette pretention fut legitime & fondée, malgré le Traité bien beau & bien raisonné des droits de la Reine, que Monsieur de Louvois avoit fait composer par les plus fameux Avocats de Paris, ne satisfit point à la question, & respondit seulement qu'on cherchoit querelle. Sur quoy Loüis XIV. Roi des François s'estant mis à la teste d'une Armée de trente-cinq mille hommes, & ayant envoyé sur les aîles deux autres Armées moins fortes, l'une sous le Commandement du Maréchal d'Aumont, l'autre sous les ordres du Marquis de Créqui, entra en Flandre ; emporta sans peine dans une seule Campagne prés de douze Villes, qui destituées de Munition & de Garnison ne pûrent resister ; força l'Isle, qui se deffendit un peu mieux, à se rendre par composition ; puis tournant tout d'un coup le torrent de ses armes d'un autre côté enleva aux Espagnols toute la Franche-Comté dans le mois de Février de l'année suivante. Cette rapidité de Conquetes allarmant les Hollandois, qui craignoient le voisinage d'un tel Roy, & qui avoient offert leur Mediation pour la paix dés le commencement de cette guerre, ils renouvellerent leurs poursuites & leurs sollicitations pour la procurer : & ayant esté mieux écoutez que la premiere fois, le Traité en fut conclu à Aix la Chapelle le 2. de May 1668. Le Roy rendit toute la Franche-Comté ; mais on luy ceda neuf Villes dans la Flandre, sçavoir l'Isle, Doüay, Tournay, Courtray, Oudenarde, Ath, Bergues, Armentieres, & Charleroy. La paix n'ayant pû se rétablir qu'à ces conditions, les Hollandois qui avoient veu la rapidité des armes Françoises & qui avoient une juste raison d'apprehender que dans cet estat d'amortissement, & de foiblesse, où l'Espagne se trouvoit reduite, la France n'achevât la Conquête de la Flandre en une seule Campagne, dés qu'Elle se mettroit en teste de l'entreprendre ; jugerent qu'il estoit à propos pour leur propre seureté de travailler à la conservation de ce beau païs qui servoit de barriere à leurs Estats, & engagerent les Couronnes d'Angleterre & de Suede à former avec eux une espece de Ligue, qui fut appellée la *Triple Alliance* par laquelle ces trois Puissances s'engageoient à secourir la Flandre au cas qu'Elle fut attaquée. Cette action de prudence qui traversoit les desseins secrets & les esperances du Roy de France, luy déplût extremement, & dés lors il résolut de faire tout ce qu'il pourroit pour perdre la Republique. Pour exécuter ce grand dessein la Cour de France mit en œuvre toute l'adresse & tout l'artifice imaginable. Non seulement on trouva moyen d'aneantir pour les Hollandois la Triple Alliance du côté de la Suede par les intrigues que l'on avoit dans cette Cour ; mais on sçût engager le Roy d'Angleterre dans le dessein d'une guerre pour subjuguer la Hollande, en luy faisant comprendre que si une fois cette Republique Protestante, pouvoit estre détruite, il luy seroit tres-aisé de se rendre absolu dans ses Estats, & d'y établir le Papisme, pour lequel

1668.

1669.

quel on fçavoit bien en France que ce Prince diffimulé avoit du panchant. Ce fut pour cela que fut menagé à Douvres une entreveuë entre la belle Henriette Ducheffe d'Orleans, & Charles II. fon Frere. Car comme ce Prince differoit à fe dé- 1670. clarer pofitivement là-deffus, retenu fans doute par la crainte de s'engager dans une affaire qui pourroit déplaire à fes Peuples, & luy fufciter des guerres Civiles, le Roy de France qui avoit cette affaire au cœur fit un Voyage en Flandres avec toute fa Cour, & feignant de s'arrêter quelque temps fur la Frontiere fous prétexte de vifiter Dunquerque, & d'ordonner quelque Fortification qu'il y avoit à faire, fit paffer en Angleterre la Ducheffe d'Orleans pour faire fur le Roy d'Angleterre un dernier effort, & pour l'obliger à fe déclarer. Comme elle avoit beaucoup d'efprit & un pouvoir prefque abfolu fur l'efprit de fon Frere, & que d'ailleurs elle fe faifoit un tres grand plaifir d'obliger le Roy, qu'elle aimoit, dit-on, plus que fon mary, elle s'aquitta fi bien de fa Commiffion qu'elle acheva de le gagner, & de le déterminer en faveur du deffein que l'on meditoit, à quoy contribuerent de grandes fommes d'argent qui avoient paffé la Mer avec elle. Et bien que cette malheureufe Princeffe dont le mary Frere du Roy eftoit fort Jaloux, & à l'occafion de laquelle il venoit de faire bannir du Royaume le Comte de Guiche; qui paffoit pour l'un de fes favoris, mourut peu de temps aprés, s'eftant écriée aprés avoir beu un verre d'eau de Chicorée, qu'on l'avoit empoifonnée, & ayant fouffert des douleurs extremes pendant les vingt-quatre heures de vie qui luy refterent aprés cette fatale potion, le Roy d'Angleterre n'en témoigna nul reffentiment, mais demeura ferme dans l'Alliance que cette pauvre Princeffe avoit menagée. Il eft mefme curieux de remarquer que cette mort precipitée qui avoit d'abord fait apprehender au Roy de France quelque refroidiffement, ou mefme quelque révolution fatale à fon deffein dans l'amitié du Roy d'Angleterre, en forte que pour l'empefcher il avoit eu la précaution de faire ouvrir la Princeffe en prefence de fon Ambaffadeur, & de la faire affûrer bien fort par les Medecins qu'il n'y avoit point de poifon, luy devint utile pour l'exécution de ce même deffein, tant les gens habiles fçavent tourner les chofes à leur avantage! Car il s'en fervit pour engager dans fes intérêts l'Electeur Palatin, Prince d'un grand efprit, & d'un grand credit dans l'Empire, par le Mariage qu'il luy propofa de fa Fille avec le Duc d'Orleans veuf de la Princeffe. Comme on n'oublioit rien dans la Cour de France pour faire réüffir ce qu'on meditoit, on eut l'adreffe de s'affûrer de tous les Princes qui gouvernent les Eftats dont les Provinces-Unies font environnées; l'Electeur de Cologne, qui eftoit auffi Prince de Liege, accorda & promit tout ce qu'on voulut à la Sollicitation de Guillaume de Furftemberg fon premier Miniftre, que la France avoit engagé dans fes intérêts, par la promeffe de l'élever un jour au Cardinalat, & qui perfuadoit tout ce qu'il vouloit à ce foible Prince. Le Duc de Nieubourg écouta auffi les Complimens des François, & s'engagea à les laiffer faire, & à livrer paffage à leurs troupes. Pour ce qui eft de l'Evêque de Munfter, l'ancien & l'irreconciliable ennemy des Hollandois, on l'avoit trouvé tout difpofé à prendre les armes contre eux, & à les attaquer de concert de toutes fes forces. D'ailleurs la Republique eftoit pour l'interieur dans une conftitution tres maladive; le Peuple Hollandois qui avoit autrefois acquis tant de gloire, & contre les Romains, & contre les Efpagnols plus recemment dans les Sieges de Harlem, de Leyden, &c. par fa valeur & par fon courage, s'eftoit amolli par le repos, & par l'application au trafic. La Milice Hollandoife n'eftoit plus compofée de ces vieux Soldats & Officiers experimentez, qui au temps des Princes d'Orange, avoient fait regarder la Hollande comme l'Échole de Mars, où les Etrangers venoient apprendre l'art de faire la guerre; c'eftoit des gens fans experience & fans difcipline, une Soldatefque énervée par l'oifiveté, & par l'application à toute autre chofe qu'au meftier de la guerre; le Soldat reftant en Garnifon des vingt ou vingt cinq années dans une mefme Ville, où il avoit fa femme, fes enfans, fon

trafic

trafic, & rien de Soldat que le nom, & les gages qu'il partageoit avec un Capitaine interessé, qui pensoit moins à la gloire & au salut de l'Estat qu'à faire sa bourse: c'est ce que produisit le licentiement des Vieilles Troupes aprés la paix de Munster, & la résolution qui fut prise par les Estats de Hollande & de Weestfrise, peu aprés la mort du Prince d'Orange, comme nous avons dit, de suprimer le Pouvoir de *Gouverneur* ou de *Lieutenant-General* de la Province, ou de rendre du moins cette Charge incompatible avec celle de *Capitaine-General*; soit que n'y ayant plus personne qui sçût la guerre, à qui le soin des Armées fût confié, ces desordres suivissent naturellement du défaut d'exercice & de discipline; soit même que ceux qui gouvernoient se faisant un devoir d'éloigner petit à petit les vieux Officiers, Hollandois ou étrangers, qui aimoient la Maison d'Orange, eussent plus de soin de nommer aux Charges des Personnes qui leur estoient recommandées de bonne part, comme des fils de Bourguemestres, où de Députez des Villes, estimant que le Gouvernement estoit bien plus seur entre leurs mains, que des gens de merite & d'experience: aussi verra-t-on dans la suite des Villes qui avoient une Garnison de cinq mille hommes, & de prés de huit cens chevaux, se rendre à discretion sans tirer un coup; tant l'Estat de la Milice estoit pitoyable! Les Places fortifiées de la Republique n'estoient guere en meilleur Estat: & pendant que l'on avoit acquis de la gloire du côté de la Mer, je ne sçay quel esprit de securité avoit fait negliger toutes choses du côté de la Terre, d'où l'on se persuadoit que l'on ne pouvoit estre attaqué, parce, disoit-on, que les Princes Allemands du voisinage étoient alliez, & trop foibles pour l'entreprendre; que l'Empereur ne souffriroit pas qu'ils livrassent passage aux François, & que les Espagnols n'avoient garde de le livrer non plus du côté de la Flandre ni de la Gueldre. Mais il y avoit un ulcere plus dangereux, qui residant dans les parties nobles, repandoit dans presque tous les autres membres de l'Estat, une ardeur de fiévre tres perilleuse; c'est l'esprit de discorde, la peste des Estats Republiquains, qui regnoit alors avec beaucoup de force & de vehemence. Les Dewits qui gouvernoient presque tout l'Estat s'opposoient de toute leur force à l'avancement du Prince d'Orange, & ne vouloient pas qu'il entrât dans le Gouvernement de la Republique; mais comme cette conduite choquoit l'ordre de la justice, la Reconnoissance que l'on devoit à la Memoire & aux grands Services de sa Maison, la Vertu & le Merite extraordinaire du jeune Prince, & l'inclination que le Peuple, & une partie de l'Armée avoit pour Luy, il y avoit un Party opposé, qui sollicitoit en sa faveur pour le faire rentrer dans la Charge & dans les Emplois de ses Peres. Ce n'estoit donc principalement du côté des Dewits que brigues, que Cabales, qu'intrigues secretes, que factions animées, qui se rengregeoient d'autant plus que le Prince approchoit de sa 22. année, terme que les Estats avoient souvent comme fixé pour l'élever au moins à la Charge de *Capitaine-General*. Cependant la Cour de France fomentoit de son mieux ces divisions par ses Emissaires: il y en a mesme qui tiennent pour assûrée une chose que je ne voudrois point affirmer; c'est qu'Elle avoit gagné & corrompu par ses Loüis d'or plusieurs grandes Têtes qui commandoient directement où indirectement dans les meilleures Villes; & que le Roy de France ayant encore de la repugnance à entreprendre cette guerre, malgré toutes ces Alliances, & toutes ces intrigues que j'ay rapportées, parce que la force de la Hollande, sa situation au milieu des eaux, & le grand nombre de ses Places bien fortifiées, luy en faisoient paroistre le succez douteux, ne fut bien résolu & déterminé, qu'aprés que le Marquis de Louvois qui l'y poussoit, luy eût montré un Ecrit contenant l'Estat des Villes de Hollande, manquant l'une de Remparts, une autre de Munition, une autre de Garnison, une autre de Commandant & de Capitaine; la facilité qu'il y avoit à s'en emparer; & les noms de ceux qui s'estoient engagez à les luy livrer sans coup ferir dés qu'il en feroit les approches.

Les

Les choses estant disposées ainsi, & apparemment comme la Cour de France l'avoit desiré, on commença à armer chez les Alliez, & à préparer l'orage qui alloit éclore. Déja la France qui armoit puissamment par Terre & par Mer, faisoit couler des Troupes dans les Terres de Liege & de Cologne, l'Electeur le souffrant, & luy remettant ses meilleures Places, sous l'esperance que Furstemberg luy avoit donné de partager le butin, & de recouvrer les Places de son Diocese, qui estoient au pouvoir de la Republique. Du côté d'Angleterre on avoit avis que l'on y lévoit des Troupes en grande quantité, & qu'il s'y équippoit force Vaisseaux. Mais l'Evêque de Munster signaloit sur tous les autres son humeur guerriere, tant par la levée de nouvelles Troupes, bien qu'il en tint toûjours de prestes pour faire irruption sur les Hollandois, quand l'occasion s'en présentoit, comme il avoit fait genereusement en 1665. pendant qu'ils avoient la guerre contre les Anglois, & qu'il les voyoit occupez à se deffendre; que par l'application qu'il avoit à inventer des Carcasses, des Bombes, & autres Machines de feu pour mieux brûler les Villes, & tuer les Hommes plus commodement & plus abondamment: digne occupation d'un S. Prélat! On auroit deviné contre qui l'orage s'apprestoit, quand on n'auroit veu que la joye, & les grands préparatifs de cet Evêque; car chacun sçavoit la haine implacable qu'il avoit conçû contre la Republique. Aussi commença-t-on à s'y remuër & à penser aux moyens de se défendre. On envoya des Lettres Circulaires à toutes les Provinces, & l'Assemblée des Estats fut convoquée. Ce fut là qu'entre plusieurs moyens qui furent proposez pour défendre la Patrie, on proposa celuy d'élever le Prince à la Charge de *Capitaine-General*, pour commander les Armées de la Republique. Jusques-là ce grand Prince y avoit vécu comme le moindre particulier, & bien qu'il eût déja atteint vingt-un an, & fait paroître depuis tres long-temps une Vertu robuste, & une Capacité extraordinaire pour les affaires, on l'avoit tenu éloigné des Charges, sans avoir égard ni à sa Naissance, ni à son Merite, ni à la Memoire des Princes d'Orange ses Ancêtres, ni au désir du Peuple, ni aux recommandations du Roy d'Angleterre son Oncle qui avoit souvent sollicité les Estats pour ce digne Neveu. La proposition ne déplût point à l'assemblée; mais quelqu'un ayant eu l'adresse d'en éluder la résolution sur quelque prétexte recherché, les Estats se séparerent sans rien déterminer sur cela, aprés s'estre promis de se tenir unis plus étroitement que jamais pour défendre la Patrie. Neantmoins comme le Prince estoit regardé au moins comme designé pour General, il fut prié de se transporter sur les Frontieres pour les visiter, & sur son rapport les Estats ordonnerent que les Villes de Wesel, d'Orsoy, & de Rhinberg fussent fortifiées. Cependant Jean de Wit Pensionaire de Hollande, Homme d'esprit & de grand credit dans la Republique, mais fils d'un des *Louvestins*, comme on parle en Hollande, c'est à dire de l'un de ces 8. Citoyens qui avoient esté enfermez dans le Château de Louvestein par les ordres du Pere de nôtre Prince, & par consequent ennemy juré de Luy & de sa Maison, voyant que le temps marqué pour l'Election du Prince d'Orange approchoit, & continuant dans le dessein, qui luy avoit jusqu'alors si bien réüssi, de l'éloigner du Gouvernement, remuoit Ciel & Terre pour empescher cette Election. Il alloit de maison en maison chez ceux qui avoient du credit, insinuer des soupçons & des raisons de défiance contre luy, & briguer les suffrages en faveur d'un autre. Et comme peu de gens vouloient luy promettre & s'engager en particulier, il prepara une harangue pour la réciter dans l'assemblée. Les Estats s'estant rassemblez peu de temps aprés, la proposition fut renouvellée, parce que les amis du Prince d'Orange, bien informez des brigues & du grand credit de son ennemy, résolurent de terminer cette affaire, & de la porter à une prompte décision. Ce fut alors que sans menagement ni détour, le Pensionnaire parla ouvertement & de toute sa force contre ce dessein, disant entre autres choses, qu'aprés les entreprises que la Maison d'Orange avoit faites sur la liberté publique, pour élever son authorité sur les

ruines

ruïnes d'un bien si precieux, & qui avoit cousté tant de sang, il ne craindroit point de dire qu'il y auroit de l'imprudence, & beaucoup de peril, à la remettre en estat de tenter encore la mesme chose ; qu'il leur falloit dans la conjoncture une Personne d'experience pour commander leur Armée, que le Prince d'Orange estoit jeune, & qu'il n'avoit jamais tiré l'épée: & qu'en un mot ce seroit vouloir tout perdre que de penser à luy pour ce grand Employ. Mais comme on connoissoit la Valeur du Prince, & la passion du Ministre qui avoit parlé, cette harangue n'empescha point que six Provinces ne luy donnassent leur voix d'un commun accord, & il n'y eût que la seule Province de Hollande, qui prevenuë de son Pensionnaire hesita quelque temps à donner aussi la sienne ; mais enfin elle y consentit au grand contentement du Peuple.

Déja la guerre avoit commencé, & la Republique voyoit fondre sur ses bords de tous costez les forces de deux puissans Roys, & de deux Evéques, lorsque les Estats dans la grande consternation où estoit le Païs à la vûë de cet orage, deputerent en l'année 1672. Messieurs de Beverning, Jean de Wit, & Gaspar Fagel, pour offrir au Prince la Charge de *Capitaine-General*, & pour le prier de leur part de la vouloir accepter pour défendre la Patrie, comme ses Ancestres d'heureuse & glorieuse Memoire avoient fait. Le Prince l'ayant acceptée tres volontiers, il fut installé dans cette Dignité, & presta le serment dans l'Assemblée des Estats avec les Ceremonies accoustumées. Ce fut pour marquer la joye & le contentement du public sur cette Election si fort desirée que l'on fit frapper cette Medaille.

Le Prince paroit en buste & armé avec ces paroles.

WILHELMUS III. DEI GRATIA PRINCEPS AURAICÆ COMES NASSOVIÆ.

Guillaume III. par la Grace de Dieu Prince d'Orange, & Comte de Nassau.

AU REVERS

Paroît la Déesse Pallas, ayant à l'une de ses mains une demi-pique, & à l'autre un Bouclier chargé d'un Peuplier ; il y a à sa gauche un Oranger, & à sa droite un bucher sur lequel un Phenix vient d'estre consumé, & autour on lit ces paroles.

Nec forte, nec fato.

Ni par le hazard, ni par le destin.

CEs paroles font comprendre que l'Election du Prince à la Charge de General n'est l'ouvrage, ni de la fortune, ni d'une force contraignante, & violentante

tante comme le deſtin, mais d'un choix libre & prudent que les Eſtats ont fait par un acte de Juſtice & de Sageſſe. L'Orange & le Phenix marquent que l'on verra deſormais reverdir la gloire du Prince, & reſſortir comme des Cendres de ſes glorieux Predeceſſeurs. Pour ce qui eſt du Peuplier qui eſt un arbre Aquatique, & que Guillaume le Taciturne mit en 1582. dans une Medaille avec ces paroles *audaces fortuna juvat*, *la fortune favoriſe les gens de cœur*, on croit qu'eſtant mis icy ſur le Bouclier de Pallas, il a pour but de marquer que la force de la Hollande, ſituée au milieu des eaux comme le Peuplier, eſtant jointe avec la vigueur & le courage infatigable du Peuple Hollandois, il y avoit lieu d'eſperer dans la guerre preſente que l'on auroit bon ſuccez ſous le Commandement du jeune Prince.

Nous allons voir dans la guerre qui va commencer une révolution des plus étranges, & qui ait mieux fait voir, avec l'inſtabilité des Grandeurs humaines, & le malheur où les Republiques s'expoſent, quand elles ſe diviſent par la diſcorde, où qu'elles s'amoliſſent par l'oiſiveté, que les Hommes déliberent & concertent entre eux des deſſeins ambitieux, mais que des évenemens viennent du Trés-Haut qui détruit par ſon ſouffle les Conſeils des Hommes. On verra la Hollande, cette Republique ſi riche, ſi peuplée, ſi prudente, ſi guerriere, ſi forte dans ſes eaux, & au milieu de ſes boulevarts, & ſi invincible dans toutes les guerres précedentes dont Elle avoit eſté aſſaillie, denuée & privée de tout dans ſes finances, ſans Soldats, ſans Hommes de cœur & d'experience, au moins qui paruſſent dans tout ce grand Peuple, ſurpriſe & trompée dans ſes Conſeils, vaincuë & miſe en déroute dans ſes Armées, forcée dans ſes rivieres par la fuite de ceux qui en gardoient les bords, aſſervie dans ſes fortes Places par la lâche conduite des Commandans, qui ſe rendoient à diſcretion ſans tirer un coup, & reduite en un mot à une telle extrémité en moins de trois mois, que l'on délibererera dans la plus conſiderable de porter les Clefs au Vainqueur, & de luy aller au devant pour ſe ſoûmettre. Mais on verra auſſi Loüis XIV. Roy de France, malgré toute l'adreſſe de ſes complots, & tout le ſuccez de ſes Armes Victorieuſes, aprés avoir formé contre cette Republique le deſſein de la ruiner, & avoir veu dans la joye de ſon cœur, ce deſſein s'avancer, & preſque s'accomplir, eſtant déja Maître de pluſieurs Provinces, & ſi ſeur d'occuper le reſte au premier jour, qu'on luy verra refuſer de donner la paix qu'à des conditions dures & inacceptables, éprouver tout d'un coup par une révolution ſubite & impreveuë, la force d'un ordre ſuperieur à tous les Conſeils des Roys, qui le contraindra de quitter cette belle proye, d'abandonner tant de fortes Places dont la priſe l'avoit ſi fort rejoüi, & de ſouffrir en un mot que la Republique ſe remette & ſe rétabliſſe en ſon entier, ſans qu'un ſeul pouce de Terre, ni aucune de ſes Places en ſoit démembrée. 1672.

Ce fut au mois d'Avril que le Roy de France déclara la guerre à la Hollande, ſans marquer d'autre raiſon, ni d'autre motif pour la fonder, que la *mauvaiſe ſatisfaction* qu'il diſoit en avoir reçûë en pluſieurs rencontres. Le Roy d'Angleterre prétexta l'affaire de Surinam, avec quelques pointilles ſur le Pavillon & ſur le Commerce: & Meſſieurs les deux Evêques qui auroient deu citer, l'un ſa Haine, & l'autre ſa Foibleſſe, & la volonté de Furſtemberg, pour les vrays motifs de leur rupture avec la Hollande, s'ils avoient voulu dire la verité, avoient prétexté je ne ſçay quelles raiſons que tous jugeoient fauſſes où recherchées. Cependant la Republique qui ne vouloit rien oublier de ce qu'Elle pouvoit faire pour arreſter ce terrible fleau, fit offrir au Roy par ſon Ambaſſadeur de luy donner toute ſorte de ſatisfaction, s'il vouloit ſeulement propoſer ſes griefs: mais ce Prince imputant à foibleſſe cette ſoûmiſſion, & croyant la Conqueſte de la Republique 1672.

publique assûrée, fit faire pour responfe commandement à cet Ambaffadeur de fortir du Royaume inceffamment; puis ayant tenu quelques Confeils de guerre à S. Germain, avec le Prince de Condé & le Vicomte de Turenne, il fe mit en Campagne & prit fon chemin vers la Picardie. Charleroy avoit efté marqué pour le Rendévous de fes Troupes; il en filoit une autre partie du Côté de la Meufe fous le Commandement du Prince de Condé, & Monfieur de Chamilly avoit un troifiéme Corps, qui avoit paffé l'Hyver au païs de Cologne. Toutes ces forces fe raffemblerent aux environs de Maëftricht. Le Roy campant à Vifé avec plus de 50. mille Hommes, le Prince de Condé à Mafeick avec quarante mille, & Monfieur de Chamilly auprés de Tongres, où il reçût ordre de refter avec un Camp volant de huit à dix mille Hommes pour tenir en refpect la Garnifon de Maëftricht. Car comme il y avoit un brave Homme pour Gouverneur, & une Garnifon forte de huit mille Hommes; on ne jugea pas qu'il fût à propos d'attaquer cette Place, où il y auroit eu à la verité de l'honneur, & du vray honneur à acquerir, mais il eftoit plus utile d'aller droit aux Places où l'on avoit fes intelligences, & dont on eftoit bien feur que la gloire de les conquefter coufteroit moins. Ainfi l'Armée du Roy s'avança vers les bords du Rhin forte de plus de quatre-vingt-dix mille Hommes; & n'ayant rien trouvé fur la route finon deux cens Hommes qui s'eftoient retranchez le long de ce fleuve, & qui mirent bas les armes aprés avoir fait leur premiere décharge, elle fut partagée en trois Corps; qui furent comme trois éclats de foudre; fi l'on a égard à la rapidité des Conqueftes que l'on fit, & à la Terreur qui fe repandit à leur approche. Le Prince de Condé fut affiéger Wefel avec le premier, & la prit prefque en vingt quatre heures par la lâcheté du Gouverneur, qui fut condamné en Hollande à perdre la tefte; mais on obtint fa grace, & le bourreau luy paffa feulement l'épée au deffus. Le Vicomte de Turenne avec le fecond fut mettre le Siege devant Burick qui ne refifta pas mieux, & le Roy ayant attaqué Orfoy, qui ne tint que 24. heures, la donna au pillage à fes Soldats. Rhinberg fe rendit fans tirer un coup par la perfidie d'Offeri Irlandois de Nation qui y commandoit, & qui paya de fa tefte fa lâche retraite. Reés, Emerick, Deudekom, firent la mefme chofe, & l'on vit fept Places qui auroient pû chacune occuper une Armée pendant plufieurs mois, fe laiffer prendre toutes en moins de huit jours, par un excez de lâcheté ou de perfidie.

1672. Cependant les François enflez de ces grands fuccez ne penfoient qu'à paffer l'Iffel qui couvroit le cœur du païs, & le Roy tint confeil de guerre fur cela avec le Prince de Condé, & le Vicomte de Turenne. On réfolut qu'il n'y falloit point penfer, tant parce que le Prince d'Orange s'eftoit retranché de l'autre côté avec un travail admirable, que parce que cette riviere qui eft un bras du Rhin eft fort profonde dans fon lit, & trés-haute, & difficile dans fes bords, mais l'on jugea qu'il eftoit plus à propos, de tenter le paffage du Rhin, qui eft beaucoup plus large à la verité, mais dont les bords eftoient plus aifez, & que la grande fechereffe qu'il avoit fait rendoit gueable. Sur cela l'Armée s'achemina vers la montagne de l'Eltre, où un traître du païs avoit donné avis qu'il y avoit un gué pratiquable. Le Prince d'Orange averti de la marche & des deffeins de l'Armée du Roy, dépefcha auffi-tôt Mombas avec un Corps de Troupes, & luy donna ordre de fe retrancher au plûtôt, pour garder les bords du cofté de Tol-huys: mais foit que cet homme, qui eftoit une des Creatures de Wit, fut bien aife d'engager le Prince dans un mauvais pas; foit qu'il fut d'intelligence avec les François, comme plufieurs l'en foupçonnoient, ou qu'ayant veu quelques Dragons paffer le Rhin, & venir prendre des bateaux qui eftoient de fon cofté, il fut épouvanté du peril, & eut peur de ne pouvoir défendre ce paffage contre une Armée avec le peu de troupes qu'il avoit; toûjours abandonna-t'il ce Pofte capital, & fe

retira

retira vers Nimegue : ce qui ayant esté sçû par le Prince d'Orange, il résolut de faire arrêter ce traître, & dépescha incessamment Wurts, Allemand de merite avec de la Cavalerie & de l'Infanterie, pour aller reprendre ce Poste, & s'y retrancher le mieux qu'on pourroit. Quelque diligence que l'on pût faire, ce retardement fut fatal : il est vray que Wurts arriva au Tol-huys sur les bords du Rhin, avant que les François eussent passé ce fleuve ; mais ils ne luy laisserent pas le loisir de s'y retrancher ; car dés que le Roy eût joint le Prince de Condé, il fit pointer le Canon contre la Cavalerie de Wurts, qui se retira sous des Arbres ; & le lendemain sur la pointe du jour l'Armée reçût ordre de passer le fleuve. Wurts disputa le passage autant qu'il le pût, sortant de dessous ces arbres, & contraignant les premiers de rentrer dans l'eau ; mais il fallut ceder à la multitude, & aux coups de Canon qui le foudroyoient. Pour ce qui est de l'Infanterie, qui s'estoit retranchée le mieux qu'elle avoit pû, elle fut toute passée au fil de l'épée ; mais il en cousta la vie à plusieurs Personnes de qualité, au Duc de Longueville, & au Marquis de Guitri grand Maître de la Garderobe du Roy ; le Prince de Condé en ayant esté quitte pour une blessure qu'il reçût au bras, & qui l'empescha d'agir tout le reste de la Campagne. Aprés le passage du Rhin les François entrerent dans l'Isle de Bethau, où la Fortune les accompagnant 1672. avec la mesme faveur & rapidité qu'elle avoit fait au de-là de ce fleuve, il ne parut rien devant eux qui ne se rendit. Toutes les Villes de Gueldre, Arnhem, Zutphen, Doësbourg, le Fort de Skink, si considerable par sa situation, & si negligé qu'il n'avoit pour Gouverneur qu'un jeune Homme de 18. à 20. ans, fils d'un Bourguemaistre d'Amsterdam, la Ville de Bommel, les Forts de S. André & de Crevecœur, se soûmirent sans défense ; il n'y eut proprement que Nimegue, où le Prince d'Orange avoit laissé, en quittant l'Issel, un brave Homme appellé Weldren, qui se fit acheter par sa resistance ; de plus, Grave, Naarden, Woerden, Oudewater, Places considerables, & situées toutes dans la Province même de Hollande, excepté la premiere, ouvrirent leurs portes d'elles-mesmes, la Garnison qui estoit dedans s'en estant enfuïe ; Utrecht, que la présence du Prince d'Orange ne pût rassûrer, envoya au Roy des Députez luy porter ses Clefs, & l'assûrer de la soumission de toute la Province ; en un mot tout plioit & fuïoit devant l'ennemy, & la consternation estoit si grande que l'on auroit pris jusqu'à Amsterdam si l'ennemy se fût avancé.

D'ailleurs les Evêques de Cologne & de Munster, ayant réüni leurs forces 1672. avoient fait de grands Progrez dans l'Over-Issel ; & toute cette Province estoit presque tombée entre leurs mains par la prise de Zwol, Grol, Deventer, Campen, Otmarsen, Oldensel, Steenwyck & Coevorden, Places trés-bonnes & trés-fortes, au moins la derniere, mais qui n'estant pas en meilleur estat du côté des Soldats & des Commandans que celles que nous avons veu, ne s'estoient aussi gueres mieux deffenduës : il est vray que du côté de la Mer, les choses allerent un peu mieux pour la Republique ; soit que ce fût l'effet de l'ordre divin ou de l'ordre humain ; que l'on deût attribuër la chose à Dieu agissant selon l'ordre surnaturel, & par un Conseil particulier, en procurant à nos Armes par sa Providence un meilleur succez du côté de la Mer, pour empécher la ruïne entiere de la Republique, qui auroit esté indubitable, si les Anglois & les François, Vainqueurs sur Mer comme sur Terre, avoient pû faire descente selon leur projet ; soit que sans sortir de l'ordre des Causes secondes, cela ne fût arrivé, que parce que l'on avoit beaucoup mieux pourvû aux choses necessaires du côté de la Mer, que l'on n'avoit fait du côté de la Terre, où l'on sçait que quelques-uns de ceux qui avoient dans l'Estat un tres grand pouvoir, n'auroient pas esté fâchez de voir le Prince d'Orange un peu embarrassé à l'entrée du Commandement, pour le décrier dans l'esprit des Peuples. En effet on avoit équipé une Flotte à quoy rien

rien ne manquoit, Corneille de Wit y eſtant pour repreſenter la Souveraineté des Eſtats Generaux, & ayant intérêt que les choſes ſe fiſſent bien, & réüſſiſſent. Auſſi Ruyter qui la commandoit, partit du Texel, & alla cercher l'ennemy; il ne cercha pas long-temps ſans le rencontrer, la Flotte Angloiſe s'eſtoit miſe en Mer ſous le Commandement du Duc d'York, & trente Vaiſſeaux François commandez par le Comte d'Eſtrées l'avoient déja jointe. Alors Ruyter ayant mis ſa Flotte en ordre de Bataille, & exhorté chacun à faire ſon devoir, commença contre ces deux Nations le fameux combat qui ſe donna le 7. de Juin; il fut rude, & dura depuis les cinq heures du matin juſqu'à la nuit, où les Flottes Liguées furent contraintes de ſe retirer ſur leurs Côtes avec de grandes pertes, & de laiſſer à Ruyter la gloire de les avoir, non vaincuës à la verité, mais énervées, & miſes hors d'eſtat pour toute l'année de rien entreprendre avec ſuccez contre les Provinces.

1672. Ce bon ſuccez raſſûra les eſprits de ce côté-là; mais comme les François continuoient de l'autre à vaincre, & à s'approcher du cœur de l'Eſtat, la conſternanation eſtoit generale. Cependant la diviſion regnoit plus fort que jamais dans la Republique, & le Penſionaire de Wit, continuoit ſes intrigues contre le Prince d'Orange. C'eſt le foible des hommes, & des grands hommes, de ſe donner tout entiers à leurs paſſion, & de n'avoir plus d'yeux, de penſée, d'action, ni de parole que pour l'objet fatal de leur deſir, dés qu'il leur eſt arrivé une fois de ſe paſſionner. Ce Miniſtre qui eſtoit ſi grand Politique, & d'une capacité ſi vaſte & ſi extraordinaire pour les affaires, ne pût ſe défendre d'un défaut ſi grand & ſi capital. Animé contre le Prince, ſa ruïne entroit la premiere dans tous ſes deſſeins, & ſe fiant ſur ſon credit & ſur ſon merite admiré en Hollande, & reſpecté meſme chez les étrangers, il ne faiſoit preſque plus aucune démarche qui ne portât l'empreinte de ſa paſſion contre luy, ſans penſer jamais qu'une conduite de pareille nature pourroit avoir des ſuites qui luy ſeroient triſtes & funeſtes. N'ayant pû empêcher qu'il ne fût élû à la Charge de Capitaine-General, il fit en premier lieu tout ſon poſſible, pour brider ſon authorité, & comme il avoit l'eſprit adroit & inſinuant, il fit tant par ſes intrigues & par ſon credit, qu'il engagea l'Eſtat à renouveller l'Edit qui avoit eſté fait à la mort du Pere de ce Prince, par lequel il eſtoit dit que la Charge de *Capitaine-General*, & celle de *Gouverneur du Païs*, ne ſeroient plus poſſedées par une même Perſonne, obligeant le Prince à jurer formellement qu'il obſerveroit cet Edit, & qu'en cas qu'il y manquât, il conſentoit à eſtre puni ſelon la rigueur des Loix. Aprés cela il crût qu'il ſeroit à propos de ſe ménager un Corps de Troupes qu'il eut à ſa diſpoſition, pour les oppoſer à celles du Prince en cas de beſoin, & pour cet effet il inſinua à la Province de Hollande de lever douze mille hommes pour ſa ſeureté particuliere, pretextant pour cela le malheur preſent, & la grande apparence qu'il y avoit à croire, que les Anglois tourneroient toutes leurs forces contre cette Province; mais comme cette propoſition violoit les articles de l'union elle fut rejettée unanimement, & ne ſervit qu'à faire voir, que celuy qui l'avoit faite n'eſtoit pas exempt de paſſion, mais qu'il agiſſoit quelquefois pour ſon amour propre. D'ailleurs il traverſoit le Prince de tout ſon pouvoir dans l'exercice de ſa Charge, s'imaginant que s'il pouvoit s'engager dans quelque mauvais pas, & reçevoir quelque diſgrace notable, ce ſeroit le vray moyen de le détruire dans l'amour & dans l'opinion du Peuple, qui juge preſques toûjours du merite, & de la Capacité de ſes Generaux par leurs ſuccez. Neantmoins comme il connoiſſoit tres bien le merite du Prince, & qu'il croyoit avoir lieu d'apprehender, que ſi la guerre venoit à continuër, il pourroit ſe rendre tous les jours plus conſiderable, ou par le ſuccez de ſes Armes, ou par la grandeur de ſon Courage, & par la Sageſſe irreprochable de ſa Conduite, il tâcha de perſuader à l'Aſſemblée des Eſtats, que le ſeul moyen qui reſtoit pour conſerver le reſte du Païs eſtoit de faire promptement

la

la paix à quelle condition que ce pût être. Ce Conseil n'estoit guères avantageux à la République, & il auroit presque autant valu renoncer dés lors à la liberté, que de poster dans son sein un ennemy si remuant & si redoutable. Cependant ce doux nom de paix charma l'Assemblée, & l'avis qui faisoit pour elle ayant été approuvé par la plûpart des Estats, on députa aux deux Roys des Ambassadeurs avec ordre de la leur demander en des termes fort soûmis, & de leur dire, qu'on venoit non pour leur proposer des conditions, mais pour recevoir celles qu'il leur plairoit d'imposer eux-mêmes; parce, ajoûtoit-on, que dans l'abaissement extraordinaire où la fortune les avoit reduits, ils ne croyoient pas qu'on leur permist de disputer leur droit comme à l'ordinaire. Ces paroles flatteuses pour les Roys autant qu'il se peut, plaisoient à de Wit, & sembloient en effet promettre la paix à ceux qui la desiroient. Mais on tient que ce fût par un tour d'adresse, & une Politique admirable, que le Prince les suggera luy-même par quelques-uns de ses amis. Premierement pour traîner les choses en longueur, & pour empêcher que la paix qu'il croyoit fatale à la Republique dans la conjoncture où l'on se trouvoit, ne se conclud point précipitamment. Secondement pour mettre de la jalousie & de la défiance entre les deux Roys, s'ils venoient à faire leur party à part, & à proposer separement des conditions arbitraires comme il sembloit qu'on les y portât. Et en troisiéme lieu pour obliger par cette démarche les Allemands & les Espagnols, qui avoient beaucoup d'intérêt à faire rétourner les François chez eux, à se déclarer promptement, & à prendre les armes pour les y contraindre. Quoy qu'il en soit la chose arriva précisément selon ce projet. Le Roy d'Angleterre qui avoit traité avec hauteur les Ambassadeurs qui luy avoient esté envoyez, jusqu'au point de les faire arrêter, & conduire à Hamptoncourt, sous prétexte qu'ils n'avoient point de Passeport, & qu'ils venoient faire des brigues secretes dans son Royaume, ayant appris que le Roy de France avoit au contraire écouté, & tres bien reçû ceux qu'on luy avoit deputez, entra en soupçon qu'il vouloit faire son party & s'accommoder, & envoya à son Camp des Ambassadeurs, plus pour observer ce qui s'y passoit, que pour prendre des mesures communes. D'ailleurs les Espagnols qui craignoient que les Conquestes des François ne leur fussent cedées, ou tout au moins le Brabant Hollandois, ce qui les auroit fort incommodez, offrirent de se déclarer si l'on vouloit surseoir une paix si précipitée, & si préjudiciable, disoient-ils, au repos public, & le Baron d'Issola Envoyé de l'Empereur à la Haye, non seulement fit un beau discours, tendant à persuader que toute l'Europe estoit bien intentionnée pour la République, & que c'estoit vouloir se perdre volontairement que de parler de paix dans l'estat où l'on se trouvoit, mais il assura de la part de son Maître qu'il estoit prêt à prendre les Armes, & qu'il se mettroit en Campagne dans peu de temps. Tout cela fit ouvrir les yeux à plusieurs, & l'on commença à diminuër la grande passion que l'on avoit conçuë pour la paix; tellement qu'aprés quelques allées & venuës que le Roy de France fit faire aux Ambassadeurs, avec qui il ne voulut point traiter qu'ils n'eussent un plein pouvoir des Etats, comme on l'eût prié de déclarer enfin son intention, & qu'il eût fait, à la sollicitation du Marquis de Louvois, des propositions extremement dures, marquant qu'il vouloit garder ses Conquestes, & qu'on remboursast en outre ses Alliez de tous les frais de la guerre, cette negotiation s'en alla en fumée, malgré toutes les peines que le Pensionnaire de Wit se donna encore aprés cela pour la faire réüssir selon son desir.

Au reste on ne sçauroit s'imaginer combien cet esprit de division nuisoit au 1672. bien public, & servoit aux François pour avancer leurs Conquestes. Ce n'estoit par tout dans les Villes, & dans les Armées que factions, & que brigues. La Police estoit sans ordre, les Magistrats sans ferveur, les Soldats sans discipline, les Officiers, & les Commandans sans zele pour le bien public, & souvent dans un esprit

de

de faction & de Cabale, que le zele particulier avoit inspiré; on ne sçavoit à qui commander, on ne sçavoit à qui obéir, on ne sçavoit à qui se fier; l'on méprisoit les ordres du Prince ayant reçû de Wit son Patron des ordres contraires: un autre chancelloit craignant pour sa fortune, & ne sçavoit à qui déferer; tellement que dans cet estat de confusion l'intérêt public estoit oublié, & l'on se défioit les uns des autres. Cependant les Postes avancez & gardiens de l'Estat, s'abandonnoient; les Commandans en sortoient, fuyant eux & leurs Soldats à la moindre allarme; les Places se rendoient sans tirer un coup; & l'ennemy poursuivant sa pointe alloit s'emparer de la Republique. Deja on déliberoit dans la Ville d'Amsterdam de porter les Clefs au Roy de France, & de se soûmettre à luy volontairement; & cet avis agité dans le grand Conseil, appellé le Conseil des trente-six, qui s'estoit assemblé dans la Maison de Ville, alloit passer à la pluralité des Voix, si M. Hop Pensionnaire de la Ville, & M. Hasselaër qui en estoit grand Baillif, voyant que tous leurs discours, leurs raisons, & leurs remonstrances estoient méprisées par les autres, ne s'estoient levez de colere, & n'avoient ouvert une fenestre qui donnoit sur la Place publique, menaçant d'appeller le Peuple & de crier tout haut *à la trahison*, s'ils n'entroient dans des sentimens plus fideles à l'Estat & à la Patrie. Ce qui produisit un si grand effet, que la résolution fut changée sur le champ, & toute la Hollande par consequent enlevée à Loüis XIV. par ces deux braves Hommes, puisqu'il ne faut point douter que si Amsterdam se fut rendu, le reste de la Hollande n'auroit point tardé à se conformer à son exemple. Cependant le Peuple troublé de tant de maux, & de tant de craintes, murmuroit; & ne sçachant à quoy il devoit attribuër tous ces malheurs, non plus que la prise de tant de Villes fortes, qui se rendoient à l'ennemy sur la Frontiere sans faire la moindre défense, il commença à soupçonner que ses propres Magistrats pouvoient le trahir, & sacrifier l'intérêt public à leur amour propre. Ce furent les Habitans de Dordrecht, premiere Ville de la Hollande, qui furent les premiers à faire là-dessus une demande d'éclat. Ils envoyerent aux Magistrats un Capitaine de la Bourgeoisie, pour leur demander s'ils estoient résolus de défendre leur Ville en cas d'attaque; les Magistrats répondirent qu'ils se défendroient. Le Peuple demanda qu'on leur fit donc voir l'estat des Magazins & des Munitions, & il fut répondu qu'on cherchoit les clefs, mais comme on ne les trouvoit point, le Peuple s'irritant, & s'imaginant être aussi trahi, prit les Armes, & s'écria qu'il vouloit avoir le Prince d'Orange pour *Stadt-houder*, c'est-à-dire, pour Protecteur & pour Gouverneur, menaçant les Magistrats de les mettre en pieces comme des traîtres, s'ils ne luy conferoient promptement cette authorité. Aussi-tôt les Magistrats dépêcherent au Prince quelques-uns de leur Corps pour le supplier de venir à Dordrecht pour dissiper cette émeute par sa presence, luy representant le peril où tous les Magistrats seroient exposez si on les voyoit retourner sans luy; à quoy le Prince ayant égard, il s'y rendit en grande diligence; les Magistrats le reçûrent, le conduisirent au milieu du Peuple à la Maison de Ville, où estant arrivé ils le supplierent de leur declarer sa volonté. Le Prince répondit que c'estoit à eux qui l'avoient fait venir à proposer leur pensée, & à marquer ce qu'ils desiroient de luy; sur cela il fut prié de visiter les Magazins & les Fortifications de la Ville pour donner satisfaction au Peuple, & de ne pas trouver mauvais que l'on ne parlât point de la dignité de *Stadt-houder*, que le Peuple avoit demandé qu'on luy conferât; à quoy s'accordant trés-volontiers il visita les Magazins, & fit le tour de la Ville. Cependant les Bourgeois environnerent son Carrosse à son retour, & luy demanderent si les Magistrats l'avoient choisi pour leur Gouverneur, & le leur avoient donné pour *Stadt-houder*; il leur répondit qu'il estoit tres content de l'honneur que les Magistrats luy avoient fait, & que pour eux il les prioit de s'en rétourner chez eux, & les remercioit de leur zele pour la Patrie & pour sa Personne; mais ils protesterent

sterent qu'ils ne mettroient point les Armes bas qu'on ne leur eût donné satisfaction sur cette demande juste & necessaire, disant que les Magistrats les vouloient tromper. Ces discours effrayerent les Magistrats ; c'est pourquoy sans plus tarder ils firent une Ordonnance pour abolir *l'Edit perpetuel*, & déclarerent par un autre Acte le Prince d'Orange *Stadt-houder*, luy donnant le même Pouvoir, & la même Authorité qu'avoient eu ses Ancêtres d'heureuse Memoire. Le Prince refusa cette Dignité, disant qu'il s'estoit obligé par serment à l'observation de l'Edit perpetuel; mais le Corps Ecclesiastique & Politique luy ayant declaré qu'il estoit delié de son serment, il l'accepta, & toute la Ville en fit paroître pendant tout le jour une joye extraordinaire. Peu aprés la plûpart des Villes de Hollande & de Zelande demanderent la même chose, tellement que les Estats sur le rapport des Deputez des Villes, confirmerent ce qui avoit esté fait par la Ville de Dordrecht, & investirent le Prince de cette Charge par des actes publics, aprés luy en avoir fait prêter les sermens solemnels dans leur Assemblée. Cependant il arriva à la Haye une action tragique par l'émotion de la Populace qui se porte toûjours aux extremitez. Corneille de Wit Baillif de Putten ayant esté accusé par un Chirurgien de luy avoir proposé de tuer le Prince, & condamné à être banni de la Province, en attendant qu'on informeroit du fait plus amplement, & à donner cependant Caution de se representer quand on le voudroit, Jean de Wit que la justice avoit accepté pour cette Caution, s'estoit transporté à la prison pour en retirer son Frere. Alors la Populace l'ayant sçû s'attroupe dans les ruës, & va assieger la prison qui les renfermoit, disant que les deux traîtres de la Patrie estoient ensemble, que l'occasion estoit belle pour s'en défaire, & qu'il les falloit massacrer, puisque la justice les épargnoit. Le Magistrat y accourt pour les proteger, represente au Peuple son devoir, & le danger qu'il y a de commettre des crimes, quand on sort de la soûmission aux Loix, & qu'on lâche la bride à la fureur, luy promet d'écouter ses plaintes & ses accusations contre les *de Wits*, & s'offre de les conduire de ce pas à l'Hôtel de Ville, & de leur faire leur procez au cas qu'ils ne pussent se justifier. Ces paroles d'équité tiennent la rage en suspens, & le Peuple acquiesce par son silence ; mais la presence de l'objet la reveillant, les de Wits ne furent pas plûtôt entrez dans leur Carrosse, que cette Populace insensée & furieuse, oubliant sa parole, son devoir, le respect, & la présence de ses Magistrats, se rua sur eux avec fureur, écarta les Magistrats qui les escortoient, les massacra, les pendit par les pieds, leur arracha le cœur & les entrailles, & exerça sur leur corps tout ce que la rage & l'emportement peuvent inspirer de barbare & d'extravagant à de la Canaille. Ainsi perirent ces deux Freres le 20. d'Aoust 1672. C'estoit des hommes de grand Esprit & de grand Merite, & qui auroient veu leur prosperité regner plus long-temps, s'ils avoient pû regner sur eux mêmes, & sacrifier au bien & à l'interêt du public la Haine particuliere qu'ils avoient conçûë contre le Prince d'Orange.

1672.

1672.

Voicy la premiere Medaille que l'on a frappée aprés l'Elevation de ce Prince à la Charge de *Stadt-houder*, comme il paroit par l'inscription.

GUILHELMUS III. DEI GRATIA PRINCEPS AURAICÆ, HOLLANDIÆ & WEST-FRISIÆ GUBER.

Guillaume III. par la Grace de Dieu Prince d'Orange, Gouverneur de Hollande & de West-frise.

REVERS

Les Armes du Prince avec cette Devise qui est celle de l'Ordre de la Jarretiere inventée par un des Roys d'Angleterre.

Honni soit-il qui mal y pense.

1672. LE Peuple s'estoit promis que l'Elevation du Prince à la Charge de Gouverneur, & de Capitaine General, seroit un moyen propre pour rétablir les affaires de la Republique: il ne fut pas long-temps sans voir des changemens qui le fortifierent dans cette esperance. Les Magistrats suspects furent changez; les Commandans des Villes qui furent convaincus de les avoir renduës par trahison, ou abandonnées par lâcheté, furent punis; ceux que la fidelité avoit distinguez furent recompensez, les Officiers de merite furent avancez; les Places munies & reparées; les Soldats exercez & aguerris; en un mot l'ordre Politique, & la discipline Militaire se rétablirent. D'ailleurs l'on commença à ouvrir les yeux dans les Estats voisins sur le voisinage des François, & le progrez prodigieux que leurs Armes avoient fait dans la Hollande. Les Espagnols s'estoient engagez à prendre les armes pour repousser l'Ennemy commun; l'Empereur pressoit la Diette de toute sa force de faire la même chose, & l'on venoit d'obtenir de l'Electeur de Brandebourg, qui avoit écrit aux Estats une lettre fort obligeante sur l'Elevation du Prince aux Emplois de ses Peres, qu'il s'avanceroit dans peu vers les Frontieres pour faire une puissante diversion. Cependant le Prince pour couvrir le reste des Villes, & arrêter les François tout court, fit lâcher les Ecluses, & rassûra par ce moyen la Ville d'Amsterdam entre les autres, qui craignoit à tout moment d'estre attaquée. On ne sçauroit exprimer combien le Roy de France en eût de chagrin. Jusques-là flatté par les discours du Marquis de Louvois, il avoit crû qu'il se verroit Maître de toute la Hollande avant que la Campagne fut finie; mais voyant le party que le Prince d'Orange avoit pris, il décampa aussi-tôt d'auprés d'Utrecht avec une partie de ses Troupes, & passant à la vûë de Boisleduc, où l'on tient qu'il avoit quelque intelligence, que les pluyes, & un petit renfort de Garnison rendirent inutile, aprés avoir sejourné quinze jours au Camp de Boxtel qui n'est qu'à deux lieuës de cette forte Place, il enfila le chemin de France, & y arriva sur la fin du mois de Juillet. Peu de temps aprés l'Electeur de Brandebourg s'avança vers la Frontiere à la tête d'une Armée de vingt-cinq mille hommes; & le Vicomte de Turene fut detaché pour aller à sa rencontre. Le Prince ne voulant rien negliger de son côté attaqua Woorden, mais le Duc de Luxembourg guidé par des Païsans du Païs qui le conduisirent par des sentiers écartez, ayant trouvé le moyen de forcer un quartier, quoy qu'avec grande perte de ses Soldats, & de jetter dans la Place un secours de trois mille hommes, il jugea à propos de lever le siege, & de faire sur la Frontiere quelque diversion, qui fit sortir les François des Villes de Hollande à meilleur marché qu'on ne pourroit le faire, si on entreprenoit de les y forcer par de longs sieges. Pour cet effet il s'avança vers Maëstricht avec une Armée de 24. mille hommes, presenta le combat plusieurs fois au Comte de Duras,

le

chassa au Païs de Cologne, faillit à le surprendre auprés de la Roer, porta la terreur dans tout le païs de Cologne, & de Liege, & ayant fait mine d'assieger Tongres pour y attirer Montal Gouverneur de Charleroy, il ne sçût pas plûtoft ce vieux Capitaine sorti de sa Place, qu'il l'envoya investir par le Comte de Marsin, & la vint assieger luy-même le 17. de Decembre. On admira la conduite de ce jeune Prince; & la Cour de France fut tellement allarmée de son entreprise, qu'elle dépescha des ordres par tout pour luy faire lever le siege; mais comme il n'y avoit que deux cens hommes de Garnison dans la Place, & que le Gouverneur n'y estoit plus, ces ordres auroient esté inutiles apparemment, si par un malheur extraordinaire pour le Prince, il ne fut arrivé deux accidens ausquels on ne pût remedier; l'un qu'il fit un froid si aspre & si rigoureux, qu'il fut impossible absolument d'ouvrir la tranchée; l'autre que Montal desesperé d'avoir pris le change, & résolu de perir ou de rentrer dans Charleroy, executa cette résolution avec tant de bonheur, qu'il traversa toute l'Armée des Hollandois sans estre reconnu, & se rendit aux Portes avec toute sa troupe. Cependant les eaux s'estoient glacées en Hollande, & le Duc de Luxembourg y estant entré sur la glace avec une Armée de 14. mille hommes, pour piller, ravager & saccager tout le païs, avoit forcé le rétranchement du Village de Welles, & pris Bodegrave, & Swammerdam, où il exerçoit des cruautez inoüies, pillant, tuant, violant, jettant les enfans au feu, souffrant que ses Soldats les prissent dans le berceau, & les jettant en l'air les reçûssent, luy le voyant, sur la pointe de leurs épées, mettant tout à feu & à sang, & portant la terreur & l'éxecration de son nom par toutes les Villes. A ces nouvelles le Prince décampa de Charleroy, & revint au secours de la Patrie; mais bien que toute son expedition n'eût duré que neuf jours, il trouva que le Duc de Luxembourg s'estoit déja retiré, surpris par un dégel subit, qui fondant la glace luy noya six-cens de ces meilleurs hommes, & l'auroit fait perir dans les eaux avec tous ses Soldats, si le Colonel Pinvin, n'eût par un grand malheur qui luy fut fatal, quitté son Poste de Nieurbruk, pour se retirer à Gouda, & ouvert un passage pour faire retraite. Cette année finit heureusement pour la Republique par la reprise de Coeverden sur l'Evêque de Munster. 1672. Cette Place, qui passe pour une des plus fortes des Païs-bas, entourée de marais, environnée de fossez & de bons remparts, fortifiée de sept Bastions qui portent les noms des sept Provinces, munie d'un Château trés-fort & trés-regulier, estoit tombée entre les mains de cet Evêque au commencement de la Campagne, plûtôt pas trahison qu'autrement. Charles Rabenhaupt Gouverneur de Groningue averti que l'on y faisoit assez mauvaise garde, & que la bonté de la Place mettoit les Soldats en securité, résolut de la luy enlever, & de profiter pour cela de la saison qui avoit glacé les marais. Pour cet effet il envoya des Troupes de Cavalerie & d'Infanterie sous le Commandement du Colonel Eybergen, qui s'estant rendües aux murailles de Coeverden le 23. Decembre à trois heures du matin, l'attaquerent si fortement qu'ils l'emporterent ce jour de vive force, & en emmenerent quatre cens Soldats prisonniers. Ce brave Homme s'estoit déja acquis beaucoup de réputation au Siege de Groningue, l'ayant deffendüe si bien contre l'Evêque de Munster qui l'avoit assiegée le 29. de Juillet, qu'aprés un siege de six semaines il fut contraint de lever le siege, & de se retirer avec de grandes pertes.

On tient que cette Medaille fut frappée à Utrecht cette même année; mais il n'est pas bien certain par qui, ni à quel dessein. Car les François y estoient encore; & il n'est pas vray-semblable qu'elle ait esté faite pour celebrer leur Conqueste à la derision du Prince. Si la supposition qu'on l'a frappée à Utrecht est donc veritable, il faut que ç'ait esté par quelque ami de la Republique, aprés l'élevation du Prince d'Orange à la Dignité de Stadt-houder, & ensuite de la retraite des Fran-

François, quand ils virent les Ecluses lâchées, ou plûtoft aprés que le Duc de Luxembourg fut contraint par le dégel de revenir à Utrecht.

1672. On voit un tronc aride, d'où fort une branche d'Oranger, qui porte une Orange; une main fortant des nuées montre cette Orange au doigt, & un Lion percé d'une flesche s'avance pour l'empoigner de l'une de fes pates; ce qui femble avoit pour bût de fignifier que c'eftoit par les foins de Dieu, & l'indication même de la Providence que la Republique bleffée, & délabrée comme elle l'eftoit, avoit choifi & recherché le Prince d'Orange pour luy confier fa défenfe. A quoy on peut rapporter ces paroles qui font autour, fi on n'aime mieux les rapporter à la confervation de la Hollande par le dégel dont nous avons parlé cy-devant.

A JEHOVAH HOC FACTUM EST, ET MIRABILE IN OCULIS NOSTRIS.

Cette Merveille qui a efté faite à nos yeux, a efté faite par le bras de Dieu.

REVERS

On trouve les armes du Prince, avec la Devife d'Angleterre: *Hony foit-il qui mal y penfe.* Et autour ces autres paroles.

GERMINI QUOD AURIACO FIDAT LEO BELGICUS GALLO LÆSUS.

Le Lion de Hollande bleffé par les François pour s'être appuyé fur le jeune Prince d'Orange.

1673. Voicy une année beaucoup plus heureufe pour la Republique que la précedente ne l'avoit efté; bien que dans fes premiers mois il fut arrivé divers incidens qui ne luy eftoient pas de bon augure.

Quoy que l'Electeur de Brandebourg fe fut approché des Frontieres l'année paffée avec une Armée de 25. mille hommes, fon expedition ne fut pas heureufe; & foit qu'il eût réfolu d'éviter le Combat, & de ménager fes Troupes, dont il avoit befoin pour couvrir fes propres Eftats; foit que le Vicomte de Turenne, que les Troupes de Munfter avoient joint, eût une Armée encore de beaucoup plus forte, non feulement il l'arrêta dans la Weftphalie, & aneantit tous fes deffeins, mais il fut même fe pofter en quartier d'Hyver dans les propres Eftats de cet Electeur, où il faifoit vivre fes Troupes à difcretion, & ufoit des droits de la guerre. Cela toucha tellement ce Prince qui aimoit fes Peuples, & qui ne voyoit pas que ce que l'Empereur avoit promis s'effectuaft, qu'il entendit à un accommodement avec la France: le Traité s'en conclud au mois de May; il promit de renoncer aux engagemens où il eftoit entré avec la Hollande, & de ne

point

point prendre les armes contre la France à moins qu'elle ne les prit contre l'Empire; & on s'engagea de retirer les Troupes qui defoloient fes Eftats, & de luy rendre Wefel, & le Duché de Cleves que l'on avoit pris fur les Hollandois, mais dont la proprieté luy appartenoit.

D'ailleurs, on n'avoit pû empêcher que la guerre ne continuât avec l'Angleterre; & bien que le Peuple Anglois, foupçonnant quelque chofe du projet des deux Roys contre leur Religion & leur liberté, murmurât tout haut contre l'Alliance des François; bien qu'on l'eût fortifié dans la difpofition où il eftoit de procurer la paix à la Republique, par une lettre que l'on eût foin de rendre publique, où l'on en demandoit au Roy en des termes foûmis, en luy reprefentant qu'il avoit rompu l'Alliance & l'amitié comme de gayeté de cœur, & fans luy en avoir donné aucun fujet, ce Prince toûjours épris du defir, & de l'efperance d'ériger l'édifice du Pouvoir Arbitraire dans fes Eftats fur les ruines de la Republique, & de la Religion que l'on y profeffe, avoit dreffé de fi fortes brigues dans fon Parlement, que la continuation de la guerre contre la Hollande y avoit efté refoluë. On vit bien-tôt fur l'Ocean les fuites de cette refolution dans trois combats fanglants qui fe donnerent, deux au mois de Juin, & le troifiéme au mois d'Aouft fur les Côtes d'Angleterre & de Hollande. Les Anglois fous le Commandement du Prince Robert firent des efforts extraordinaires pour rompre la Flotte Hollandoife, & pour faire en fuite une defcente fur les Côtes comme le Roy d'Angleterre l'avoit projetté. Il avoit raffemblé pour cet effet un grand nombre de Milices; Monfieur de Schomberg avoit efté appellé de France pour les commander, & l'on tenoit prêts un grand nombre de Vaiffeaux pour les tranfporter dés que la Fortune feroit favorable. Mais bien que les François fous le Commandement du Comte d'Eftrées fe fuffent joints avec les Anglois, fans qu'on eût pû les rencontrer ni les combattre feparement, comme on avoit tafché de le faire, Ruyter & Trompt les reçûrent, & les combattirent avec tant de Vigueur & de Courage dans ces trois combats, qu'aprés leur avoir coulé à fond plufieurs Vaiffeaux, ils les contraignirent encore de retourner fur leurs Côtes pour fe remettre en eftat, & bien qu'ils revinffent peu aprés, & qu'ils fiffent effort pour aborder à Scheveling & à Browershaven, tous leurs efforts n'aboutirent non plus que l'année paffée qu'à donner l'allarme fur les Côtes, qui gardées par les bancs de fable, les Milices du Païs, & la Flotte de Ruyter, qui s'eftoit pofté vers la Zelande, & dans l'endroit le plus dangereux, ne pûrent eftre forcées par une Flotte combattuë & affoiblie. Dans l'un de ces combats le Prince Robert fe trouva en fi grand peril, qu'il fut obligé d'arborer deux fois le Pavillon bleu, qui eft le fignal des Anglois pour demander du fecours, & n'échappa qu'avec peine à l'ardeur de Ruyter qui s'eftoit attaché à luy. Pour ce qui eft du Comte d'Eftrées, comme il ne s'expofa pas trop aux coups ni luy ni fa troupe, au moins à ce que dirent les Anglois, il combattit avec plus de bonheur, & ne fouffrit pas une fi grande perte.

On peut conter la prife de Maëftricht pour un troifiéme malheur arrivé cette année à la Republique. Le Roy de France jugeant que la Conquefte de cette Place luy eftoit de grande confequence, tant pour s'ouvrir un paffage à fes Places conquifes, que pour ôter aux Hollandois ce Pofte avancé, vint l'affiéger au mois de Juin avec une armée de foixante mille hommes, qu'il avoit fait paffer tout au travers de la Flandre, pour faire oftentation de fes forces, & pour intimider les Efpagnols qui héfitoient encore à fe déclarer. Il y avoit dans la Place environ 6000. Hommes de Garnifon; mais Monfieur le Rhingrave homme de cœur, & grand Capitaine eftoit mort; & l'on avoit mis à fa place pour commander le Colonel Fariaux, qui eftoit en reputation de merite chez les Efpagnols, mais qui

n'eftoit

n'eſtoit aimé ni de la Garniſon, ni du Peuple, parce qu'il avoit fait ſa bourſe au dépens de la Ville, & de la Campagne, à la faveur des fourrages qu'il avoit demandez, & de quelques travaux pour leſquels il s'eſtoit fait auſſi donner de l'argent, mais dont il n'avoit pas fait la moitié, & qu'au préjudice des Hollandois il épargnoit les Eſpagnols & les Italiens, dont il y avoit quelque Regiment dans la Garniſon, qui ne firent rien qui vaille au temps du ſiege. La Place fut attaquée & deffenduë avec aſſez de vigueur & de prudence, ſi ce n'eſt qu'on accuſa le Gouverneur d'avoir fait pluſieurs fautes au ſujet des mines qu'il ne fit point ſauter à propos. Mais les Prêtres s'eſtant joints avec des Femmes, & cette Canaille luy ayant tenu pluſieurs diſcours inſolens, & qui tendoient à la ſedition, il capitula, & rendit la Place le 30. de Juin aprés 13. jours de tranchée ouverte; elle couſta aux François ſix à ſept mille hommes, où une grande partie des Mouſquetaires du Roy fut compriſe. La Garniſon ſortit diminuée de 12. à 15. cens hommes, & ſe retira à Boiſleduc.

Cependant les Anglois n'ayant pû faire deſcente, & s'eſtant retirez des Côtes de Hollande aprés le dernier Combat, envoyoient quatre mille hommes de renfort au Roy de France; les Eſpagnols qui venoient de ſe déclarer ſe préparoient à les arrêter au paſſage; & le Prince de Condé l'ayant ſçû s'eſtoit avancé pour le leur faciliter. Auſſi-tôt le Prince d'Orange profitant de l'occaſion rappella les Troupes en diligence de deſſus les Côtes, & ayant raſſemblé une Armée de 25. mille hommes, il aſſiegea en Septembre la Ville de Narden : il la preſſa ſi vivement qu'encore qu'il y eût prés de trois mille hommes de Garniſon, il s'en rendit Maître aprés ſix jours de tranchée ouverte. Cette priſe qui fut pour le Peuple Hollandois comme le ſignal, & le commencement de ſa délivrance eſtoit par elle même de grande importance. Par là on aſſûroit la Ville d'Amſterdam, & l'on s'ouvroit un paſſage pour entrer dans la Province d'Utrecht, & le reſte du païs conquis; auſſi les Eſtats en furent ſi réjoüis, & ſi ſatisfaits qu'ils firent à cette occaſion frapper deux Medailles à l'honneur du Prince.

La Premiere.

GUILLELMUS III. D. G. PRINCEPS AURAICÆ HOLLANDIÆ ET WEST-FRISIÆ GUBERNATOR.

Guillaume III. par la Grace de Dieu Prince d'Orange, Gouverneur de Hollande & de Weſt-friſe.

AU REVERS

Ce Prince paroît à cheval & en action avec le baſton de Commandant à la main, & cette noble Deviſe.

GUILLAUME III.

REGIT ET TEGIT.
Il gouverne & il deffend.

Paroles qui marquent l'approbation du Gouvernement & de la Conduite du Prince, & l'esperance qu'avoient les Hollandois d'eftre mis à couvert de leurs ennemis par fa Prudence & par fes Conqueftes.

La Seconde.

Le Prince paroît de même à cheval avec ces paroles.

WILHELMUS III. DEI GRATIA PRINCEPS AURAICÆ COMES NASSOVIÆ.

Guillaume III. par la Grace de Dieu Prince d'Orange, & Comte de Naffau.

REVERS

Les Armes du Prince avec la Devife d'Angleterre:

Honni foit-il qui mal y penfe.

C'Eft icy la grande & fameufe Epoque de la retraite des François hors des Villes d'Hollande, que les Princes & les Peuples ne devroient jamais perdre de veuë, les premiers pour s'en faire une leçon d'Humilité, dans la vanité des projets les plus adroits & les mieux concertez, que les hommes fe font, & l'inftabilité des Grandeurs Mondaines qui paffent, & s'écoulent comme un Torrent, & reffemblent à une fleur qu'un même jour voit éclorre & fe fleftrir; & les derniers pour apprendre à fe rendre vigilans, & circonfpects dans la veuë des malheurs aufquels on eft expofé quand on fe corrompt dans l'abondance, ou qu'on fe relâche par la pareffe. 1673.

Aprés de grands delays caufez, comme on l'eftime, par les intrigues de la France, qui avoit eu l'adreffe de fe faire des Penfionnaires jufques dans le Cabinet de l'Empereur, & de corrompre le Prince de Lokowits fon premier Miniftre; enfin ce Monarque, qui n'avoit point d'Enfant mâle, & qui craignoit que les Conqueftes de la France, & fes brigues puiffantes dans l'Empire, n'euffent pour bût de faire élire le Dauphin pour Roy des Romains au préjudice de fa Maifon, comme en effet c'eftoit le projet de la Cour de France, avoit mis en Campagne une Armée de 50. mille hommes fous le Commandement du Comte Raymond de Montecuculli. De plus, les François aprés la prife de Maëftricht, ayant jugé à propos de s'affûrer de l'Evêché de Treves, avoient mis le fiege devant cette Place, l'avoient prife aprés un fiege de trois femaines conduit par le Marquis, 1673.

de

de Rochefort, & exercé divers actes d'hostilité contre l'Empire ; ce qui avoit obligé la Diette de Ratisbonne à la sollicitation de l'Empereur, malgré les fortes brigues que le Roy de France y avoit, de déclarer qu'il estoit necessaire pour le bien public de luy déclarer la guerre comme à l'ennemy de l'Empire. Aussi-tôt l'Electeur de Cologne, & l'Evêque de Munster, furent sollicitez tres instamment d'abandonner les intérêts de la France, & de rentrer dans l'union du Corps Imperial, menacez autrement d'encourir les peines qui sont portées par les Loix. L'Evêque de Munster, qui craignoit les forces de l'Empereur, donna de belles paroles ; mais l'Electeur de Cologne apporta pour excuse que les François, estoient en possession de ses meilleures Places, & qu'il ne luy estoit plus possible de les en chasser. Sur cela le Prince d'Orange entra dans ses Estats à la tête d'une Armée de 35. mille hommes, courut & ravagea le païs, & ayant joint l'Armée du General Montecuculli, ils vinrent assieger la Ville de Bonne. Cette Place, où les François avoient une forte Garnisons ne tint que huit jours, & se rendit par composition au mois de Novembre : on s'empara aprés cette expedition de toutes les autres Places de l'Archevêché, d'où les Garnisons Françoises estoient sorties à l'approche de nôtre Armée, & l'on se vit Maitre de tout le Païs de Cologne.

1673. Cependant les François étonnez de ces revers, & se voyant menacez d'estre si étroitement enfermez dans la Hollande, qu'ils auroient de la peine à s'en retirer, formerent le dessein de la retraite. Woorden fut la premiere qu'ils abandonnerent, le Duc de Luxembourg ayant donné ordre à celuy qui y commandoit d'en faire sauter les remparts, d'en emporter les Canons, & les Munitions, & d'exiger de grandes sommes de la part des Habitans pour se racheter du pillage & de l'incendie. Il en fut usé de la même maniere à l'égard des autres Villes ; car quel moyen de lâcher pour neant de si belles Conquestes ? Utrecht fut taxée à cent mille écus, & les autres à proportion ; & comme le Peuple estoit ruiné, & ne pouvoit fournir de l'argent tout prêt, on enleva pour servir d'ôtage les plus notables Bourgeois des Villes, que l'on conduisit à Grave, la seule Ville que les François avoient résolu de se reserver. Mais pendant que le Duc de Luxembourg estoit occupé à ces rapines, le Prince d'Orange s'avançant occupe les passages. Sa retraite estoit difficile, & le Peuple esperoit de se voir vangé, mais Monsieur de Schomberg s'approchant pour le dégager avec un grand Corps de Troupes qu'il avoit rassemblé dans la Flandre, il fallut le laisser passer, & reserver à Dieu le soin de punir ou de luy pardonner, comme il le jugera à propos, les cruautez de Bodegrave, & de Swammerdam, qui l'avoient rendu l'horreur du Peuple.

Utrecht fut si rejoüie de la fuitte des François, & du Rétablissement de sa liberté, qu'elle fit frapper cette Medaille pour en conserver la memoire.

On void un Globe posé sur deux Cornes d'abondance tres enrichies, un Phœnix perché sur ce Globe, & ces paroles à l'entour.

INSTAURATIO SECULI FELICIUS.

Le Rétablissement d'un siecle plus heureux.

Le Globe marque le petit Monde d'Utrecht & de sa Province, le Phenix un Rétablissement durable & glorieux ; car cet Oiseau est chez les Chrêtiens le symbole de la Resurrection, & chez les Payens l'embleme de cette espece d'éternité qui se produit dans le renouvellement & rétablissement des mesmes choses ; les

Cornes

GUILLAUME III.

Cornes d'abondance figurent la prosperité, & une extraordinaire abondance de toutes choses, & le tout exprime par la Devise, que l'on regardoit à Utrecht, la réünion de la Province avec les six autres, comme un rétablissement des choses sur un train plus heureux, & qui promettoit plus de bonheur.

REVERS

D E I O: M:

MUNERE, VIRTUTE AC CONSILIO PRINCIPIS AURIACI TRA-JECTUS AD RHENUM POST XVII. MENSIUM CAPTIVI-TATEM RENATA XIII. NOV. M. D. C. LXXIII.

Utrecht aprés une captivité de 17. mois à esté delivrée par la grace & par la puissance de Dieu, par l'authorité, par la vertu, & par la prudence du Prince d'Orange: le 13. de Novembre 1673.

Il n'y a rien à observer dans cette inscription, qu'une allusion dans le terme *Munere* à la Charge de *Stadt-houder* du Prince d'Orange; on a pour but apparemment d'approuver cette Election, & de marquer qu'elle avoit contribué à l'heureux rétablissement que l'on celebre.

Voicy une piece de Monnoye que l'on frappa aussi à Utrecht dans le même temps.

Le Prince est en buste, l'épée à la main droite, & les Armes d'Utrecht à la gauche; autour on lit ces mots.

MONETA ARGENTEA PRO CONFECTORE BELLI TRAJECTENSIS.

Monnoye d'argent à l'honneur de celuy qui a mis fin à la guerre d'Utrecht.

REVERS.

Les Armes des Estats Generaux avec leur Devise.

Concordiâ res parvæ crescunt.
Les choses petites croissent par la Concorde.

1674. L'Evêque de Munster ne pouvoit se resoudre à quitter les Places qu'il avoit conquises, & differoit d'effectuer ce qu'il avoit comme promis à l'Empereur. Rabenhaupt crût devoir faire encore un effort pour le chasser du païs par la force des Armes. Il ramassa de la Milice, & le plus de Troupes qu'il pût, avec lesquelles il assiegea Northom, & la prit; puis entrant dans le Tuent, occupa plusieurs petites Places, battit les Munsteriens qui se présenterent à sa rencontre, & les chassa de ce païs-là, força Nyembuys, & ramena ses Troupes Victorieuses en quartier d'hyver, quand son expedition fut achevée. Peu aprés Deventer fut abandonné par l'Evêque à l'imitation des François, comme il avoit abandonné peu auparavant Steenwick & Meppel; de sorte que voyant que son esperance s'enfuïoit d'elle même, & s'en alloit en fumée, il se déclara pour l'Empereur, & fit paix avec la Hollande, par un traité qui ne fut signé que le 22. d'Avril. L'Electeur de Cologne qui se voyoit abandonné de ses Alliez, & depoüillé presque de ses Estats, le suivit de prés, & fit de même son traité avec les Estats, qui fut signé le 11. de May. Cependant tandis que les Troupes se reposoient, le Prince toûjours agissant pour le bien public estoit allé à Utrecht pour y rétablir l'ordre, & la confiance. Il fut reçû du Peuple avec un applaudissement general, & aprés avoir établi quelques nouvelles Loix par la volonté, & du consentement des trois Estats, & reglé la forme de Gouvernement que l'on observeroit dans la suite, il fut proclamé solemnellement *Stadt-houder*, & l'on déclara même que cette Charge seroit continuée dans sa Maison à perpetuité s'il laissoit quelque héritier qui fut Enfant mâle & legitime. C'estoit une résolution que les Estats avoient passée d'un commun accord dans leur Assemblée à la Haye du Vendredy 2. de Février, en consideration des succez heureux que leurs Armes avoient eu, & pour témoigner au Prince la reconnoissance qu'ils avoient de sa Protection & de son Zele.

De plus cette Medaille fut aussi frappée à son honneur.

On void d'un coté les Armes du Prince, la Devise de l'Ordre d'Angleterre, & ces paroles autour.

GERMINI QUOD AURIACO FIDAT LEO BELGICUS GALLO LÆSUS.

Le Lion Belgique blessé par les François pour s'estre appuyé sur le jeune Prince d'Orange.

RE-

GUILLAUME III.

REVERS.

Une main sortant d'une nuée, où l'on void le nom de Jehova écrit en Hebreu, tient une Orange; le Prince armé de pied en cap, & le Lion Belgique percé d'une flêche veulent l'empoigner: le Lion tient sept flêches liées avec un cordon qui a trois nœuds, & dans l'un desquels le Prince a un pied; sous le faisceau des flêches est une étoile; autour sont ces mots.

HINC HOSTES DEPELLO.
Je chasse l'Ennemy d'icy.

Et dans l'Exergue on trouve ces autres paroles.

WIE SAG SOO VER D'ORANGIE STER?
Qui vid jamais l'astre d'Orange si glorieux?

Le but de cette Medaille est de marquer que l'on benit Dieu, & que l'on se réjoüit dans la Republique sur l'élevation du Prince aux Emplois de ses Peres, & sur les heureuses suites que cette élevation avoit eu. La main qui tient l'Orange marque la Providence qui a procuré, & comme indiqué ce grand Prince au Peuple Hollandois dans son abbatement, pour luy servir de Liberateur & de Protecteur: le Lion qui vient l'empoigner percé d'une flêche c'est la Republique blessée, & delabrée par les Armes Françoises; le Prince porte aussi la main sur le fruit pour signifier qu'il est tout prest à se donner luy même, & à se devoüer pour le bien public. Les sept flêches liées de trois nœuds, dans l'un desquels il a un pied, marquent l'union étroite des Provinces entre elles & avec le Prince; la Devise signifie la fuite des François, & les paroles de l'Exergue donnent à entendre que la gloire du Prince égale, où surpasse même celles de ses glorieux Predecesseurs.

COmme la Cour de France avoit des émissaires dans toutes les Cours de l'Europe, elle fut avertie que l'on agitoit dans le Conseil de l'Empereur d'entrer dans la France par la Bourgogne. Le Duc de Lorraine habile homme & grand Capitaine avoit fait cette ouverture; representant la facilité qu'il y auroit à faire de grands progrez, & à percer jusqu'aux portes de Paris, par le peu de Places fortes que les François avoient de ce côté-là; & par le voisinage de la Franche-Comté, d'où l'on tireroit les choses necessaires, & qui pourroit servir de refuge en cas de besoin. Cet avis estoit bon & judicieux, & auroit mis la France, estant bien résolu & bien executé, dans un étrange embarras; mais certains Conseillers qui avoient grand pouvoir sur l'Empereur, & que toute l'Europe a reconnu depuis Pensionnaires de France, éluderent ce coup, & firent entendre à ce Prince trahi que le Duc de Lorraine desiroit de rentrer dans son pais, & n'envisageoit

1674.

que son intérêt particulier quand il donnoit ce Conseil. Cependant le Roy de France fort réjoüi d'apprendre que l'avis du Duc de Lorraine estoit negligé, prit ses précautions, & résolut de le prevenir en s'emparant de la Franche-Comté avant que l'Empereur ouvrit les yeux. Pour cet effet il donna ordre au Duc de Navailles Lieutenant General dans ses Armées, de s'avancer à grands pas vers cette Province, résolu de s'y rendre en propre Personne, & de s'en emparer dés qu'il auroit amassé des Troupes. Le Duc y entra le 12. de Février avec un Corps de Troupes, & s'empara de Gray, & de quelques petites Places, pendant que la Cour rassembloit des Soldats de tous les côtez pour en faire une Armée au Roy. Ce fut alors que le Marquis de Bellefonds qui commandoit les Troupes du païs conquis reçût ordre d'abandonner le reste des Places que les François avoient occupé dans les sept Provinces, à la reserve de Grave & de Maëstricht. Il en usa comme le Duc de Luxembourg, rasant les Places fortes, épargnant les foibles qui rachetoient leurs remparts pour de l'argent, obligeant les Bourgeois à promettre de grandes sommes pour se racheter du pillage & de l'incendie, taxant Tiel à 20. mille Florins pour ses Maisons, & 20. autres mille pour ses remparts; Zutphen à 70. mille. Arnhem à vingt six mille, & quatre mille boisseaux de farine & de froment, qu'il falloit s'obliger de conduire à Grave, & exigeant comme l'autre des Ostages de toutes pour assûrer le payement des promesses onereuses où ils les forçoient; semblables tous deux à la foudre, qui rétablit la confiance, & ramene le repos par sa fuite; mais qui laisse toûjours dans les lieux où elle a passé, de tristes & funestes marques de son passage. On remarque icy une plaisante finesse de la Cour de France; c'est que voulant couvrir la honte qu'il y avoit à abandonner tant de belles Conquestes, & empescher que l'on ne dit que c'estoit le grand besoin qu'elle avoit de Troupes, qui la contraignoit d'en user ainsi, elle fit mine d'estre fort en colere contre le Marquis de Bellefonds pour cet abandonnement, & le relegua dans la Ville de Bourges; mais le Marquis, qui n'avoit fait qu'executer ponctuellement les ordres du Roy, avoit le mot & n'apprehendoit point pour sa teste. Cependant Loüis XIV. ayant rassemblé une Armée puissante, entra au mois de May dans la Franche-Comté, prit d'abord Besançon, puis Dole, puis Salins, & se rendit Maître de toute la Province, qui n'estant pas munie des choses necessaires, ne pût luy resister que foiblement.

1674. Mais tandis que la France negotioit avec les Suisses, & repandoit chez eux force Loüis d'or pour obtenir qu'ils laisseroient prendre la Franche-Comté, & faisoit avancer le Duc de Navailles pour commencer cette Conqueste, le Roy d'Angleterre pressé par les offres, & les remonstrances de l'Ambassadeur d'Espagne, par le desir de ses Peuples, & la necessité où il se voyoit de renoncer au projet du Despotisme, & à l'esperance de détruire la Republique, avoit fait la paix avec la Hollande par un traité qui fût signé à Londres le 19. jour de Février 1674. Ce fut pour la France une mortification trés-amere, & le sujet d'une grande feste pour la Hollande: on en rendit Graces à Dieu solemnellement dans toutes les Provinces, par une Ordonnance des Estats. On en fit à la Haye, & dans toutes les Villes, des réjoüissances publiques. On alluma des feux de joye; on fit couler dans les ruës des Fontaines de Vin, on erigea des Arcs Triomphaux, enrichis d'inscriptions, & de belles Devises à l'honneur du Roy d'Angleterre & du Prince d'Orange son Neveu, & où la gloire des deux Nations estoit celebrée; en un mot on n'oublia rien de ce qu'inspire la joye quand on se voit delivré d'un grand peril.

La Ville d'Amsterdam fit frapper cette Medaille à l'honneur du Prince d'Orange au sujet de la paix avec l'Angleterre.

Le

GUILLAUME III.

Le Prince paroît à cheval & en action avec un bafton de Commandement à la main; fur fa Tefte eft une grande branche d'Oranger, entrelaffée d'un Cordon fur lequel on lit.

VIRES ULTRA SORTEMQUE JUVENTÆ.

Au deſſus de ſes forces & de ſon âge.

REVERS.

Une Colombe paſſe la Mer portant en ſon bec un rameau d'Olivier, & un de Palme, qui ſont les ſymboles ordinaires de la Paix & de la Victoire: autour il y a ces mots.

A DOMINO VENIT PAX ET VICTORIA LÆTA.

La Paix vient du Seigneur, & la Victoire agreable.

A Prés que la paix eût efté faite avec l'Angleterre, la Republique partagea ſes 1674. forces Maritimes. Elle envoya Ruyter aux Indes de l'Amerique pour les intérêts du Commerce; & donna ordre à Tromp de roder fur les Côtes de Bretagne & de Normandie, pour obliger les François qui n'oſoient plus tenir la Mer, à détacher des Troupes pour la garde des Côtes, ce qui auroit confiderablement affoibli leur Armée de Terre. Ruyter arrivé à la Martinique, l'une des Antilles, trouva la Baye de cette Iſle, appellée vulgairement le Cul de Sac, ſi bien fermé par le moyen de vieux baſtimens que l'on y avoit enfoncez, qu'il luy fut impoſſible de percer l'obſtacle ; mais pendant que pour amuſer les François il faiſoit feu contre leur Fort avec le Canon de ſes Vaiſſeaux, il envoya de ſes gens, qui firent deſcente par un autre endroit, qui pillerent, & ravagerent une partie de l'Iſle, aprés quoy il ſe rembarqua & revint en Hollande avec ſon butin, qui ne fut pas fort confiderable. Pour ce qui eſt de Tromp, il fit deux fois deſcente ſur les Côtes de France; l'une à la rade de Belle-Iſle où il débarqua prés de ſix mille hommes, qui ſous le Commandement du Comte de Horn pouſſerent fort avant dans l'Iſle, & firent un tres grand butin; la ſeconde à l'Iſle de Noirmouſtier, d'où ayant tiré des Contributions, & de l'argent, il ſe retira vers la Manche pour donner jalouſie au Prince de Condé, & favoriſer les deſſeins des Alliez & du Prince d'Orange.

Cependant le Comte de Souches General des Imperiaux, le Comte de Monte- 1674. rey Gouverneur des Païs-bas Eſpagnols, & le Prince d'Orange s'eſtant joints en

Flandre, formoient une Armée de soixante mille hommes. Ils s'approcherent du Prince de Condé pour luy présenter Bataille, & se vinrent camper au Village de Senef le 5. Août. Ce Prince qui n'en estoit éloigné que d'une lieuë & demie, se tint renfermé dans son Camp fortifié de tranchées ; & les Alliez ne jugeant pas qu'il fut à propos de l'y attaquer, décamperent le 11. résolus d'assiéger une Place pour l'attirer par là au Combat. Ce fut alors que Loüis de Bourbon, Prince de Condé, ayant laissé passer leur Avant-garde & une partie du Corps de Bataille, fondit sur l'Arriere-garde que formoient les Espagnols, avec tant de furie, qu'il l'a rompit, & alloit la tailler en pieces si le Prince d'Orange qui commandoit le Corps de Bataille, ne fut accouru au secours trés diligemment, & n'eust posté ses Troupes si à propos sur des hauteurs & des éminences, entre des Hayes, dans des houblonnieres, & autres lieux difficiles & presque impraticables, qu'il arresta tout court le feu, & la Victoire des François, & donna lieu au Comte de Souches, qui estoit déja à quatre lieuës de là avec l'Avant-garde, d'arriver assez-tôt avec ses Allemands pour partager l'honneur de cette grande Journée. Cependant le Prince de Condé qui estoit tout feu & tout courage, enflé du premier succez, résolut de poursuivre sa Victoire, & fit attaquer les Hollandois dans leurs postes menaçans. Il y eût alors un Combat sanglant qui ne finit qu'à onze heures du soir ; les François tomboient sous une grèle de coups que les Hollandois postez plus commodément, leur lançoient. Condé irrité par la perte, & résolu de vaincre ou de mourir, prodiguoit sa Vie, ses Soldats, & ses Officiers, qui voyant le premier Prince du Sang entrer luy-même teste baissée dans le peril, attaquoient en desesperez, & se venoient faire assommer comme des furieux. On s'endurcissoit à la cruauté à force de perir ; & chacun s'animoit à faire son devoir, en voyant des morts qui tomboient en foule de part & d'autre. Mais la nuit & la retraite du Prince de Condé finit enfin ce cruel Carnage ; le Champ de Bataille & l'honneur par consequent estant resté au Prince d'Orange, qui deux heures aprés en décampa, y ayant laissé pendant la nuit le Major General Fariaux pour observer les démarches de l'Ennemy. Cette journée furieuse cousta aux François plus de sept mille hommes, qui furent trouvez morts sur la Place, sans conter les blessez qui montoient à plus de quinze-cens. Pour l'Armée des Confederez, elle ne se trouva affoiblie, aprés la reveuë, que d'environ six mille cinq cens hommes. Cependant les François s'attribuoient la Victoire, & publioient la défaite du Prince d'Orange comme pleine & entiere, chez les Etrangers, aprés en avoir

1674. fait des feux de joye dans le Royaume ; lorsque tout d'un coup on apprit que ce Prince venoit de mettre le siege devant Oudenarde. Ce fut pour la Cour de France une terrible insulte que cette action, & une grande mortification que cette nouvelle ; car aprés les discours fastueux qu'on avoit tenu au sujet du Combat passé, l'honneur du Roy, & la réputation de la Cour se trouvoient d'un côté trop engagez, si on laissoit prendre une Place de cette force à un Ennemy que l'on avoit publié vaincu ; & d'ailleurs on sentoit les pertes qu'il avoit causées ; outre qu'aprés l'épreuve que l'on avoit faite de sa Valeur, on apprehendoit sa rencontre. Dans cette agitation de pensées l'honneur l'emporta sur le peril, & l'on donna ordre au Prince de Condé de rassembler le plus de Troupes, & des meilleures qu'il pourroit trouver, & de tout hazarder pour empescher la prise de cette Place. Les Alliez estoient déja Maistres de la Contrescarpe ; mais la division s'estant mise entre eux, quand on vint à opiner sur ce qu'il y auroit à faire à l'approche des François, le Prince d'Orange opinant qu'il falloit combattre, & aller à leur rencontre, & le Comte de Souches, que l'on a soupçonné d'avoir reçû dans cette guerre des Loüis de France bien plus d'une fois, estant de contraire avis, ils leverent le siege au grand mécontentement du Prince d'Orange, qui ne pouvant se resoudre à fuïr un ennemy qu'il croyoit avoir plus qu'énervé, protesta contre eux sur cette lâcheté, & ne se retira que le dernier.

Peu

GUILLAUME III.

Peu aprés le Prince mal satisfait & tres mécontent des Alliez, les quitta, & vint achever le Siege de Grave. Cette Ville avoit esté investie par le General Rabenhaupt dés le 24. de Juillet; la prise en estoit de grande importance pour la Republique, parce que les Canons, les Munitions, & sur tout les ostages que les François avoient enlevé des Villes comme nous avons vû, y avoient esté renfermez. Cependant la Garnison s'estoit défenduë avec tant de vigueur sous le Commandement du Marquis de Chamilly qui en estoit Gouverneur, que les approches des assiegeans n'estoient pas beaucoup avancées le 9. d'Octobre, que le Prince d'Orange y arriva. Mais ayant amené avec luy un Corps de Troupes fraîsches, il pressa les assiegez avec tant de vigueur qu'il les contraignit à sortir de la Place, le 28. La Capitulation fut trés-honorable; & le Prince accorda au Marquis de Chamilly deux pieces de Canon en don gratuit, pour luy marquer l'estime qu'il faisoit de luy & de son Courage.

Cette Medaille fut frappée à Amsterdam sur la prise de Grave.

Le Prince en buste avec ces Paroles.

WILHELMUS III. D. G. PRINCEPS AURAICÆ COMES NASSOVIÆ.

Guillaume III. par la Grace de Dieu Prince d'Orange Comte de Nassau.

R E V E R S.

Le Plan du siege de cette Place, ou les lignes, les attaques, les Cartiers du Camp sont marquez; sur le devant de la Medaille paroît le Prince à pied, armé, & appuyé sur le baston de Commandement. Au Haut est ce mot de *Graef*, Grave dans l'Exergue; l'année 1674.

1675.

LE Peuple estoit si content & si satisfait de la conduite du Prince toute heroïque, que la Province de Gueldre vint luy offrir au commencement de cette année la souveraineté du Duché de ce nom, avec le titre de Comte de Zutphen. On tient que la France contribua à cela par ses Emissaires, esperant broüiller la Hollande, & y ramener la discorde & la défiance par ce moyen. Mais le Prince zelé pour le bien public refusa, disant qu'il estoit content de l'honneur qu'on luy
avoit

avoit fait en le creant *Stadt-bouder* dans la Republique, & qu'il ne falloit pas changer le Gouvernement de l'Eſtat, ni donner aux Provinces de la jalouſie ; peu auparavant le Roy de France luy ayant fait propoſer par le Miniſtre du Comte d'Eſtrade Gouverneur de Maëſtricht, & l'entremiſe d'autres perſonnes conſiderables, qu'il ſe joindroit avec le Roy d'Angleterre ſon Oncle, pour le rendre Souverain dans la Hollande s'il vouloit entrer dans leurs intérêts communs, il en avoit auſſi-tôt averti Meſſieurs les Eſtats, & preferé ſon devoir, & la liberté du païs aux Conſeils de l'Ambition, & au deſir de s'élever par de méchantes voyes. Cependant la petite verole luy ſurvint. Toutes les Provinces en eſtoient conſternées, & dans la douleur on craignoit que cette maladie fatale à ſa Famille, dans la Perſonne de ſon Pere, de ſa Mere, & du Duc de Gloceſter, ne le ravit auſſi dans ſa fleur; mais l'Electeur de Brandebourg envoya des remedes, qui ſous la benediction de Dieu, & la direction d'un habile Medecin, le rétablirent à la joye & au contement general du Peuple & des Alliez.

1675. Le Comte d'Eſtrade, qui craignoit le Siege de Maëſtricht, avoit démoli Maſcich & Viſé; & s'eſtoit intrus dans la Citadelle de Liege, aprés avoir gagné & corrompu par argent le nommé Vierſet, qui en eſtoit Gouverneur. Ces précautions ne ſuffiſant point à la Cour de France pour aſſûrer cette Place on y forma le deſſein de prendre Limbourg, & toutes les Villes ſituées dans le voiſinage. Pour cet effet le Roy de France, qui n'apprehendoit rien du Côté d'Allemagne, où l'on ne ſe met gueres en Campagne que quand la moiſſon eſt meure, aſſembla ſelon ſa coûtume une Armée nombreuſe, avec laquelle il vint fondre au commencement du Printemps ſur Dinant, Huy, & Limbourg tout à la fois. Déja le Mareſchal de Crequi avoit pris Dinant; & le Marquis de Rochefort s'étant emparé de Huy qui n'avoit pû ſe battre ni reſiſter, avoit fait breche à Limbourg, & livré un aſſaut, que Jean François de Naſſau, Commandant dans la Place, avoit ſoutenu avec vigueur, mais qui l'avoit obligé neantmoins à parler déja de capituler; lorſque le bruit s'eſtant répandu que les Ducs de Lorraine, de Lunebourg, & de Villahermoſa s'avançoient avec le Prince d'Orange pour donner du ſecours, le Gouverneur dégagea ſa parole incontinent, & demanda du temps pour voir ce qui en ſeroit. Il y avoit apparence d'un Combat ſanglant; le Roy ayant appris la marche du Prince qui s'avançoit le premier, avoit paſſé la Meuſe; & s'eſtoit campé ſur ſa Route, dans un Poſte choiſi & avantageux. Le Prince plein d'ardeur n'attendoit que les Alliez pour l'aller combattre; mais ils ſe haſterent lentement, & l'on preſſa la Place avec tant de furie, qu'elle fut obligée de capituler. Le Roy reprit auſſi-tôt le chemin de Flandre, & s'en retourna à Paris, aprés quelques ravages qu'il fit faire à ſes Troupes autour de Bruxelles; Malines & Louvain eurent le meſme ſort; ainſi finit la Campagne de Flandre, car il ne ſe paſſa plus rien de conſiderable ſinon la priſe de Bink que le Prince d'Orange força, & démolit au mois de Septembre, à la vûë de l'Armée Françoiſe.

Mais pendant que les choſes ſe paſſoient ainſi en Flandre ; il arriva aux François du Côté de l'Allemagne deux diſgraces ſenſibles. L'une eſt, la Mort de Henry de la Tour d'Auvergne, Vicomte de Turenne, Mareſchal de France, & General des Armées du Roy; le plus grand Capitaine de ſon temps pour la conduite & le menagement des Armées; qui fut emporté d'un boulet de Canon le 27. Juillet 1675. comme il eſtoit monté ſur une hauteur, pour reconnoître le Camp des Imperiaux, auſquels on croyoit qu'il avoit deſſein de donner bataille. Et la ſeconde eſt la défaite entiere du Mareſchal de Crequi, que les Ducs de Lorraine, & de Lunebourg batirent ſi à plate couſture aſſez prés de Tréves, qu'il ne s'y pût ſauver que luy quatriéme. Pour comble de malheur il fut aſſiegé

dans

dans cette Place, & fait prisonnier de guerre quoy qu'il eût fait paroître par sa resistance que la fortune n'est pas toûjours favorable aux gens de cœur.

Cependant Charles II. Roy de Suede jeune Prince, avide de gloire, & plein de Courage, s'estant laissé persuader par Loüis XIV. son Allié, de rompre la foy des traitez, estoit entré dans les Estats du Marquis de Brandebourg, pendant qu'il agissoit sur le Rhin ; & luy avoit enlevé plusieurs de ses Places. Ce brave Electeur, irrité justement contre cette insulte, vint en diligence au secours de ses Peuples, & après avoir donné à ses Troupes six jours de repos, pour les remettre des fatigues que la longueur du chemin, & la vitesse de la Course avoit causées, il marcha à l'ennemy pour le combattre. L'Ennemy s'enfuit sans oser l'attendre; mais il le poursuivit chaudement & avec ardeur ; prit Ratzenaw, fit passer le Havel à ses Soldats, & ayant rencontré l'Armée des Suedois prés de Fierberlin, il les tailla en pieces, poursuivant les fuyards & sa Victoire jusques sous le Canon de Stetin ; après quoy s'estant emparé de Volgast, & des Isles de Wolin & de Dresselen, il revint en son païs couvert de Lauriers, & y fut reçû dans la joye au milieu des acclamations des Peuples. D'ailleurs Charles V. Roy de Dannemark ayant embrassé le party des Alliez, & declaré la guerre au Roy de Suede, défit son Armée Navale, s'empara de l'Isle de Walfisch, & prit la Ville de Wismart après un long siege, pendant que les Troupes de Lunebourg, estant entrées dans le Duché de Breme, s'emparerent aussi de Boxehude & de Bremesfierd.

Il y a apparence que ce fut après la maladie du Prince que les Estats firent frapper à son honneur cette Medaille qui ne marque aucun fait particulier.

Le Prince en Buste Armé & Couronné de Lauriers.

Autour sont ces mots.

WILHELMUS A WILHELMO.

Guillaume fils de Guillaume.

Sur le bord de la Medaille on lit ces paroles.

GODT BEWAERT SYN KONINCKLYCKE HOOGHEYT DEN HEERE PRINS VAN ORANJE.

Dieu conserve son Altesse Royale le Seigneur Prince d'Orange.

HISTOIRE DU ROY

REVERS

Une Cartouche d'Oranger dans laquelle est enfermée cette inscription,

HONOS ET DECUS PATRIÆ.
Il est l'Honneur & l'Ornement de la Patrie.

Au haut sont les sept flêches qui marquent les Provinces-Unies; & au bas dans l'Exergue l'année 1675.

1676. CE fut au commencement de cette année que les Negotiations pour la Paix recommencerent. On avoit eu dés l'année 1673. des Conferences à Cologne sur ce sujet sous la Mediation du Roy de Suede. Mais ce Prince qui recevoit déja de l'argent de France estant suspect aux Alliez; & Guillaume de Furstemberg Ministre de l'Electeur de Cologne ayant esté enlevé dans cette mesme Ville, par les ordres de l'Empereur, qui regardoit cet Ecclesiastique comme un sujet Traitre & Rebelle, à qui il vouloit faire couper le cou; cette Assemblée se rompit, & ne servit qu'à irriter les Esprits plus fort que jamais. La Mediation du Roy d'Angleterre fut plus agreable. Car l'ayant offerte elle fut acceptée de tous les Partis, & l'on convint de s'assembler pour les Conferences de la Paix, à la Ville de Nimegue, où tous les Plenipotentiaires se rendirent vers le mois de Février, ou environ.

Cependant la France rassembla toutes ses forces dés le mois de Mars, & vint fondre sur la Flandre au mois suivant pendant que les Alliez estoient en cartier d'Hyver. Condé fut emporté de vive force; Bouchain se rendit peu aprés par Composition, & plusieurs autres Villes alloient subir le mesme sort, si le Prince d'Orange, ayant joint Villahermosa ne fut venu en diligence, arrester les progrez des Armes du Roy; & le défier au Combat en pleine Campagne. Loüis XIV. estoit campé avec son Armée à la veuë de Valenciennes; le Prince d'Orange l'ayant sçû, s'avança en diligence, & s'estant saisi d'une Colline où l'ennemy vouloit se poster, il parut dans la plaine rangé en bataille: Il n'y avoit ni fossé, ni riviere, ni ruisseau entre les deux Armées; les Vedetes estoient à portée du Mousqueton l'une de l'autre; & l'on s'attendoit des deux côtez à un Combat d'autant plus grand, & plus memorable que ce devoit estre le premier où le Roy de France se fut trouvé. Mais pendant que le Prince, plein d'ardeur & au comble de ses desirs d'avoir à mesurer son espée avec un Ennemy d'un si grand nom, alloit de rang en rang, exhortant tout le monde à faire son devoir, & inspirant par son feu & par ses discours, une si belle ardeur à tous ses Soldats, qu'ils jetterent les Chappeaux en l'air avec de grands cris, disant tous, qu'il marchast, &

qu'ils

qu'ils l'alloient fuivre : le Roy douteux & irrefolu confultoit fes Generaux qui diffuaderent le Combat ; parce que le fort des armes, difoient ils eftoit hazardeux, que la perfonne du Roy eftoit trop chere & trop précieufe, & fa confervation trop jufte & trop neceffaire pour l'expofer au peril fans neceffité ; & qu'enfin il eftoit queftion de prendre Bouchain, & non de défaire l'ennemy en bataille rangée. Cet avis ayant efté celuy de tous les Marefchaux, excepté du Duc de la Feüillade, pluft au Roy. Cependant le Prince voyant que les François ne remuoient point, les voulut attaquer le jour fuivant ; mais les Efpagnols s'y oppoferent, & il fallut malgré fon Courage & fes reproches, qu'il prift le party de refter dans fon pofte dix jours entiers, au bout defquels le Roy décampa le premier, & prit bien-tôt aprés le chemin de France.

Auffi-tôt le Prince fortifié des Troupes d'Ofnabrug, fut mettre le fiege devant Maëftricht ; & preffa cette Ville avec une vigueur extraordinaire. Il avoit commencé fon attaque à la porte de Boifleduc, & les affiegez en avoient le cœur failly, parce que c'eftoit l'endroit le plus propre pour avancer les ouvrages, & prendre la Ville en diligence ; mais fur les avis du jeune Rhingrave qui devoit connoiftre mieux Maëftricht, il fit attaquer par un autre endroit où le terrain eftoit plus folide, & plus difficile à remuër, ce qui retarda les ouvrages. Cependant le Prince ne negligeoit rien pour venir à bout de fon entreprife. Il eftoit tous les jours à la tranchée ; & comme il marchoit le premier par tout où il y avoit du peril, il reçût une bleffure au bras : rien n'échappa à fes lumieres ni à fon ardeur, & jamais General n'a mieux efté fecondé qu'il le fut alors par le courage intrepide, & infatigable que marquerent les Soldats & les Officiers ; mais les François fe défendirent avec tant de courage fous le Commandement de François Calvo, qui fut envoyé à Maëftricht pour y commander à la Place du Marefchal de l'Eftrade, qui eftoit à Nimegue pour les Conferences de la Paix, qu'ils donnerent le loifir à Monfieur de Schomberg Marefchal de France, de s'avancer au fecours de la Place avec une Armée puiffante : à l'approche de laquelle le Prince ayant pris confeil de fes Generaux, il fut réfolu, attendu que les Troupes eftoient extrêmement fatiguées, de lever le fiege, ce qu'il fit avec tant d'ordre & des mouvemens fi bien entendus qu'il attira l'admiration du Duc de Schomberg ; enfuite de quoy au lieu de fuïr, comme les François l'avoient efperé, il remonta la Meufe, & embarraffa tellement ce vieux General, qu'il eût befoin de toute fon addreffe pour faire fa retraite. Il y en a qui affûrent que le Prince ne voulut point prendre Maëftricht pour des raifons fecretes qui avoient leur fondement dans la pretention des Efpagnols fur cette Ville, & dans les negotiations de la Paix ; mais il ne faut pas croire legerement que les Princes dont la vertu eft reconnuë, ayent des deffeins contraires à leurs actions ; auffi le Prince ayant rendu conte aux Eftats de toute cette expedition, ils approuverent fa conduite, & le remercierent de fes grands travaux.

Cependant toute la Republique pleuroit Ruyter qu'un boulet de Canon avoit 1676. emporté par un coup fatal fur la Mediterranée. Les Eftats l'avoient envoyé en Sicile au fecours des Efpagnols, contre lefquels les habitans de cette Ifle excitez par leur Tyrannie & leur humeur fiere, & favorifez par les François, s'eftoient revoltez depuis quelques années. Il avoit amené avec luy dix-huit grands Vaiffeaux, huit Yachts, & quatre Brûlots, en conformité du traité que l'on avoit fait avec eux ; mais au lieu d'une Efquadre de vingt Vaiffeaux que les Efpagnols avoient promis de tenir prête, & de la joindre à celle des Eftats, ils n'en fournirent qu'un feul avec quelques Galeres ; ce qui fit que Ruyter irrité de cette perfidie, aprés une premiere rencontre qu'il eut avec les François le 8. de Janvier, entre les Ifles de Stromboli & de Salmo, où il foûtint avec un fi grand courage

l'effort

l'effort de vingt quatre Vaiſſeaux, dont le moindre pouvoit faire teſte à ſon Admiral, qu'il leur coula à fond un Navire & 3. Brûlots, ſans avoir perdu de ſon côté aucun Baſtiment, cela fit dis-je que Ruyter ſe retira de Sicile malgré les careſſes, & les offres magnifiques que le Viceroy luy fit pour le retenir, & fit voile vers Livorne, où il y avoit des Vaiſſeaux Marchands qui avoient beſoin de ſon eſcorte. Cependant les Eſpagnols avoient fait un nouveau traité avec les Eſtats; & Ruyter trouva ſur ſa route un nouvel ordre de retourner en Sicile. Il obéit auſſi-tôt à ſes Souverains, & fit voile vers Naples, où on luy fit de grands honneurs & une recepte magnifique. Ce fut là que ce grand Homme tira des fers les Paſteurs de Hongrie, qui pour la ſeule cauſe de leur Religion avoient eſté condamnez aux Galeres à la ſollicitation des Jeſuïtes, & ſervoient de forçats dans celles de Naples au nombre de vingt-ſix, quand Ruyter y aborda. Il y avoit neuf mois que ces Serviteurs de Dieu eſtoient à la chaine; on les avoit traitez avec la derniere inhumanité; déja Ruyter avoit prié inutilement pour leur liberté; mais ayant reçû avec un grand froid tous les honneurs, & toutes les careſſes qu'on luy avoit faites; & reſpondu au Viceroy de Naples qui luy en demandoit la raiſon, qu'il ne pouvoit ſe réjoüir ſi prés de ſes Freres les Miniſtres de Hongrie qu'il ſçavoit dans la ſouffrance, & dont on avoit refuſé la liberté à ſes prieres preſſantes & réiterées, ce Seigneur Eſpagnol la luy promit ſur le champ, & les ayant en effet fait élargir dés le lendemain demi-nuds, pâles, maigres, décharnez, conſumez par la faim, & par le travail, couverts d'ulceres & de cicatrices, ils furent amenez au bord de Ruyter, qui les reçût & les embraſſa avec les témoignages d'une humanité, d'une tendreſſe & d'une charité extraordinaire. Joyeux de cette Conqueſte que ſa charité avoit faite, plus qu'il ne l'auroit eſté du gain d'un Combat, il leva l'anchre, & s'eſtant joint à la Flotte des Eſpagnols qu'il trouva forte de dix Vaiſſeaux, il fut mettre le ſiege devant Auguſta. Ce fut aux environs de cette Place que ſe livra le Combat fatal où fut terminée une ſi belle vie. Abraham Duqueſne Lieutenant-General, & Commandant de la Flotte de France, ſortit du port de Meſſine, & s'avança pour combattre avec de grandes forces. Ruyter l'ayant ſçû alla à ſa rencontre; & bien qu'il ne fut pas ſi fort à beaucoup prés, il l'attaqua neantmoins avec tant de furie, qu'il auroit remporté la Victoire à ſon ordinaire ſi les Eſpagnols l'avoient ſecondé. Mais ces lâches, des intérêts de qui il s'agiſſoit, & que Ruyter n'avoit joint que pour les ayder, lâcherent le pied, aprés avoir fait leur premiere décharge, & ſe tenant bien loin au deſſus du Vent ſe mirent à uſer leurs Munitions pour ne paroiſtre pas oiſifs, & canonnoyent l'ennemy qui eſtoit de beaucoup hors de portée. Il y avoit déja une grande heure & demie, que Ruyter avec ſes dix-huit Vaiſſeaux ſoûtenoit une Armée de plus de 40. Voiles, lors qu'eſtant ſur le Tillac, occupé à découvrir ce qui ſe paſſoit, & à donner des ordres à ſes Officiers, il vint un boulet de Canon qui luy emporta la moitié du pied, luy briſa l'autre jambe au deſſus de la Cheville, & le fit tomber ſi rudement ſur la nuque du col de la hauteur de plus d'une toiſe & demie, qu'il en reçût une troiſiéme bleſſure : malgré les grandes & continuelles douleurs dont il eſtoit agité, il donna ſes ordres ſur le rapport qui luy eſtoit fait de l'eſtat des choſes, & fit continuer le Combat juſqu'à la nuit, & même au clair de la Lune, tant que les deux partis laſſez de leurs pertes, & de leurs travaux ſe retirent, les François vers Meſſine, les Eſpagnols, & les Hollandois vers Syracuſe, où Ruyter mourut de ſes bleſſures le 29. Avril, entre 9. à dix-heures du ſoir âgé de ſoixante-neuf-ans, cinq mois, & un jour; on enterra ſes entrailles ſecrettement ſur un Coſteau environné de la Mer, pour les mettre à couvert du zele des Papiſtes, & pour empeſcher que le Peuple Italien, ne fît quelque indignité aux cendres de ce grand Homme; mais ſon Corps fut embaumé & emporté ſur la Flotte à Amſterdam, où il fut enterré au dépens du Public le 18. de Mars, de l'année ſuivante, avec une Pompe funebre des plus magnifiques. Peu aprés on luy érigea un ſuperbe

GUILLAUME III.

perbe Maufolée, pour éternifer fa Memoire. Mais ce Monument mort n'eftoit point neceffaire pour le faire revivre. Son Nom connu aux Indes & dans l'Amerique, au Levant, au Couchant, au Septentrion & au Midy, fera immortel dans l'Hiftoire; & ce qu'il a fait dans ces lieux voifins, & éloignez, pour le bien de fa Patrie, paffera à la Pofterité par la force de fon poids, & de fa grandeur, fans pouvoir eftre ufé par le cours des Siecles. L'Amour & la Gloire de fon Païs, l'Admiration des Eftrangers, le Refuge des Alliez, la Terreur des Ennemis, Chevalier de l'Ordre de S. Michel, pendant fa vie par le don gratuit du Roy des François; honnoré aprés fa mort du titre de Duc par le Roy d'Efpagne. Jamais on ne vit Heros qui fut plus aimé, plus honnoré, & plus eftimé generalement, ni qui meritât plus de l'eftre que MICHEL ADRIEN DE RUYTER.

Comme les Conferences de Nimegue n'avoient pas avancé beaucoup l'ouvrage de la Paix, pendant l'année précedente, on continuoit par tout les préparatifs pour la guerre au commencement de celle-cy. La France à qui les Imperiaux avoient repris Philipsbourg, avoit fur tout réfolu de faire de trés-grands efforts pour fe dédommager de cette perte, & pour avoir la Paix à de meilleures conditions que les Alliez ne la luy offroient. Pour cet effet le Roy de France fe mit en Campagne dés le mois de Mars, avec toutes fes forces, & vint mettre le fiege devant Valenciennes. Il fit ouvrir la tranchée le 9. de ce Mois; & fe rendit Maiftre de cette forte Place dés le 17. par un cas trés-heureux & trés-fingulier. Les Grenadiers & les Moufquetaires avoient efté commandez à l'attaque d'un ouvrage à Cornes. Ils s'acquitterent fi bien de cette Commiffion, qu'aprés avoir emporté l'ouvrage, ils pourfuivirent les Affiegez de pofte en pofte, & les preffant l'épée dans les reins, entrerent avec eux dans la Ville par une fauffe porte, dont perfonne ne baiffa la Herfe. Les bons Efpagnols croyent fermement qu'il y eut là dedans quelque intelligence, & apportent affez de raifons, comme ils font bons fpeculatifs, pour le perfuader à d'autres qu'à eux. Quoy qu'il en foit, les François fe pofterent fur les remparts; & la Ville fe rendit à difcretion. Elle fut prefervée du pillage, mais toute la Garnifon au nombre de deux ou trois mille hommes furent faits prifonniers de Guerre. Cependant le Roy ne voyant perfonne, qui vint s'oppofer à fes deffeins, fut mettre le fiege devant Cambray, tandis que le Duc d'Orleans affiegoit S. Omer, au païs d'Artois. Ce fut alors que le Prince d'Orange, le Refuge des Efpagnols, vint avec fon Courage ordinaire attaquer le Duc d'Orleans, qui s'eftoit pofté aux environs de Caffel, pour venir à fa rencontre, & qui avoit reçû le mefme jour, qui eftoit le 11. d'Avril, un renfort de 9. Bataillons, détachez de l'Armée du Roy. Le Combat fut fanglant au commencement, & les deux Generaux fe fignalerent. M. le Duc combattit avec tant d'ardeur qu'il entra dans la meflée, & reçût deux coups de Moufquet dans fa Cuiraffe. Le Prince reçût auffi des coups dans fes Armes, courant par tout, entrant dans le feu, & donnant l'exemple aux Soldats, & aux Officiers felon fa Valeur accoûtumée. Mais il fut fi mal fecondé, principalement à l'Aifle gauche de fon Armée, où les Soldats plierent fans qu'il pût jamais rallier, qu'il fut obligé de faire retraite, aprés quoy il les decima felon l'Ancienne Difcipline pour les châtier de leur lâcheté. La perte fut à peu prés égale des deux côtez; & les François quoy que plus forts de beaucoup n'oferent le pourfuivre. Cependant Dom Pedro de Zavala, qui depuis la prife de la Ville de Cambray, qui s'eftoit renduë par compofition le 5. d'Avril, tenoit bon encore dans la Citadelle, perdant courage à cette trifte nouvelle, capitula auffi-tôt, & rendit cette Place aux François le 17. fous des Conditions trés-honnorables. La prife de S. Omer fuivit de prés. Car M. le Duc d'Orleans fe voyant delivré de la crainte & de l'opinion qu'il avoit, que le Prince d'Orange vouloit l'attaquer une feconde fois pour delivrer S. Omer, aprés avoir gardé huit jours le Champ de Bataille, retourna devant cette Place, ce, & la preffa tellement qu'elle fut obligée de fe rendre dés le 20. Il ne fe paffa rien de memorable en Flandre tout le refte de la Campagne. Le Prince d'Orange alla chercher auprés d'Aath, le Duc de Luxembourg pour luy prefenter le Combat. Mais ne pouvant fans peril l'attaquer dans fon Camp, où il s'eftoit fortifié entre deux rivieres, il ufa de ftratageme pour l'attirer, & fut fe pofter devant Charleroy, comme s'il avoit eu deffein de prendre cette Place. Sur cela Luxembourg raffembla une Armée de 40. mille hommes, & revint fe retrancher dans un Pofte avantageux pour traverfer le fiege, & incommoder les Fourrageurs, c'eft pourquoy le Prince defefperant de l'attirer au Combat, décampa de-là, & revint à la Haye, laiffant au Prince de Waldek le commandement de l'Armée.

1677. Aprés tant de travaux & d'exploits Guerriers, qui faifoient retentir l'Europe du Nom, & de la Valeur Heroïque du jeune Prince d'Orange; le Roy de la Grand Bretagne fon Oncle, envoya de fa Cour plufieurs Gentilshommes pour l'inviter à paffer en Angleterre, pour des raifons utiles pour la Paix publique, & pour les Intérêts particuliers de la Republique. Il partit de la Haye du confentement des Eftats; & arriva à Harwic le 19. d'Octobre. Il y fut reçû par le Duc d'Albermale Grand Maître des Ceremonies, & conduit dans les Carroffes du Roy à Ipfwick. Le Roy, & le Duc d'York qui l'y attendoient, le reçûrent avec beaucoup d'affection & de tendreffe; & le conduifirent à Withal. Ce fut là qu'il vit & qu'il époufa Marie Stuart Fille aifnée du Duc d'York, & l'Heritiere préfomptive des trois Royaumes. La Negotiation de ce celebre Mariage fut fi cachée, & le fecret fi bien obfervé, que le Prince & la Princeffe eftoient mariez, avant que l'Ambaffadeur de France, qui remuoit Ciel & Terre, pour penetrer les deffeins du Prince fur les affaires publiques, & principalement fur le bruit qui couroit de ce Mariage, pût rien fçavoir, ni rien découvrir. L'Evêque de Londres en fit la Ceremonie à onze heures du foir, & lorfqu'il demanda, fuivant la Difcipline Anglicane, *qui préfentoit la Fiancée*, le Roy répondit *que c'eftoit luy*. Cependant le Peuple ayant appris au matin ce qui s'eftoit fait, témoigna la joye, & la fatisfaction qu'il en avoit par des réjoüiffances folemnelles. Il y en eût auffi beaucoup en Hollande, & l'on y frappa cette Medaille à l'Honneur des Illuftres conjoints.

Le Prince paroît en Bufte avec cette Infcription.

GUILHELMUS III. DEI GRATIA PRINCEPS AURAICÆ, HOLLANDIÆ ET WEST-FRISIÆ GUBERNATOR.

Guillaume III. par la Grace de Dieu Prince d'Orange, Gouverneur de Hollande & de Weft-frife.

GUILLAUME III.

REVERS
La Princesse d'Orange aussi en Buste avec ces paroles.

MARIA DEI GRATIA AURAICÆ PRINCEPS NATA YORK.
Marie par la Grace de Dieu Princesse d'Orange Fille du Duc d'York.

EN voicy une seconde qui fut frappée dans le même temps ; & qui le fut apparemment contre certains Esprits, qui pour remettre la discorde dans la Republique, tiroient de ce Mariage des consequences à perte de veuë, comme s'il menaçoit l'Estat & la liberté publique d'un grand peril. Ce qui donne lieu à cette conjecture, est qu'il ne paroît rien dans toute la Medaille qui puisse porter sur la Conjoncture presente, sinon la Devise de la Jarretiere qui fait trés bien au sujet que j'ay marqué.

Le Prince d'Orange en Buste avec ces paroles.

WILHELMUS III. DEI GRATIA PRINCEPS AURAICÆ COMES NASSOVIÆ.
Guillaume III. par la Grace de Dieu Prince d'Orange, & Comte de Nassau.

Les Armes du Prince avec la Devise d'Angleterre.
Honni soit-il qui mal y pense.

CEpendant la présence du Prince estant nécessaire en Hollande, il partit de Londres avec la Princesse dés le 29. de Novembre. Et ayant mis pied à terre à Terheyde, il la conduisit à Honflaerdijck, où ils sejournerent jusqu'au
14. Decem-

14. Decembre, qui fut le jour de leur entrée publique à la Haye: cette entrée fut pompeuse & magnifique. La Bourgeoisie estoit sous les armes; il y avoit en divers lieux des Arcs Triomphaux, où les Inscriptions magnifiques, les Devises, les Chiffres, & les Vers ne furent point omis. Le beau Sexe voulut se signaler aussi dans cette feste, & vingt-deux jeunes filles habillées en Nymphes vinrent recevoir leurs Altesses à la porte, & les accompagnerent sur la route, en chantant & semant des fleurs. Le Peuple attendoit à chaque coin de Ruë, & faisoit sur le Prince & la Princesse, quand ils passoient, des acclamations & des vœux; en un mot on n'oublia rien pour témoigner l'amour sincere, & la veneration singuliere qu'on avoit pour Eux. Le Prince & la Princesse estant arrivez, furent complimentez par les Estats & par les Ministres des Princes Estrangers, chacun faisant des vœux pour les suites heureuses de cette union conjugale.

On frappa cette Medaille alors à l'Honneur du Prince.

Il paroît en Buste avec ces paroles.

WILHELMUS III. D. G. PRINCEPS AURAICÆ ET NASSOVIÆ, &c.

Guillaume III. par la Grace de Dieu Prince d'Orange, & de Nassau, &c.

Dans l'Exergue, 1677.

REVERS.

On voit paroistre dans une Cartouche d'Oranger la Déesse Pallas & la Pucelle de Hollande. Pallas foule à ses pieds un Sceptre tenant sa pique de l'une de ses mains, & de l'autre le Chiffre du Prince d'Orange; c'est pour marquer apparemment qu'il méprise un Royaume & la Dignité de Souverain qui luy avoit esté offerte, pour conserver par sa Probité, & rétablir par sa Valeur la liberté de la Republique. La Pucelle de Hollande soûtient d'une main le même Chiffre, & tient de l'autre une Clef, qui est la Clef du Jardin de la liberté. Au dessus on lit.

RESTITUENDO.

En restituant.

Dans l'Exergue.

PARTA TUENDO.

En défendant & en conservant les Conquestes qui ont esté faites.

1677.

La premiere suite que l'on vit du Mariage de nôtre Prince, fut la perte d'un Royaume pour les François; qui abandonnerent la Sicile. Jusques-là le Roy

GUILLAUME III.

de France s'eftoit repofé fur la difpofition du Roy d'Angleterre ; & le fçachant favorable à fes intérêts, il ne s'eftoit pas allarmé beaucoup, ni des bruits qui couroient, portant que l'Angleterre alloit armer puiffamment, & déclarer la guerre aux François, ni des clameurs du Peuple Anglois qui demandoit cette guerre à cors, & à cris, ni enfin des follicitations réiterées que les Alliez faifoient à Charles II. de prendre ce party, comme eftant le feul qui fut capable d'humilier la Nation Françoife, & de rétablir la Paix dans l'Europe. Mais ayant veu que ce Prince, malgré le deffein myfterieux, avoit à fon infceu, & à l'infceu de fon Ambaffadeur, marié l'Heritiere préfomptive des trois Royaumes à un Prince Proteftant; qu'il rappelloit les Troupes qu'il avoit en France, & armoit puiffamment par Terre & par Mer, il craignit que le Prince d'Orange n'eût engagé fon Oncle dans quelque traitté fecret contre fa Couronne, & que toutes les forces d'Angleterre & de Hollande, venant fondre fur les Côtes au Printemps prochain, ne miffent toute la France en combuftion, & ne fiffent une diverfion tres perilleufe dans fes Armées. C'eft pourquoy dés la premiere émotion que cette crainte produifit, on réfolut à la Cour de rappeller au plûtôt, tout ce qu'on avoit de Troupes dans la Sicile. Pour cet effet on députa le Duc de la Feüillade, qui entrant dans Meffine avec la Dignité de Viceroy, fut reçû fous un Dais par les Jurats, qui le conduifirent à l'Eglife où il jura fur les Evangiles la promeffe de les proteger, & de conferver tous leurs Privileges. Comme ils le conduifoient en fon Palais aprés cette Ceremonie, le Duc apperçût dans la ruë une image du Roy qu'un Bourgeois avoit attachée à fa feneftre. A cet objet il fit arrefter la troupe & eftant defcendu de Caroffe ; il engagea tous les Magiftrats qui l'accompagnoient à faire la même chofe, puis leur ayant montré cette image, il les obligea à jurer à leur tour en fa préfence qu'ils feroient fideles au Roy fon Maiftre & leur Protecteur, ce qu'ils firent auffi-tôt tres volontiers & fans hefiter ; ce jeu, où par malheur le S. Nom de Dieu eftoit profané & blafphemé, les ayant prévenus contre tout foupçon, il continua à les tromper ; & leur ayant perfuadé qu'il avoit en tefte quelque grande entreprife, pour laquelle executer il luy falloit toutes les Troupes, il les fit embarquer, & leva l'anchre. Dés qu'il fe vit éloigné du port, & hors de la portée du Canon, il envoya querir les Jurats, & leur déclara qu'ils pourroient pourvoir à leur défenfe comme il leur plairoit, mais que pour luy il s'en rétournoit en France en conformité des ordres du Roy. On ne fçauroit exprimer l'eftat de ces malheureux quand ils oüirent ce difcours ; tout ce que la colere, la trifteffe, le defefpoir, le dépit de fe voir trompez, la crainte des fupplices cruels & inevitables, peut caufer de trouble, & faire fentir de four de douleur, ils le fentoient. Ils reprefenterent au Duc qu'ils alloient eftre expofez à toute la fureur des Efpagnols, qui leur fairoient fouffrir les plus grands fupplices, & le fupplierent de confiderer qu'il venoit de jurer fur les Evangiles la promeffe de les défendre, & que le Roy les ayant pris en fa protection comme il avoit fait, ce feroit une tache irreparable à fon honneur, s'il leur manquoit de parole. Mais ce difcours irritant le Duc, & ne leur attirant que des reproches, ils fe jetterent à fes pieds, & le conjurerent par les loix de l'humanité de permettre au moins que les plus fideles, & les plus hays des Efpagnols s'embarquaffent avec luy, pour éviter l'horreur des fupplices. Il leur donna deux fois vingt-quatre heures pour fe préparer, & fit voile vers Marfeille avec environ cinq-cens Familles de ces miferables. Cependant le Peuple Meffinois s'attroupoit au port, eftendant les bras tantôt vers le Ciel, tantôt vers la Flotte qui s'éloignoit d'eux ; plufieurs s'en arrachoient les cheveux de rage, & tous faifoient des horribles imprecations contre les François, qu'ils accufoient de perfidie, & de mauvaife foy ; jamais on n'oüit des cris plus lugubres, & l'on ne vit gueres un exemple plus inftructif, fur les malheurs dont la rebellion eft toûjours menacée, & le peu de fonds qu'il y a à faire aux promeffes des gens qui ne careffent que par intérêt.

G   Voicy

1678.   Voicy l'année de la Paix si desirée par les Peuples, mais que la diverse fortune que les François & les Suedois leurs Alliez avoient éprouvée, rendoit difficile à conclure. Les Suedois avoient esté battus de tous les côtez; plusieurs de leurs Villes avoient esté emportées par le Roy de Dannemark; l'Electeur de Brandebourg leur avoit enlevé des Provinces entieres, les Princes de Hanover & de Brunswick, avoient aussi écorné le Royaume par l'un des côtez, & la Couronne en un mot s'en alloit en ruïne, si la guerre eût duré encore seulement deux ans. Pour ce qui est des François, comme ils avoient plus d'argent, & de meilleures Troupes, ils avoient assiegé avec succez, combattu toûjours avec grand bonheur, & pris en Flandre, en Hollande, & en Allemagne plusieurs fortes Places, outre la Franche-Comté, qu'ils avoient conquestée, & le Duché de Lorraine, dont ils s'estoient emparez dés devant la guerre : cela produisit entre les Princes un mélange d'intérêts, qu'il estoit difficile de bien démêler; car si la France offroit de rendre quelques Places à l'Empire, à la Hollande, & aux Espagnols, elle stipuloit que l'on rendroit aux Suedois, tout ce qui leur avoit esté enlevé depuis la guerre, ce qui ne pouvoit plaire au Roy de Dannemark, ni aux Princes de Brunswick, & qui estoit sur tout tres injuste eu égard à l'Electeur de Brandebourg, dont le Roy de Suede estoit l'Aggresseur, qui avoit fait de fort grandes dépenses pour subjuguer la Pomeranie. Dans cette confusion d'intérêts, la France cherchoit, & desiroit la Paix autant que personne. Ses thrésors s'épuisoient, ses Peuples chargez d'imposts estoient ruïnez, & sans conter les émotions de crainte, que les mouvemens d'Angleterre luy avoient donné, elle apprehendoit que la Couronne de Suede succombant, toutes les forces du Nord ne vinssent fondre sur elle. C'est pourquoy pour presser les Alliez à vouloir la Paix, pendant que la conjoncture estoit favorable, le Roy de France fit de grands & terribles préparatifs de guerre, & vint assieger la Ville de Gand le premier de Mars avec une Armée de prés de quatre-vingt mille hommes. Cette grande Ville avec la Citadelle ne tint que cinq jours, aprés quoy le Roy fut mettre le Siege devant Ipres qu'il emporta aussi au bout de huit jours.

Cependant le Roy d'Angleterre ayant envoyé en France un projet de Paix, qui avoit esté rebuté, fut prié tres instamment par son Parlement de luy déclarer la guerre, & pour la soûtenir avec honneur, il fut résolu de mettre sur Mer une Flotte de nonante Vaisseaux, & de lever une Armée de Terre, de vingt-neuf mille septante hommes. Le Commerce avec la France fut défendu, & le Duc de Montmouth fut envoyé en Flandre avec trois mille hommes, en attendant d'autres Troupes, qui devoient aussi passer la Mer pour fortifier l'Armée du Prince d'Orange. A cette nouvelle, le Roy de France ne doutant plus qu'il n'allât avoir sur les bras toutes les forces d'Angleterre, envoya à Nimegue un nouveau projet pour les conditions de la Paix, dans lequel il se relâchoit de ses pretentions exorbitantes; & jugeant qu'il feroit beaucoup pour ses intérêts, s'il pouvoit détacher les Estats du Corps & des intérêts des Alliez, il leur écrivit séparement, & s'offrit de leur restituer la Ville de Maëstricht, & de faire avec eux un traitté utile & avantageux pour le Negoce; ce qui estant tres conforme à leur desir, parce qu'ils soûtenoient presque tout seuls depuis sept ans le fais de la guerre, par l'argent qu'il falloit qu'ils distribuassent aux Alliez, ils leur envoyerent à tous des Députez, pour les presser à conclure la Paix, en les conjurant de penser aux malheurs de cette guerre, & à la misere où le Peuple Hollandois se trouvoit reduit. Mais personne ne voulant rien ceder de ses intérêts, ils jugerent que le seul & unique moyen qui restoit, pour procurer la Paix generale, estoit d'en traitter separement, & de la faire pour eux en particulier; c'est pourquoy aprés bien des doutes & des deliberations, ils envoyerent ordre à leur Plenipotentiaire de signer la Paix en leur Nom aux conditions qui leur avoit esté proposées par le Roy de
France.

France. Le traité s'en conclut, & fut signé à Nimegue le 11. d'Aoust 1678. à onze heures du foir.

Mais comme les François avoient chancellé, pendant que cette Paix se negotioit, par le refus que les Plenipotentiaires de France avoient fait de signer la Paix avec les Estats aux conditions proposées par leur propre Maître, à moins qu'en outre on ne s'engageât à faire satisfaction au Roy de Suede ; article injuste & onereux, dont le Roy de France n'avoit point parlé ; & que d'ailleurs ils marquoient par le Blocus de Mons qu'ils vouloient ruser & avancer leurs affaires par les longueurs, le Prince d'Orange qui avoit esté appellé à l'Assemblée des Estats, estoit retourné à l'Armée en diligence. Il apprit que le Duc de Luxembourg estoit en marche pour attaquer Mons dans les formes ; c'est pourquoy il courut à luy à grandes journées, & l'ayant rencontré auprés de l'Abbaye de S. Denys, il l'attaqua, & le batit le 14. jour du mois d'Aoust. Ce Combat fut sanglant & opiniâtre ; le Duc estoit posté dans un lieu que les Bois, les Hayes, les sentiers, & les précipices d'alentour, rendoient d'accez difficile. Cependant le Prince qui ne trouvoit rien au dessus de sa Valeur, & de son grand Courage, l'y vint attaquer avec tant de furie, malgré l'aspreté du lieu & la vigoureuse résistance de l'ennemy, qu'il força ses lignes, rompit ses Escadrons, mit plusieurs de ses Bataillons en déroute, & obligea le Duc à se retirer vers la nuit à la faveur des tenebres, & à luy laisser avec la Victoire, & le Champ de Bataille, beaucoup de Bagage & de Munition, & le plus grand nombre de ses blessez. Ainsi finirent glorieusement les Exploits du Prince dans cette guerre fatale. Il auroit poursuivi sa Victoire le lendemain dés la pointe du jour ; mais ayant reçû les nouvelles de la Paix, il la fit publier dans son Armée au son des Trompettes & des Tambours. Le lendemain il envoya porter la nouvelle aux François, qui la reçurent avec d'autant plus de joye qu'ils apprehendoient d'estre poursuivis. La Paix des Espagnols avec la France suivit bien-tôt aprés ; car elle fut signée à Nimegue le 17. Septembre 1678.

La Republique se trouvant rétablie dans son premier Lustre, on fit au sujet de la Paix frapper cette Medaille à l'Honneur du Prince d'Orange, & de ses Ayeuls.

On void dans cinq Cartouches le Prince, & tous ses Ancêtres d'heureuse Memoire ; il y a deux mains jointes qui embrassent les sept flêches des Provinces-Unies, ce qui marque l'union où ont esté tous ces Princes avec les Estats.

REVERS

Il y a une Renommée avec ses Ailes à ses côtez; & ses deux Trompettes à la bouche; sur sa teste on void un Cordon où sont ces paroles Flamandes.

LANG LEVE DE PRINS VAN ORANGIE.
Vive de longues années le Prince d'Orange.

C'est pour marquer que la Renommée a porté par tout le Monde, la Gloire & le Nom des Princes d'Orange, & faire en faveur du Heros qui en est resté des vœux particuliers de prosperité & de longue vie.

1679. LA France ayant sçû par un coup d'Estat désarmer la Hollande, fut à l'abry de ses craintes; & ne tarda point à obliger le reste de ses ennemis à subir les conditions rigoureuses d'une Paix chagrinante, que la necessité les contraignoit de conclure à leur préjudice. L'Empire la signa donc à Nimegue avec la France & avec la Suede dés le 5. de Février. Mais ni l'Electeur de Brandebourg, ni les Princes de Brunswick, que l'on vouloit obliger à restituer tout ce qu'ils avoient pris à la Suede, ni le Duc de Lorraine, à qui le Roy ne vouloit rendre le Duché de ce nom, qu'il luy avoit ravi, que sous des Conditions dures & inacceptables, n'y furent point compris. Le Marquis de Brandebourg tint ferme jusqu'au mois de Juin; son Ambassadeur la signa à S. Germain en Laye le 9. de ce mois; la France ayant obligé le Roy de Suede à consentir que quelques Bailliages fussent démembrez de son Royaume pour donner satisfaction à ce Prince; ce qui fâcha cette Couronne à un tel point, qu'elle résolut dés lors de quitter les intérêts de la France, parce qu'elle crût que Loüis XIV. la sacrifioit pour attirer ce Prince dans son party; les Princes de Brunswick qui avoient leur part dans ce demembrement des Terres de Suede, & que la France vouloit aussi engager dans ses intérêts, firent la même chose : Pour ce qui est du Duc de Lorraine, il aima mieux conserver son droit sur le Duché de Lorraine, & vivre comme un particulier dans la Cour de l'Empereur, méprisant les revenus d'un païs si gras, & si abondant, que d'en joüir à des Conditions qui luy ravissoient l'honneur de la Souveraineté, qui luy avoit esté transmise par ses Peres. Le Roy de Dannemark estoit le seul au mois

de

de Septembre, qui avoit les armes à la main, contre les Couronnes de France, & de Suede; mais il termina l'ouvrage & signa la Paix premierement avec la France, le 2. de Septembre à Fontainebleau, puis avec la Suede à Luden dans la seance le 20. du même mois. Ainsi fut rétablie la Paix generale, & cesserent pour un peu de temps ces horribles effusions de sang Chrétien, que l'on avoit veu couler depuis sept ans au scandale des Nations, & à la honte éternelle du Christianisme.

Cependant les causes qui avoient allumé la guerre en Europe, quand Loüis XIV. la déclara, sçavoir, l'ambition, le grand pouvoir, & le desir immoderé de s'aggrandir, subsistant toûjours avec la même force, on ne tarda point à remarquer que cette Paix ne seroit qu'un faux repos; semblable à ces dormirs où l'on tombe quelquefois dans la fiévre chaude, qui au lieu du Calme & du rafraichissement qu'ils sembloient promettre, sont suivis de Convulsions & d'agitations terribles & violentes. A peine avoit-on posé les armes au mois de Septembre, que le Maréchal de Humieres vint ravir au Duc de Lorraine, les deux seules Places de son Duché qui luy restoient, sçavoir *Homburg* & *Bistel*; mais la voye de Conqueste par les Armes estant fermée par la Paix, au moins pour ceux qui l'avoient signée, on inventa un moyen nouveau & tout-à-fait plaisant, pour suppléer à ce défaut, qui est de changer le nom de Soldats en celuy d'Huissiers, & de se saisir de tout ce qui accommoderoit, non par forme de guerre & d'hostilité, mais par forme de justice sur la fiction d'un droit, qui fut nommé *Droit de réunion & de dependance*. Certain Monsieur Ravaux qui avoit scruté les vieux Monumens du Parlement de Metz, & des Villes d'alentour, croyoit pouvoir démonstrer par des écrits surannez, & de vieilles Panchartes, écrites à la verité du temps de nos Trisayeuls, & pour un tout autre estat de Politique, que celuy où l'on se trouvoit, mais que l'on disoit n'en estre pour cela que plus respectables, il croyoit, dis-je, démontrer, que toute l'Alsace, la Lorraine Allemande, le Comté de Chiney, d'Arlon, de Vierton, de S. Amand, tout le païs de Luxembourg, excepté la Ville capitale, plusieurs Villages, & Seigneuries en Allemagne, en Flandre, en Brabant, en Henegowen, & au païs de Liege, appartenoient bonnement & deuëment au Roy des François comme estant des dependances des trois Evêchez Metz, Toul, & Verdun, où des autres Places qui luy avoient esté cedées au traitté de Nimegue; là-dessus on erige en France deux Tribunaux de justice, où deux Cours Souveraines, l'une à Metz, & l'autre à Brisac, sous le titre de *Chambres de réünion*, où les Habitans & les Seigneurs de tous ces lieux dénommez sont gravement citez à comparoitre devant des Commissaires, Juges & Parties, pour se voir condamner à faire soûmission au Roy de France, & à recevoir ses ordres, & sur le refus que l'on en fait, on est condamné par défaut & par contumace, & l'on envoye des Soldats Huissiers pour executer la sentence. Déja la France avoit envahi par cette voye nouvelle, l'Alsace, la Lorraine Allemande, presque toutes les Terres, & tous les païs que j'ay marquez; & tenoit en outre Luxembourg bloqué pour obliger les Espagnols à luy accorder Oudembourg de Gent, Aast, Castelange, Grammont, Nienove, & plusieurs autres Villes, & Seigneuries tres-considerables dans la Flandre; lorsque voyant que l'on n'opposoit à ses Armes que des raisons, & jugeant que le Droit *de la bien-séance*, n'estoit pas moins Canonique que le *Droit de réünion*, qui luy avoit si bien profité, elle vint mettre le Siege devant Strasbourg comme si l'on eût esté en guerre ouverte. On eut beau crier & recrier dans l'Empire que c'estoit, perfidie, trahison, violer les sermens & les traittez, cette Ville se rendit par composition le 30. de Septembre 1681. & le Roy y fit son entrée le 23. d'Octobre suivant. Le même jour 30. de Septembre il s'empara de Cazal dans le Montferrat, disant qu'il l'avoit achetée du Duc de Mantoüe.

Tandis que les François agiſſoient ainſi, & s'emparoient du plus beau, & du meilleur païs que les Alliez euſſent ſur leurs Frontieres, ceux-ci ſe laiſſoient endormir par des conferences, où les François proteſtoient qu'ils vouloient vivre avec eux en bons amis. On en tint une à Courtray, où il eſt notable que Loüis XIV. ſe fit ceder par les Eſpagnols la qualité de Duc de Bourgogne, comme par préciput, & avant de commencer à negotier ; il y en eut une autre à Francfort, que les François rompirent bruſquement aprés que bien du temps ſe fut écoulé à diſputer ſur le rang & de ſimples formalitez ; on en propoſa une autre à la Haye, & on l'éluda. A la fin l'Empereur ouvrit les yeux, & les Alliez comprirent que les François ne cherchoient qu'à les amuſer, & à profiter des deſordres de l'Empire. C'eſt pourquoy ils firent contre la France une Ligue, qui fut appellée la Ligue d'Ausbourg, dans laquelle entrerent l'Empereur, l'Eſpagne, la Suede, la Republique de Hollande, ceux de Franconie, & pluſieurs Villes libres & Imperiales.

1683. Cependant les Turcs eſtoient entrez dans l'Empire avec une Armée formidable ; & avoient mis le ſiege devant Vienne ; cette Ville capitale fut preſſée & défenduë avec beaucoup de vigueur ; & elle alloit ſuccomber ſous la force & le nombre des aſſiegeans, malgré le courage de ceux qui la défendoient, lorſque le Roy de Pologne, s'eſtant mis à la teſte de ſon Armée, vint conjointement avec les Alliez attaquer le grand Viſir avec tant de furie, qu'il le mit en fuite, & le contraignit à lever le ſiege avec de grandes pertes. On remarque que durant le ſiege de cette Place, Loüis XIV. aſſembla une Armée puiſſante auprés de Strasbourg, & ſe tranſporta en Alſace en propre Perſonne. On diſoit en France que c'eſtoit pour aller au ſecours de l'Empereur contre l'ennemy commun des Chrêtiens, au cas que Vienne fut priſe par les Infideles ; mais il y en avoient d'autres qui tenoient pour aſſûré, qu'il ſe propoſoit d'envahir l'Empire, & le partager avec le Prince Ottoman ſon allié ; & ce qui faiſoit pour cette opinion, c'eſt qu'outre les rélations que la France avoit dés lors avec la Porte Ottomane, elle travailloit par toutes ſortes d'intrigues à gagner les Princes, & les Electeurs, & à débaucher les Villes Imperiales, pour les faire entrer dans ſes intérêts. Quoy qu'il en ſoit on ne fut gueres réjoüi, ni obligé au Roy de Pologne en Cour de France, quand on y apprit que le ſiege de Vienne eſtoit levé ; & l'on continua à aider ſecrettement le Comte Teckely pour fomenter la guerre de Hongrie, que l'on avoit ſuſcitée à l'Empereur.

1684. Les Eſtats Generaux firent tous leurs efforts pour terminer par un accommodement les diſputes que l'on avoit avec les François. On avoit propoſé le Roi d'Angleterre pour Mediateur ; mais ſa Mediation fut rejettée par les Eſpagnols, parce que ce Prince s'eſtoit rendu ſuſpect, par les liaiſons trés-étroites qu'il avoit renovées avec la France. Cependant les François ſurprirent encore les Villes de Courtray & de Dixmuyde ; & la Cour d'Eſpagne en fut ſi fort irritée qu'elle rappella ſon Ambaſſadeur, ordonna à celuy de France de ſe retirer, & fit ſaiſir tous les Effets qui appartenoient aux François dans ſa dépendance. Sur cela le Roy de France envoya une Armée pour attaquer Luxembourg dans toutes les formes. Le Prince d'Orange avoit propoſé de lever ſeize mille hommes, & de mettre ſous les Armes toute la Milice du Païs, comme un moyen qui pourroit faire ombrage aux François, & les empécher d'attaquer cette Place, qui eſtoit une des principales barrieres de l'Eſtat ; mais la Ville d'Amſterdam s'eſtant oppoſée à cela de toute ſa force, les François l'attaquerent, & la prirent par Compoſition le 4. jour de Juin aprés dix jours de tranchée ouverte. Alors la France ayant une partie de ce qu'elle deſiroit, propoſa une tréve de vingt-ans ; & comme perſonne d'entre les Alliez ne vouloit eſtre le premier à prendre les Armes, & que l'Empire eſtoit

emba-

GUILLAUME III.

embaraſſé de la guerre des Turcs, on l'accepta; & le traitté s'en conclud à la Haye le 29. de Juin 1684.

Voicy l'année de douleur pour les Reformez François ſur qui l'Ange deſtru- 1685. cteur verſa une de ſes Phioles tres ameres. Aprés que le Roy de France ſe fut enrichy au depens de ſes voiſins par ces uſurpations violentes, il tourna contre ſes ſujets Proteſtans, toute l'application, & tout le genie de ſon Conſeil. C'eſtoit un deſſein conclu dés la Paix des Pyrenées qui ſe fit en 1659. que celuy de la ruïne de ce pauvre Peuple. Soûmis aux ordres du Roy qu'il aimoit & reſpectoit juſqu'à la ſuperſtition, il avoit vû ſans murmure qu'on luy avoit ôté ſes Villes de ſeureté, & les Chambres de l'Edit; exclus des Offices & de tous les Emplois publics, banny avec opprobre des Maiſons du Roy, & des Princes du Sang, deſtitué juſqu'à leurs ſages Femmes, chicané leurs Miniſtres, juſqu'à leur défendre de porter des ſoûtanes, & de prendre le titre de Paſteurs, défendu de chanter dans leurs Maiſons les Loüanges de Dieu; en un mot harcelé dans leur Religion, dans leurs biens, dans leurs Enfans, par de procez de Miſſionnaires, des tailles onereuſes, & des déclarations violentes; tout cela contre l'eſprit & la diſpoſition formelle de l'Edit de Nantes, ſous la protection duquel le Peuple Reformé avoit eſté mis par le Roy Henri IV. & que les Roys Loüis XIII. & XIV. luy-même ſes Succeſſeurs avoient confirmé, comme devant eſtre dans l'Eſtat une Loy perpetuelle, & irrevocable. Cependant comme il y a toûjours du peril à introduire dans les Royaumes des innovations, ſur tout quand elles ſont également injuſtes & violentes, on avoit differé juſques-là à frapper le dernier coup contre les Reformez. Mais la Treve eſtant faite avec l'Empereur, les Eſpagnols, & les Hollandois, & le Duc d'York Papiſte, & animé du même eſprit contre les Reformez, eſtant monté ſur le Thrône d'Angleterre, on n'eût rien à craindre du dehors, & l'on réſolut de ne plus tarder, mais de profiter de l'occaſion. Il ne ſe peut rien imaginer de plus perfide, de plus ſcelerat, ni de plus cruel que la maniere dont on s'eſt conduit dans cette execution tragique; & comme on a un reſpect profond pour la Perſonne ſacrée des Rois, l'on eſt tres marry d'eſtre contraint de dire, que cette ſeule action ſeroit capable de peindre à la Poſterité la Perſonne de Loüis le Grand, comme un Prince ſans cœur & ſans probité, tant il eſt dangereux aux grands Princes d'écouter les Moines, & les gens d'Egliſe, ſur des matieres qui les intéreſſent tant ſoit peu ! Premierement on s'eſt joüé du nom ſacré de la Juſtice, & pour dire la choſe comme elle eſt, on a traveſti M. le Chancelier, & tous les Miniſtres du Conſeil en de vrays Comediens, lorſque pour executer la réſolution ſecrette que l'on avoit formée de ſupprimer toutes les Egliſes des Reformez, on les a fait comparoître gravement l'une aprés l'autre devant le Conſeil du Roy, pour les condamner toutes, ſous prétexte de les juger ſelon l'Edit de Nantes, qui les avoit établies. Ici *le bon plaiſir du Roy*, quoy qu'injuſte, n'auroit-il pas, je vous prie, bien mieux ſonné ? Enſuite on a employé mille tours de ruſe, & de tromperie pour leurrer le peuple, & le retenir avec ſes effets dans le Royaume, par l'eſperance que l'on donnoit dans la conſervation de quelques Egliſes de ne porter point les choſes à l'extremité; juſques-là qu'environ deux mois ou ſix ſemaines avant la Revocation de l'Edit de Nantes, on expedia par arrêt du Conſeil, une expreſſe permiſſion aux Reformez de Sedan de bâtir un nouveau Temple, en échange du leur qui eſtoit un beau Bâtiment ſitué ſur la Place publique que l'on ne vouloit point démolir. Enfin on publia ſur un expoſé que l'on ſçavoit faux l'Edit du 22. Octobre 1685. portant Revocation des Edits de Nantes, & de Niſmes, & pour ne point trop effaroucher les Reformez par la publication de cet Edit, le Conſeil toûjours fourbe leur y promettoit ſolemnellement, que ceux d'entre eux qui ne pourroient embraſſer le Papiſme par des motifs de conſcience pourroient reſter dans le Royaume me en toute liberté, en attendant que Dieu les éclairât. Cependant, dés que les Temples furent abbatus, & les Miniftres chaffez du Royaume, la Miffion Dragonne fut employée; je ne décriray point les fureurs qui fe commirent dans cette horrible & dénaturée expedition, où tout ce que la rage & la barbarie peut infpirer, fut employé par les Dragons pour forcer les gens d'aller à la Meffe, parce que cette Hiftoire eft trop connuë, & fe lit dans la mifere, & dans la difperfion de trop de gens pour eftre revoquée en doute.

Si le Roi de France fe fut contenté de traiter de la forte de fideles fujets qui lui avoient confervé la Couronne dans fa Minorité, quelqu'un auroit peu recourir peut-être au Pouvoir Defpotique, & à la mobilité naturelle du bon plaifir, pour excufer ces excez. Mais il n'eft pas aifé de deviner vers où fes Apologiftes fe pourront tourner pour juftifier fa conduite à l'égard du Peuple d'Orange fur qui il a fait exercer les mêmes fureurs. Ce fut le 25. du mois d'Octobre que le Comte de Teffé entra dans leur Ville avec fes Dragons Perfecuteurs, ne parlant que de fang & de carnage, & appuyant fes difcours barbares d'execrables blafphèmes, & reniemens. Les Troupes furent logées d'abord chez tous les Orangeois indifferemment, mais enfuite on les mit à difcretion chez les Proteftans, on démolit leurs Temples aprés les avoir profanez par cent indignitez, on exerça mille fureurs & mille cruautez pour les faire changer, leurs Miniftres furent pris & conduits à Pierre-Cize, où ces illuftres Confeffeurs font encore aujourd'huy dans de fombres cachots, témoignant de la cruauté de leur perfecuteur par cette longue mifere, & réjoüiffant & édifiant l'Eglife par leur patience. Les Eftats fe plaignirent au Roy de France en confideration du Prince d'un procedé fi injufte & fi violent, comme d'une infraction au traité de Nimegue, & demanderent reparation de tous ces dommages; mais on répondit fierement qu'on avoit eu de bonnes raifons pour faire tout ce qu'on avoit fait, & que dés que le Peuple s'eftoit foûmis à la volonté du Roy on avoit retiré les Troupes.

1685. La rage de l'Efprit perfécutant n'a point de bornes; Loüis XIV. non content d'avoir traité fes fujets, & les Orangeois comme nous avons dit, força le Duc de Savoye à perfécuter les Vaudois, & ce Prince efclave malgré luy des volontez du Monarque, fut obligé de lui prêter fon Nom, fes Troupes, & fon authorité, pour exterminer fon propre peuple. Ce fut neantmoins les Troupes Royales accoutumées à la cruauté, & à la barbarie qui furent la principale partie de l'execution: on fut attaquer & forcer ces pauvres gens dans leur Montagne, l'afyle de la bonne vie, de la bonne Doctrine, & du vrai culte Chrêtien depuis plus de huit-cens-ans, fi l'on en croit les meilleurs Hiftoriens, comme on va forcer & attaquer dans les bois les loups, & les autres animaux farouches & nuifibles au genre humain, pour les exterminer tous jufqu'au dernier. Il eft vray qu'ils vendirent cherement leur vie, ayant défait aux François plufieurs Bataillons; mais enfin il fallut ceder à la force & à la famine, & du haut d'un rocher figner la Capitulation la plus avantageufe qu'ils pûrent obtenir, fçavoir qu'ils en defcendroient avec leurs femmes, & leurs enfans pour fe retirer en Suiffe, & que le Duc élargiroit leurs Freres qu'il tenoit renfermez dans les prifons; ce qui ne fut point executé quant au fecond chef, & on leur manqua de parole.

1685. Cependant Charles II. Roy d'Angleterre eftoit mort le 16. de Février 1685. de poifon, & dans le Papifme, fi les foupçons doivent eftre crûs; & Jacques II. Duc d'York fon Frere, homme devoüé au Papifme, avoit été proclamé Roy le même jour; & couronné à Weftminfter le 25. de May fuivant. Ce Prince qu'on avoit voulu plufieurs fois exclure des prétentions à la Couronne, à caufe de fa Religion, ne fe vit pas plûtoft élevé & affermi fur le Thrône, par la défaite du

Duc

GUILLAUME III.

Duc de Monmouth, & du Comte d'Argile, qui porterent tous deux leur teste sur un échaffaut, qu'oubliant les sermens qu'il avoit faits au jour de son Couronnement de maintenir les Droits & les Privileges de l'Eglise Anglicane, il s'appliqua de toutes ses forces suivant les Conseils & l'humeur fourbe, & sanguinaire des Jesuïtes, à introduire le Papisme, & le Pouvoir Arbitraire dans les trois Royaumes. D'abord il voulut intimider la Nation par des exemples de cruauté & de barbarie; car sous pretexte que le Duc de Monmouth estoit descendu dans l'Ouëst d'Angleterre, & que quelques particuliers des Provinces situées de ce côté-là, avoient pris les Armes pour luy, il envoya George Jeffrey avec quatre juges, qui firent perir par la main du bourreau plus de personnes que tous les Juges du Royaume n'en avoient condamné depuis Guillaume le Conquerant, comme cet Homme de sang, qui reçût le grand seau pour s'estre si bien acquité de sa Commission, avoit l'effronterie de s'en vanter. Ensuite on commença à semer des livres qui insinuoient qu'il seroit bon de donner aux Papistes la liberté de Conscience en Angleterre; & pour ôter peu à peu l'aversion que les peuples avoient conçûë pour ces gens-là, on défendit de faire des feux de joye selon la coûtume, quand on celebreroit l'Anniversaire de la Conspiration des Poudres. L'Evêque de Londres fut chassé du Conseil privé, l'Evêque d'Ely disgracié pour avoir préché contre le Papisme, le Pere Peters Jesuïte fait un des premiers Ministres du Conseil. On établit une Chambre Ecclesiastique composée de 7. Commissaires, pour y regler toutes les choses de la Religion à la Volonté du Roy. On accorda contre les Loix des Eglises aux Papistes tant en Angleterre qu'en Irlande; on envoya M. de Castelmaine Ambassadeur à Rome; un Nonce du Pape fut veu, & reçû à Londres avec ses habits Ceremoniaux; les Moines & les Prêtres paroissoient en Irlande avec les leurs & dans les accoustremens Ecclesiastiques. De plus on introduisit des Papistes dans toutes les Charges. Le Comte de Rochester grand Thresorier fut depoüillé de son employ pour n'avoir pas voulu aller à la Messe; le Duc de Sommerset fut privé de sa Charge de premier Gentilhomme de la Chambre du Roy, pour n'avoir point voulu aller prendre le Nonce à son Hôtel, & le conduire à l'audience. L'Université de Cambrige eut ordre de recevoir un Moine appellé Francis entre ses Maîtres aux Arts; un Jesuïte même fut intrus dans le Collège de la Magdeleine, & Monsieur l'Evêque de Worchester fut cité devant les Commissaires Ecclesiastiques pour n'avoir pas voulu admettre des Prêtres Papistes aux benefices de l'Eglise Anglicane, &c. Ainsi rouloit & s'avançoit avec la rapidité d'un torrent le projet du Roy & des Jesuïtes, lorsque pour frapper le dernier coup on résolut dans le Conseil de Conscience de faire abolir dans un Parlement le Serment du Test, & les Loix Penales, afin que ces barrieres, que la prudence, & même la necessité avoient érigées pour la seureté de la Religion Protestante contre les entreprises frequentes, & temeraires des Papistes, estant une fois rompuës, on pût introduire dans les Charges Ecclesiastiques, Civiles, mais particulierement Militaires, autant de Papistes que l'on voudroit, & qu'il seroit necessaire pour dominer & dragonner, quand il seroit temps, à la mode de France. Pour cet effet, comme on avoit fait publier en Ecosse il y avoit déja quelque temps, une Déclaration pour la liberté de Conscience, on en fit publier une semblable en Angleterre du 4. Avril 1687. pour sonder la disposition des Peuples, le Roy cassa de plus par sa Déclaration du mois d'Aoust 1687. le Parlement qu'il sçavoit ne luy estre point favorable; résolut d'en assembler un autre composé de Membres qu'il auroit gagnez; se transporta pour cet effet dans la plûpart des grandes Villes pour les exciter à entrer dans ses sentimens touchant la Revocation du Serment du Test & des Loix Penales, faisant de grandes promesses à ceux qui consentiroient à ses volontez, & ordonnant même aux Gouverneurs des Provinces, & aux Juges des lieux de faire une liste exacte tant de ceux qui consentiroient que de ceux qui ne consentiroient pas. Mais un tour d'adresse que Dieu confondit particulierement, fut le deſſein de faire ſervir les ſuffrages de leurs Alteſſes Royales Monſieur & Madame la Princeſſe d'Orange, Heritiers préſomptifs de la Couronne, pour porter les Anglois à conſentir à ſes volontez. Comme le Roy ne voulut point s'adreſſer à eux directement, il ordonna à Monſieur Stewart, d'écrire à Monſieur Fagel Penſionnaire de Hollande, fort conſideré de leurs Alteſſes, qu'elles luy feroient plaiſir de luy témoigner leurs ſentimens ſur l'abolition du Serment du Teſt, & des Lois Penales en Angleterre. A quoy Monſieur Fagel differa de répondre pendant quatre mois, parce que s'eſtant abouché avec leurs Alteſſes, il avoit appris que leurs ſentimens n'eſtoient point conformes à ceux du Roy, & qu'il eſtoit de la prudence de ne s'engager pas temerairement dans une affaire ſi delicate. Mais comme on luy fit de nouvelles inſtances de la part de ſa Majeſté, il fit connoître enfin dans une grande lettre que les ſentimens de leurs Alteſſes eſtoient ceux-cy. Qu'on devoit abolir les Loix Penales, tolerer les Papiſtes dans les trois Royaumes, comme on les tolere en Hollande. Que les Nonconformiſtes Proteſtans devoient joüir d'une entiere liberté pour l'exercice de leur Religion, mais qu'elles eſtimoient qu'il eſtoit neceſſaire de ne point toucher à la Loy du Teſt par laquelle les Papiſtes ſont exclus des deux Chambres du Parlement, & deſtituez de tous emplois publics, ſoit Eccleſiaſtiques, ſoit Civils, & Militaires; comme eſtant le rempart de la Religion Proteſtante en Angleterre. Cette lettre accordoit aux Papiſtes d'Angleterre ce qu'ils demandoient, s'ils ne demandoient que la liberté, mais comme ils ne demandoient la liberté, que pour la domination, & pour l'oppreſſion, elle déplût à la Cour infiniment. On voulut deſavoüer que l'on eût écrit ſur cela à M. Fagel, & M. Stewart & Sunderland firent quelques avances pour cela; mais Monſieur Fagel confondit ce tour de Jeſüite par une nouvelle lettre qu'il fit imprimer. Cependant le Peuple Anglois reçût les ſentimens de leurs Alteſſes avec tant de marques de joye, & de confiance que l'on fit frapper ces Medailles.

On void ſur la premiere le Theatre de la grand Bretagne marqué par ce mot *Britannia*: Sur ce Theatre eſt la Bible, avec un Bonnet par deſſus, pour marquer la liberté de Conſcience, au moyen de laquelle chacun peut l'interpreter comme il l'entend; à l'un des côtez eſt un Pigeon qu'on croit repreſenter les Quaquers, & les Enthouſiaſtes; le Calice avec une Hoſtie deſſus, marque l'Egliſe Romaine; la Mithre que l'on void vers le côté droit eſt l'Egliſe Anglicane, ou le parti Epiſcopal; & au deſſus de tout un Bras ſortant du Ciel tient la Lettre de Monſieur Fagel avec cette inſcription.

G. FAGELII EPISTOLA EFFLAGITATA A J. STEWART,
1687.

Lettre de M. Fagel pour répondre à la demande de M. Jean Stewart en 1687.

L'Inſcription qui eſt autour de la Medaille eſt celle-cy.

LIBERTAS CONSCIENTIÆ HOC MONILI ORNATA.

La liberté de Conſcience a ce Bijou pour ornement.

GUILLAUME III.

REVERS

ON voit un Dogue au cou duquel pend un Chapelet, & une Croix pour marquer le Papisme, faisant impudemment de grands efforts pour opprimer des gens qui leur font la grace de les tolerer; ce Dogue à sous le pied gauche la liberté de Conscience, pour marquer que Jacques II. foule aux pieds les Loix, & qu'il renverseroit celle-cy comme les autres au premier jour si on la luy laissoit établir : du pied droit il tâche de renverser les Loix Fondamentales du Royaume d'Angleterre, le Test, les Loix Penales, tout ce qui a esté établi par les Parlemens pour la Religion & la Liberté ; il tient dans sa gueule la Lettre de M. Stewart, & autour on lit cette Inscription.

RES IMMODERATA CUPIDO EST.
La Convoitise est une chose immoderée.

Dans l'Exergue.

M. DC. LXXXVIII.

Dans la Seconde on voit le Prince & la Princesse d'Orange, & ces mots dans l'Exergue.

M. WILH. HENR. ET MARIA D. G. AUR. PRINC. &c.
REFORMATIONIS VINDICES.

Guillaume Henry & Marie, par la Grace de Dieu, Prince & Princesse d'Orange, &c. Protecteur de la Reformation.

Autour de la Medaille l'Inscription est ainsi conçûe.

ATAVÛM PRO LIBERTATE FIDEQUE.
Pour la foy & la Liberté de nos Ancestres.

HISTOIRE DU ROY

REVERS

On void une Femme qui représente l'Eglise Anglicane; tenant & préfentant de la main droite la lettre de Monfieur Fagel: de la gauche elle s'appuye fur le bonnet de la Liberté qui eft pofé fur la Sainte Bible; au deffous de laquelle on lit ces mots: *SS. Fides, la Sainte & Sacree Foy*; de fes pieds elle foule les marques & les Symboles du Papifme, dans l'Exergue.

REFORMATIO ANGLIÆ, M. D. LXXXVIII.
La Reformation d'Angleterre.

Autour

JAM MIHI ROMA MINAX FISTULA DULCE CANIT.

A préfent la fiere & menaçante Rome nous parle avec douceur.

Cependant le Roy Jacques ayant veu l'effet que cette lettre produifit fur le Peuple Anglois, & defefperant de pouvoir deformais affembler un Parlement compofé de Perfonnes qui fuffent devoüées à fes fentiments, réfolut de n'en convoquer plus, & de gouverner à la Françoife; c'eft dans cet efprit qu'il fit publier une nouvelle Proclamation pour la Liberté de Confcience, en datte du 27. Avril 1688.; ordonnant aux Evêques de l'envoyer dans toute l'étenduë de leurs Diocefes, & de la faire lire dans le temps ordinaire du Service Divin. Mais ces genereux Patrons des Droits de l'Eftat & de l'Eglife, firent connoître au Roy par une Requefte foûmife & refpectueufe, qu'ils ne pouvoient luy obéir en cela, fans violer les obligations de leur Charge, de leur Confcience & de leur honneur, & fe rendre coupables contre les Loix; ce qui irrita tellement Jacques II., qu'il les traita de Rebelles, les fit citer devant fon Confeil privé comme coupables de haute trahifon, puis les envoya à la Tour. Il fallut les y conduire par eau pour les dérober à la vûë, & aux Acclamations du Peuple qui venoit en foule pour les encourager, & pour eftre benits de ces chers Pafteurs. Ils fortirent & furent abfous peu de jours après, & l'on frappa à cette occafion les Medailles fuivantes.

La premiere fait voir les Evêques entrans à la Tour, à côté paroît une grande foule

GUILLAUME III.

foule de Peuples, qui accourent eſtendans les bras pour marquer aux Évêques combien ils ſont ſenſibles à leur oppreſſion; autour on lit ces mots.

PROBIS HONORI, INFAMIÆQUE MALIS.

Cecy tourne à honneur aux gens de bien, & à ignominie aux méchans.

Dans l'Exergue.

ARCHIEP. CANTUAR. EPIS. S. ASAPH, BATH, ET WELS, ELY, PETERB. CHICH. BRIST. INCAR. ⁷⁄₁₇. LIBERAT. ¹⁵⁄₁₇.

L'Archevêque de Cantorbery, les Evêques de S. Aſaph, de Bath, d'Ely, de Peterborow, de Chicheſter, & de Briſtol ont eſté mis en priſon le ⁷⁄₁₇. de Juin 1688. & ont eſté mis en liberté le ¹⁵⁄₁₇. de la même année.

REVERS

UNe Balance tenant le Soleil dans l'un de ſes Baſſins, & la Lune dans l'autre; le Soleil marque le Roy, & la Lune les Peuples: l'équilibre dans lequel eſt la Balance fait connoître que l'on ſe trouvoit alors dans une telle conjoncture, par l'oppoſition des Prélats, & leur empriſonnement qui la ſuivit, que l'authorité du Roy entreprenant, & la fermeté du Peuple reſiſtant, eſtoient comme en équilibre, & que l'on verroit bien-tôt qui cederoit.

Autour on lit cette Inſcription.

SIC SOL LUNAQUE IN LIBRA.

C'eſt ainſi que le Soleil & la Lune ſont dans la Balance.

La Seconde fait voir, comme dans de petites Cartouches, les Portraits des ſix Evêques qui furent menez à la Tour avec l'Archevêque de Cantorbery; & de plus le Portrait de l'Evêque de Londres, au milieu de tous les autres, avec l'Inſcription du nom autour de chacun.

HENRIC. EPISC. LOND. EPIS. S. ASAPH, JOAN. EPIS. CHICHESTER, THOM. EPISC. PETERBOROW, JOAN. EPIS. BRISTOL, THOM. EPISC. BATH, ET WELS, FRANC. EPISC. ELY.

HISTOIRE DU ROY

REVERS

L'Eglise Anglicane paroît sous la forme d'un Temple; à l'un des côtez paroît un Jesuïte, & à l'autre un Moine, travaillans avec ardeur pour le renverser; mais une main sortant du Ciel le soûtient par le Clocher, & on lit ces paroles Angloises.

THE GATES OF HELLL SHAL NOT PREVAILE AGAINST IT.

Les Portes de l'Enfer ne prevaudront point contre elle.

Matth. 16. 18.

Autour de l'Epaisseur de la Medaille est cette Inscription.

UPON THIS ROER HAVE BUILT MY CHURCH.

En voicy une troisiéme, où l'on void l'Archevêque de Cantorbery tout seul en habit Episcopal, avec cette Inscription.

GUILLELMUS SANCROFT ARCHIEPISCOPUS CANTUARIENSIS.
M. DC. LXXXVIII.

Guillaume Sancroft Archevêque de Cantorbery.

GUILLAUME III.

REVERS

On void comme dans la précedente les six Evêques qui furent menez à la Tour, & M. l'Evêque de Londres au milieu d'eux.

MAis pendant que les choses se passoient ainsi, & que les Prélats estoient à 1688 la Tour, on fit accoucher la Reyne à S. James; & l'on trouva à propos de produire sans plus differer, de peur d'accident, ce miraculeux Prince de Galles que les Jesuites promettoient si confidemment, parce que l'Archevêque de Cantorbery, & les autres Evêques ayant droit d'assister à l'accouchement de la Reine, on craignoit que leur zele ne les portast, sur les premiers preliminaires qu'on en donneroit, à entreprendre quelque chose qui les fit voir trop clair dans cette grande affaire. Cette crainte estoit d'autant mieux fondée, que dés qu'on publia la grossesse de la Reine, les Anglois témoignerent qu'ils la regardoient comme une imposture. On disoit par tout que c'estoit l'ouvrage de la Politique des Jesuites, ou des autres Ecclesiastiques du party Romain, pour exclure de la Couronne Madame la Princesse d'Orange en haine de sa Religion; qu'on leur avoit veu déja joüer de semblables tours; que ces honnêtes gens qui se croient tout permis pour avancer les intérêts du Papisme, n'avoient pas craint de tenter ni d'executer la même chose sous les Regnes de Marie & de Henry VII. Et ce qui confirmoit le Peuple Anglois, qui est un Peuple éclairé, dans ces conjectures tres plausibles, c'estoit les contes de Bigoterie que les Jesuites puilioient impertinemment, & puerilement là-dessus; disant que cette grossesse estoit le fruit d'un vœu que la Reine avoit fait à Nôtre Dame de Lorete, où elle avoit envoyé une image d'or enrichie de Pierreries; & que l'y ayant envoyée à l'intention d'avoir un Fils, sa grossesse estoit une preuve que la Requête qu'elle avoit fait presenter au Ciel à la Sainte Vierge, avoit esté la bien reçûë, & qu'elle en auroit un immanquablement. On ajoûtoit que le Roy Jacques, & la Princesse de Modene estoient sans conteste inhabiles à laisser lignée; & l'on fondoit cette opinion sur le jugement du fameux Willis, qui avoit declaré à l'un des accouchemens de cette Reine, où il avoit esté appellé, qu'elle estoit hors d'estat d'avoir des Enfans qui pûssent vivre, à cause de certaines infirmitez dont elle estoit entachée, & qui formoient un obstacle irremediable absolument. Enfin on alla même jusqu'à composer contre cette grossesse des Satyres piquantes, qui entroient dans le propre Cabinet du Roy; & ce fut pour tâcher d'arrêter ces bruits, qui chagrinoient beaucoup la Cour, quoy qu'elle n'en dît mot, qu'il fit publier par Proclamation par laquelle il l'ordonnoit qu'on fit par tout le Royaume, des actions de graces pour la grossesse de la Reyne, & des prieres publiques pour sa delivrance. Cependant la chose demeurant toûjours dans cet estat de soupçon, & les Anglois continuant à dire que la Reyne accoucheroit bien-tôt d'un Coussin, par l'operation des Peres Jesuites. Ceux qui par l'horreur du crime qu'il y a dans une supposition de pareille nature, & le motif du respect qui est deu aux Roys, croioient bonnement que la Reyne d'Angleterre estoit enceinte, s'attendoient à voir un accouchement d'éclat: semblable à peu prés à celuy de l'Imperatrice Constance, qui ayant esté accusée par quelques uns pendant sa grossesse, de vouloir supposer un Prince, voulut faire ses couches dans une Sale publique, en presence de tous ceux qui voudroient entrer. Mais ils furent bien trompez dans leur attente, quand ils apprirent que malgré toutes les regles de la prudence, & de la précaution, ausquelles Messieurs les Jesuites n'ont gueres accoûtumé de manquer, particulierement dans de si grands cas; la coûtume usitée dans tous les Royaumes Hereditaires, d'appeller les Princes du Sang, les Principaux de l'Estat & du Clergé, les Ambassadeurs mêmes des Princes Etrangers; & enfin la disposition formelle du droit Canon

d'An-

HISTOIRE DU ROY

1678 d'Angleterre, qui porte que de témoins, affisteront à la naiffance d'un Prince de Galles, que ces témoins feront des Perfonnes connuës dans le Royaume, & fur tout non fufpects d'eftre les Ennemis des Heritiers préfomptifs de la Couronne. Ces bonnes gens dis-je fe trouverent bien furpris, quand ils apprirent que malgré tout cela, la Reyne eftoit accouchée à S. James comme en fecret, & avec tant de précipitation qu'aucun Prince ni Princeffe du Sang n'y avoit efté invitez, excepté la Reyne Doüairiere; qui ne fut même appellée qu'aprés l'affaire faite, qu'aucun Archevêque, Evêque, Pair du Royaume, Proteftant Anglois, Femme ou Homme, n'y avoit efté; & qu'enfin l'on n'avoit pris aucune des mefures poffibles, & aufquelles on s'attendoit pour guerir le peuple de fes foupçons. Cependant on publia à haute voix dans le Palais du Roy, qu'un *Prince de Galles*, eftoit né le 19. de Juin, prieres & actions de graces publiques furent ordonnées à cette occafion; on dreffa à la Cour une nouvelle forme de prieres pour les Eglifes où le Nom du Prince de Galles fut inferé; Dépêches furent envoyées en toutes les Cours pour en porter l'agreable nouvelle. On fit feux de joye & réjoüiffances publiques dans la Ville de Londres; on ordonna auffi de fonner les Cloches, & ceux qui fe fonnerent fur un ton lugubre furent mis en prifon. Mais le Marquis d'Albeville Ambaffadeur du Roy Jacques auprés des Eftats Generaux, fe diftingua dans cette fefte par un feftin magnifique qu'il fit à la Haye, puis par cette Medaille qu'il fit frapper peu de temps aprés.

Le Roy d'Angleterre paroît en Bufte avec ces paroles.

JACOBUS II. DEI GRATIA BRITANNIARUM IMPERATOR.

Jacques II. par la Grace de Dieu Empereur de la grand Bretagne.

REVERS

On voit la Reine d'Angleterre dans un lict Royal tenant entre fes bras le prétendu Prince de Galles, & autour ces paroles.

FELICITAS PUBLICA.

La felicité publique.

Dans l'Exergue.

OB FELICISSIMAM MAGNÆ BRITANNIÆ PRINCIPIS NATI-
VITATEM XX. JUNII. 1688.

Au fujet de la naiffance heureufe du Prince de la Grand Bretagne, venu au monde le 20. de Juin 1688.

Et

GUILLAUME III.

Et plus bas.

IGNATIUS VITUS EQUES BEATI GEORGII MARCHIO DAVIVILLÆ, ET SANCTI ROMANI IMPERII APUD BATAVOS ABLEGATUS EXTRAORDINARIUS CUDI CURAVIT.

Ignace Vitus Chevalier de S. George, Marquis d'Albeville & du S. Empire; Ambassadeur extraordinaire auprés des Estats des Provinces-Unies.

Tout le monde n'estant pas de mesme opinion sur la naissance de ce Prince, supposé ou legitime, quel qu'il soit, on fit frapper à son sujet des Medailles bien opposées à l'esprit de cette premiere.

La premiere de celles-cy nous represente d'abord le Cheval de Troye, couvert d'une Housse, où on lit ces mots.

LIBERTAS CONSCIENTIÆ SINE JURAMENTO ET LEGE POENALI.

La liberté de Conscience sans Serment ni Loix-Penales.

Dans la Perspective on void la Ville de Troye toute en feu; autour de la Medaille sont ces mots.

EQUO NUNQUAM TU CREDE, BRITANNE.

Anglois ne vous fiez jamais à ce Cheval.

Paroles qui ont pour but de marquer que les Anglois, devoient se défier de ces sortes de présens, qui leur venoient de la part d'une main Ennemie, comme ce nouveau successeur à la Couronne, & ces déclarations du Roy Jacques, qui semblables à celle de la liberté de Conscience, avoient quelque apparence d'équité & de benignité, mais ne tendoient au fonds qu'à mettre en combustion toute la Cité, & à soûmettre au Papisme les trois Royaumes.

I   R E-

REVERS

ON void la Verité toute nuë portant une Couronne faite des Rayons mefme du Soleil, & foulant à fes pieds, un Serpent, Symbole, non de la Prudence icy, mais de la Rufe qui l'imite, & de cette efpece de malignité qui va à fes fins par des detours obliques & malhonneftes. Elle ouvre la porte d'une grande Armoire, fur laquelle porte on lit ces paroles que la Verité montre du doigt.

JACOBUS FRANCISCUS EDUARDUS SUPPOSITITIUS XX. JUNII. M. DC. LXXXVIII.

Jacques François Eduard fuppofé le 20. de Juin 1688.

Au milieu de l'Armoire on apperçoit le Pere Peters faifant paffer par le haut de l'Armoire un Couffin avec un petit Enfant, qui tient de l'une de fes mains un Ciboire, & de l'autre une Couronne qu'il a fur la Tefte. Du Ciel part un grand vent qui fouffle contre cet Enfant qui reprefente le Prince de Galles, & autour de la Medaille on lit ces mots.

SIC NON HÆREDES DEERUNT.

De cette maniere il ne manquera jamais d'Heritiers.

Et dans la Perfpective de la Medaille, on void une Mer tranquille, où paroît la Flotte du Prince d'Orange, quand il fe mit en Mer, pour aller délivrer l'Angleterre.

L'Efprit de cette Medaille, eft de marquer que le Prince de Galles eft un Enfant fuppofé; que la Verité a découvert cette infigne fourberie des Peres Jefuïtes; que Dieu foufflera par fa Providence fur les noirs deffeins qu'ils avoient conçûs, qui font de faire regner le Papifme par fon miniftere; & que la Couronne qu'ils luy mettent fur la Tefte à cette intention eft prefte à choir.

La Seconde montre d'un côté cette fameufe Corbeille que la Déeffe Pallas avoit donnée en garde aux Filles de Cecrops, avec défenfe à elles de l'ouvrir; ce que n'ayant pû faire, parce que la curiofité eft une paffion trop forte aux perfonnes de ce Sexe pour luy pouvoir refifter, elles apperçûrent dés qu'elles ouvrirent la Corbeille, le monftre qui paroît, fçavoir Erichton Enfant de Vulcain, né fans Mere, demy homme & demy Serpent. On lit autour ce vers hexametre.

INFANTEMQUE VIDENT EXPORRECTUMQUE DRACONEM.

Elles voyent l'Enfant & le Serpent qui y eftoit eftendu.

GUILLAUME III.

REVERS

Un Rosier presque sec, d'où pendent deux Roses fanées, & dont les feüilles tombent à terre. A quelque distance de ce Rosier sort un rejetton; & autour de la Medaille on lit cette Inscription.

TAMEN NASCATUR OPORTET.

Quoy qu'il en soit il faut qu'il naisse.

Dans l'Exergue.

M. DC. LXXXVIII.

CEux qui liront l'Histoire de la naissance d'Erichton, dont il est parlé dans le second livre des Metamorphoses d'Ovide, comprendront aisément que le but de cette Medaille, est de marquer, que le Prince de Galles est, non la production du sang Royal, par l'instinct de la nature, qui agissant dans l'ordre que Dieu a établi pour l'ouvrage de la generation, ne produit rien par consequent que de bon & beau; mais la production de quelque excrement conduit & menagé par l'instigation de la malice, de la violence, de la fourberie, & en un mot du dereglement d'où les Monstres naissent. Que le Roy & la Reine d'Angleterre representez tous deux par le rosier sec, comme estant inhabiles, à cause de leurs indispositions à avoir des Enfans, s'estoient portez au dessein de cette supposition odieuse par l'impression du zele Catholique, & le desir ardent que l'un & l'autre avoit de laisser un successeur à quelque prix que ce fut, qui peut avancer les interêts du Catholicisme; mais que comme il apparoit quelque distance entre le pied du rosier & le réjetton, il est par bonheur tout à fait aisé de faire preuve que le réjetton ne sort point de cette racine, mais qu'il a esté planté là d'ailleurs, c'est-à-dire que le Prince de Galles n'est point du tout sorti du tronc & de la Famille Royale, mais qu'il est un simple Plantage des Peres Jesuïtes.

Tandis que les choses se tramoient de la sorte en Angleterre, les démélez de 1688. la Cour de Rome avec la Cour de France s'échauffoient. Le Pape Innocent XI. homme de fermeté & de courage, ayant résolu de remedier aux desordres, que les Franchises, dont les Ambassadeurs joüissoient dans leurs quartiers, avoient introduits dans la Ville de Rome, par l'impunité des meurtriers & des scelerats, qui se refugioient dans l'Hôtel de ces derniers, comme dans un azyle qui les déroboit aux poursuites de la Justice; avoit, de l'avis des Cardinaux qui composoient le sacré College, fait publier une Bulle en datte du 12. du mois de May 1687. portant abolition, & interdiction de ces Franchises là, avec peine d'excommunication contre ceux qui contreviendroient; déclarant qu'il ne recevroit, & ne regarderoit deformais personne à Rome comme Ambassadeur, à moins qu'il ne renonçât à cet usage que l'abus, disoit-on, avoit introduit. Les Ambassadeurs de la plûpart des Princes de l'Europe, soûmirent sans murmure à la volonté du Pape; le Roy de France fut le seul qui se roidissant à l'encontre, envoya Henry Charles de Beaumanoir Marquis de Lavardin, qui entrant dans Rome suivi de plus de quatre-cens hommes armez, alla se loger dans un grand quartier, où il prétendit jouir du nom & des droits appartenant aux Ambassadeurs, & particulierement du droit des Franchises, déclarant qu'il feroit charger par ses gens tous les Sbirres, & autres ministres de la justice, qui auroient la hardiesse d'entrer dans son quartier pour apprehender quelqu'un : aprés quoy il fut reçû à la Communion de l'Eglise de S. Loüis la veille de Noël. Sur cela le Pape irrité du mépris que l'on avoit fait de sa Bulle, lança contre l'Eglise de S. Loüis, & les Ecclesiastiques qui la desservoient un Bref d'interdiction, en datte du 26. Decembre, pour avoir osé temerairement admettre aux divins Offices, & à la participation du Sacrement, le Marquis de Lavardin, que ce Bref déclaroit excommunié notoirement. Aussi-tôt le Marquis protesta contre ce Bref, par un écrit qu'il fit afficher par tous les Carrefours de la Ville de Rome : & dés que la nouvelle en vint en France, on fit condamner en Sorbonne la conduite du Pape, comme irreguliere, en ce qu'il employoit injustement les Armes de l'Eglise qui luy sont confiées pour regler les choses Ecclesiastiques & Spirituelles, dans une affaire temporelle, & pour un interêt purement humain. On fit contre sa personne & contre ses mœurs un Plaidoyer virulent, où M. Talon, Advocat du Roy, ne craignit point de traiter le S. Pere en plein Parlement, d'Heretique, ou Fauteur d'Heretiques, d'Ami de Molinos, & de Protecteur declaré des Jansenistes. On rendit un Arrêt au Parlement le 23. de Janvier 1688. qui déclaroit tant le Bref que la Bulle nulle & abusive, défendoit de l'introduire où de la debiter dans le Royaume, & recevoit comme bien & deüement interjetté l'acte d'appel au Concile que le Procureur general du Roy en avoit fait; les beaux esprits du Royaume s'egayoient aussi au dépens du Pape, & le regaloient dans leurs vers du titre d'Antechrist, *Antichristus*, sans crainte d'être dragonnez pour cela comme des Huguenots. Le Roy de son côté publia un Manifeste qui contenoit comme une déclaration de guerre à sa Sainteté, & il se saisit peu aprés de la Ville & du Comtat d'Avignon, qu'il ne rendit au S. Siege qu'aprés l'Election d'Alexandre VII.

Cependant Henry Maximilien de Baviere Electeur de Cologne & Prince de Liege mourut; & la France toûjours inquiete & ambitieuse, fit tous ses efforts pour intrure dans ces deux sieges Ecclesiastiques, le Cardinal de Furstemberg, qui devoüé à ses intérêts, auroit beaucoup contribué, si on avoit pû l'élever à ces Dignitez, au succez de la guerre que l'on meditoit déja de faire en Allemagne. Mais ni les grandes dépenses, ni les intrigues adroites de ce Cardinal ne pûrent empêcher qu'il n'en fût exclus. Car pour ce qui est de l'Episcopat & de la Principauté de Liege, l'Election tomba canoniquement sur le Baron d'Elderen, homme aimé & approuvé du Peuple pour sa probité & ses bonnes mœurs; à quoy contribuërent puissamment les Negotiations de M. Groulart l'Agent ordinaire des Estats Generaux, & du Prince d'Orange, vers les Princes & le Chapitre de Liege, par les raisons solides, & les moyens efficaces qu'il sçût employer pour faire entrer le Chapitre dans le bon party. Et quant à l'Electorat de Cologne, où le Cardinal avoit formé plus de brigues, & acheté des suffrages en bien plus grand nombre; bien qu'il en eût beaucoup plus que le Prince Joseph Clement de Baviere son Competiteur, neantmoins comme il ne pût jamais, quelque effort qu'il fît, s'en acquerir jusqu'à la concurrence des deux tiers, ce qui estoit necessaire pour estre élû Evêque de Cologne par *Postulation*, & que d'ailleurs il ne pût obtenir du Pape

un

GUILLAUME III.

un Bref d'*eligibilité*, ce qui luy eſtoit néceſſaire pour monter canoniquement à cette Dignité *par Election*, parce qu'il eſtoit déja Evêque de Strasbourg, & poſſedoit d'autres benefices Eccleſiaſtiques ; l'Election Canonique demeura au Prince Joſeph, à qui le Souverain Pontife donna gratieuſement toutes les Bulles de Diſpoſition, & de Confirmation qui luy eſtoient neceſſaires. Le Cardinal eut beau en appeller au Concile, la France gronder, les Chanoines de ſa faction ſe cantonner, l'Election confirmée par le Pontife eut ſon cours, & le Prince Joſeph Clement de Baviere fut reçû & reconnu Electeur dans tout l'Empire. Cependant le Roy de France envoya des Troupes qui inonderent tout le Païs de Cologne, ſe ſaiſit de Bonne, Rhimbergue, Keyſerswert, & mit Garniſon dans les meilleures Places de cet Archevêché, à l'exception de la Capitale. Peu aprés il rompit odieuſement la Treve, déclara la guerre à l'Empire, & alla mettre le ſiege devant Philipsbourg, qu'il prit le 30. Octobre aprés 21. jours de tranchée ouverte. Il fit publier un Manifeſte où il prétextoit pour raiſon de cette conduite, les prétentions de Madame la Ducheſſe d'Orleans, ſur la ſucceſſion du feu Charles Electeur Palatin ſon Frere, ſur leſquelles le Duc de Niewbourg ne faiſoit point droit ; l'injuſtice prétenduë que l'on faiſoit au Cardinal de Furſtemberg dans l'affaire de Cologne ; & ſur tout la ſcience bien certaine qu'il diſoit avoir de bonne part, que l'Empereur avoit réſolu de tourner toutes ſes forces contre luy, dés qu'il auroit terminé la guerre de Hongrie. Mais on tient que le vray motif de cette rupture fut le deſſein d'empêcher la Paix avantageuſe que l'Empereur pouvoit faire alors avec la Porte, & de ſatisfaire à quelque engagement de diverſion où le Monarque Trés-Chrêtien eſtoit entré à cette fin avec le grand Turc. Dans le Manifeſte que le Roy de France publia, il n'avoit deſſein que de s'emparer de Kaiſerslouter & de Philipsbourg, pour aſſeurer diſoit-il, par la priſe de la premiere de ces Places, les prétentions de Madame, & par la priſe de l'autre la tranquilité de ſon Royaume, où l'on pouvoit entrer aiſément par là ; promettant de reſtituer l'une & l'autre quand les differens ſeroient terminez. Mais comme ſes Troupes ne trouverent point de reſiſtance, l'occaſion fut plus forte que la bonne foy ſur le cœur du Monarque. Car aprés la priſe de Philipsbourg on s'empara de tout le Palatinat, les Châteaux ſe rendirent, les Villes capitulerent, le Dauphin reçût tout à compoſition, & par l'excez d'une fureur & d'une perfidie ſans exemple, pour ſignaler les premiers exploits du premier fils de France d'un évenement memorable, & qui paſſant à la poſterité, malgré les promeſſes & les Capitulations qu'il avoit ſignées, on reduiſit en cendre tout ce beau païs, qui eſt une vraye Terre de Promiſſion, en mettant impitoyablement le feu dans toutes les Villes, & dans tous les Bourgs, ſans que les clameurs des Peuples, les cris des petits Enfans qui mouroient de froid, la Majeſté des Palais des Souverains, la Religion des Temples & des Sepulchres, ayent pû donner de l'horreur, ni arrêter la main aux incendiaires.

Pendant tout cela une grande Flotte s'équippoit en Hollande, & l'on diſoit par tout que le Prince d'Orange alloit faire deſcente en Angleterre, pour y faire rétablir les Loix abolies, & y affermir la Religion & la Liberté qui periſſoient. En effet les Anglois, qui avoient patienté juſques-là, & ſouffert ſans murmure que les Loix du Royaume fuſſent violées, ſous l'eſperance qu'un Regne plus heureux qui devoit ſuivre quand la Princeſſe d'Orange ſeroit appellée à monter ſur le Thrône, les rétabliroit ; voyant qu'on leur avoit ſuppoſé un Prince de Galles, & que le Roy Jacques, malgré le mauvais ſuccez qu'il avoit eu dans l'affaire des Evêques, avoit tâché de nouveau d'obliger l'Armée à luy jurer ſolemnellement qu'elle le ſerviroit dans le deſſein qu'il avoit d'abolir le Serment du Teſt, & continuoit avec Hauteur à vouloir renverſer les Loix, réſolu de faire regner le *Papiſme*, & le *Deſpotiſme*, dans les trois Royaumes, où de mourir martyr comme il avoit dit, s'estoient émûs & reveillez à la vûë du peril qui les menaçoient, & avoient envoyé des Députez à nôtre Grand Prince, pour le conjurer de la part des Nobles, du Clergé, & de tout le Peuple d'Angleterre de les venir délivrer de ce double joug. Sur quoy le Prince consultant son grand cœur, sa pieté & sa charité, son zele pour la vraye Religion, & sa confiance en Dieu, bien plus que son credit, ses forces, & les intérêts personnels qu'il avoit dans cette affaire, communiqua la chose à leurs Hautes Puissances; & leur représenta si fortement le peril où l'on se trouvoit dans la conjoncture, & la necessité qu'il y avoit d'entreprendre au plûtôt cette expedition, tant pour la conservation de la Religion Protestante en general, que pour celle de la liberté des Provinces-Unies en particulier, contre lesquelles il montra par des preuves authentiques que les deux Roys de France & d'Angleterre s'estoient liguez secretement pour exterminer l'une & l'autre s'il estoit possible, que toute l'Assemblée y consentit aussi-tôt d'un commun accord, & expedia peu aprés des ordres pour les preparatifs necessaires. Ce fut un coup de foudre pour le Roy Jacques que la nouvelle de cet Armement, à quoy il ne s'estoit pas attendu. D'abord il fit sonder les Estats par son Ambassadeur, & les menacer mesme par l'Ambassadeur de France pour découvrir au juste si cela le regardoit; car il soupçonnoit que les Hollandois pouvoient n'armer que pour se mettre sur la défensive: mais dés qu'il fut asseuré que le Prince d'Orange estoit appellé des Anglois & venoit contre luy, on vit tomber de son haut cet homme intrepide. Instruit, mais trop tard, qu'il avoit suivi de méchans conseils, en s'abandonnant à la rapidité & à la violence du zele Jesuitique pour avancer les intérêts de la Religion Romaine, à laquelle il s'estoit devoüé, il crût qu'il falloit rappeller la tendresse & l'amour de ses sujets, s'il estoit possible, & défaisant en quinze ou vingt jours tout ce qu'il avoit fait avec tant de peine pour son grand dessein pendant l'espace de quatre années, il déclara à cette fin par une Proclamation datée du 20. Septembre, qu'il maintiendroit l'Eglise Anglicane; que les Catholiques Romains seroient exclus de la Chambre Basse du Parlement qu'il convoqueroit; promit de remettre dans leur Charge tous les Protestans qui en avoient esté dépossedez; rendit à la Ville de Londres sa Charte & ses Privileges; fit la mesme chose aux Villes que l'on avoit aussi privées de leur ancien droit; rétablit le College de la Magdeleine; fit fermer celuy que les Jesuites avoient ouvert par ses ordres à la Savoye; cassa la Chambre Ecclesiastique, dont il rompit les sceaux de ses propres mains; leva la suspension de l'Evêque de Londres, & admit jusqu'aux sept Evêques dans son Conseil; il alla même, tant l'esprit de Politique rend les gens souples, jusqu'à faire offrir à Messieurs les Estats par son Ambassadeur, d'entrer en Ligue avec eux contre le Roy de France, pour l'obliger à maintenir la Paix de Nimegue qu'il venoit de rompre par la prise de Philipsbourg. Mais comme il fut remercié de cette offre par leurs Hautes Puissances, & qu'il se doutoit bien que tous les Protestans, & principalement les Anglois, regarderoient ce changement de conduitte comme extorqué par la conjoncture, & craindroient avec raison que la giroüette du bon plaisir venant à se tourner tout d'un coup d'un autre côté selon sa mobilité au premier vent des affaires contraires, ne rétablit les choses dans un pire estat qu'elles n'avoient été, il résolut de se soûtenir, & prit toutes les mesures necessaires pour se bien deffendre en cas d'attaque. Pour cet effet il fit fortifier le Fort de Chatan, équippa une Flotte de quarante grands Vaisseaux, renforça ses Regimens de dix hommes par Compagnie, & fit publier par une Proclamation du 8. Octobre 1688. qu'une Armée d'Estrangers se préparoit à envahir les biens, & les droits du Peuple avec ses Royaumes, sous quelques faux prétextes de Religion & de liberté, il conjuroit ses sujets de s'unir à luy résolu de vaincre ou de mourir, pour les répousser avec vigueur, & les faire repentir de leur entreprise.

Cepen-

GUILLAUME III.

Cependant la Flotte du Prince eſtant équippée mit à la voile le 30. de Novembre. Elle eſtoit forte de ſoixante-cinq Vaiſſeaux de guerre, dix Brûlots, cinq-cens Flutes, & portoit environ vingt & un mille hommes. Le Prince ayant pris congé des Eſtats Generaux, & de la Princeſſe ſon Epouſe, par de tendres adieux, & des vœux reciproques où les larmes ſe mêlerent, eſtoit arrivé prés de Helvoetſluys, & avoit partagé la Flotte en trois Eſquadres. Comme il vouloit voir pàrtir tous ſes Vaiſſeaux ſuivant ſon exactitude accoûtumée, il fit avancer la premiere dés les trois heures du matin ; & il eſtoit trois heures aprés midi, ou environ, lors qu'ayant fait lever l'Anchre d'une Fregate de 36. pieces de Canon ſur laquelle il eſtoit monté, la Mer vit ſur ſes Flots un nouveau Céſar avec la fortune de trois Royaumes. Alors le Pavillon du grand Amiral fut deployé, & tous les Vaiſſeaux à ſon exemple arborerent le Pavillon d'Angleterre, chargé des Armes de leurs Alteſſes, & de cette inſcription : *Pour la Religion & la Liberté*, & au bas ces paroles, qui ſont la Deviſe des Princes d'Orange, *je maintiendray*. Le vent qui ſouffloit eſtoit favorable & l'on avançoit; mais s'eſtant tourné à l'Oüeſt au bout de quelques heures avec un gros temps, la Mer s'émût & devint ſi agitée que les Vaiſſeaux ne pouvant plus reſiſter à la Tempeſte furent contraints de ſe ſeparer, & de relâcher dans les premiers Ports de la Hollande qui ſe rencontrerent. A cette nouvelle les ennemis du Prince & des intérêts qu'il alloit défendre, éclatterent de joye; la troupe des Prophetizans, & des eſprits à augure chez les Reformez, pleura & pâlit ; mais les ſages attendirent en patience que Dieu revelât par l'évenement ſon Conſeil ſupreme ſur cet accident imprévû ; & tous apprirent au bout de quelques jours que tous les Vaiſſeaux s'eſtoient raſſemblez, & que la Providence avoit tellement veillé à la conſervation de la Flotte, qu'il ne s'eſtoit perdu dans cette grande Tempeſte, qu'une Fregate, pluſieurs chevaux qui creverent, & un ſeul Officier qu'on ne pût ſauver. Ce fut le 11. du mois de Novembre, à quatre heures aprés midy, que le Prince ſe remit en Mer plus aimé, & plus chargé que jamais des vœux & des benedictions du Peuple. Il ſouffloit un vent d'Eſt trés-favorable pour le deſſein qu'il s'eſtoit formé. Le Roy Jacques informé qu'il devoit deſcendre vers le Nord où il avoit ſes intelligences, avoit envoyé ſes Troupes de ce côté-là, & fait poſter à Gunfleet ſon Armée Navale forte de trente-ſix Vaiſſeaux; & de dix-ſept Brûlots, ſous le Commandement de l'Admiral Darmouth qui avoit ordre, & un violent déſir d'attaquer la Flotte dés qu'il la verroit paroître ; mais ſoit que le Roy Jacques eût pris le change ſur un faux avis qu'on luy fit donner adroitement par l'Ambaſſadeur de France, comme quelques-uns l'eſtiment; ſoit que le Prince fut porté à changer en effet de ſentiment par les deux circonſtances, que la Providence fit naître, ſçavoir le bon vent préſent, & le loiſir que la Tempeſte paſſée luy avoit donné d'eſtre informé des démarches de ſon Ennemy, il fit voile vers l'Occident à la vûë de la Flotte Angloiſe, qui n'oſa rien entreprendre à cauſe du vent contraire, & d'un broüillard ; & fut deſcendre ſans oppoſition aux ports de Torbay, Brixam & Exmouth en Devonſhire le 15. de Novembre, jour déja celebre en Angleterre pour la découverte de la Conſpiration des Poudres. Le Prince ayant le premier mis pied à terre, ſes Troupes le ſuivirent ; & toute la Flotte débarqua auſſi-tôt ſans confuſion : on ne vit paroître perſonne ſur les bords de la Mer avec un viſage ennemy ; les Habitans de la Province accoururent en foule pour voir & pour benir leur Liberateur, & apporterent avec abondance des rafraîchiſſemens pour la Flotte. Pour perpetuer à la poſterité la memoire de cet évenement on fit frapper les Medailles qui ſuivent.

La Premiere fait voir le Prince d'Orange en Buſte, ayant à côté droit la Déeſſe Pallas qui tient une Couronne ſur la teſte de ce Prince, & à côté gauche la Pucelle

HISTOIRE DU ROY

celle de Hollande qui tient encore de mefme une autre Couronne; autour on lit ces paroles Flamandes.

DIT 'S PRINS WILLEM D. III. WIENS OORLOGS RAET EN DAET
D'EERST NIET BESWYCKT, MAER VEEL EER 'T BOVEN GAET.

Voicy le Prince Guillaume III. dont les actions & les faits Heroïques, bien loin de ceder à Guillaume l'emportent beaucoup par deſſus tous ſes beaux Exploits.

Dans l'Exergue du Buſte.

DAT HY OP DE GOLVEN TRIUMPHERE.

REVERS

ON voit la Flotte qui part d'Hellevoetſluys en tres bon ordre; au deſſus de la Flotte paroît une Renommée, accompagnée du Soleil, qui va annoncer par tout le Monde les Exploits du Prince; autour eſt cette Inſcription.

'T VERTRECK VAN SYN HOOGHEYT, DEN HEER PRINS VAN ORANJE UYT HELLEVOETSLUYS NA 'T KONINCKRYCK BRITANJE ANNO 1688. DEN XI. NOVEMBER.

Le départ de ſon Alteſſe Monſeigneur le Prince d'Orange pour paſſer en Angleterre, parti d'Hellevoetſluys ce 11. Novembre 1688.

Dans la Seconde on voit un Homme debout Armé de pied en cap, qui repréſente le Prince d'Orange; cet Homme tient de la droite l'Eſcu d'Angleterre fort élevé, & foule de ſon pied droit l'Eſcu de France; pour marquer qu'il relevera la gloire d'Angleterre, & abbaiſſera la France, qui fiere de ſon pouvoir, voudroit s'aſſujettir tous ſes voiſins. Dans le lointain on voit paroître une Flotte, & des Troupes de Cavalerie, & d'Infanterie, qui ſignifient le ſecours que leurs Hautes-Puiſſances ont accordé à ce Heros pour cette glorieuſe expedition; & dans l'Exergue ces paroles.

ÆTERNÆ MEMORIÆ EXPEDITIONIS PRINCIPIS ARAUSIENSIS, BATAVIS ADJUVANTIBUS, AD LIBERTATEM ANGLIÆ CLASSIS SOLVIT XI. APPULIT XV. NOVEMBRIS M. DC. LXXXVIII.

A la Memoire Eternelle du Prince d'Orange, lequel a eſté aſſiſté par les Hollandois, pour le Retabliſſement de la Liberté de l'Angleterre; la Flotte partit l'onziéme; & aborda le 15. de Novembre 1688.

Autour

GUILLAUME III.

Autour eſt cette Inſcription.

HANC EXTOLLIT, ILLAM DEJICIT.

Il éleve celle-cy, il abaiſſe celle-là.

Les Couronnes d'Angleterre & de France, s'entend.

REVERS

On voit paroître le Lion Belgique, poſant de ſa patte gauche des Guirlandes & le Chapeau de la liberté ſur le Monde; & tenant de ſa ſerre droite un Sabre élevé; il regarde fierement & d'un air menaçant un Soleil, au milieu duquel il y a une fleur de Lys comme eſtant la Deviſe du Roy de France; on void dans le lointain la Flotte que les Eſtats ont fournie pour l'expedition d'Angleterre; autour ſont ces mots.

MINATUR SOLI, SED FAVET ORBI.

Il menace le Soleil; mais il fait du bien au Monde.

Dans l'Exergue.

LEO BELGICUS.

Le Lion Belgique.

C'eſt pour faire connoiſtre à toute la terre que le but de leur H. P. en favoriſant l'expedition glorieuſe du Prince d'Orange, n'a eſté que d'arrêter la France dans ſes deſſeins injuſtes & ambitieux; & de procurer à l'Europe, que l'on vouloit mettre aux fers, les douceurs du Repos, de la Liberté & de la Seureté.

LA Troiſiéme ſur le même ſujet fait voir encore le Prince en habit de Heros; tenant de la main droite une Epée nuë & élevée; & empoignant de l'autre la main d'une Femme qui a 3. Couronnes ſur la teſte, pour repréſenter les trois Royaumes d'Angleterre, d'Ecoſſe & d'Irlande. Au deſſous de ces mains unies, on void comme un Autel, pour marquer que le Prince vient raſſûrer l'Angleterre, & luy jurer ſur l'autel de la bonne foy, qu'il vient avec ſes forces & ſa valeur pour les délivrer de l'oppression, & qu'il espere sur l'asseurance du Secours de Dieu fondée dans la justice de leur Cause, de rétablir leurs loix violées, & de maintenir leur liberté. Il foule aux pieds un Serpent qui semble expirer, pour marquer que les ruses & les fraudes abominables de ceux qui ont travaillé à les renverser, seront découvertes & confonduës. Un Prestre & un Jesuïte paroissent dans le lointain, fuyant de toute leur force avec un Ciboire ; & au côté opposé on remarque un Oranger entrelassé des Roses d'Angleterre, & chargé de l'Escu de la Grand Bretagne, qui porte, comme chacun sçait les Armes d'Angleterre, d'Ecosse, d'Irlande & de France. Autour sont ces mots.

DEO VINDICE, JUSTITIA COMITE.

Sous la Protection de Dieu Vengeur, & dans la Confiance d'une juste Cause.

REVERS

On void la descente du Heros, représentée par une grande Flotte qui paroît en Mer, des Troupes qui débarquent, & des Bataillons que le General range sur le bord.

Autour est cette Inscription.

CONTRA INFANTEM PERDITIONIS.

Contre l'Enfant de perdition.

Paroles qui regardent, comme on croit, le Prince de Galles.

Dans l'Exergue.

EXPEDITIO NAVALIS PRO LIBERTATE ANGLIÆ.
M. DC. LXXXVIII.

Expedition Navale pour la liberté de l'Angleterre. 1688.

EN voicy une quatriéme où l'on void d'un côté le Lion Belgique couronné, tenant de l'une de ses Pates les sept Fléches qui marquent les Provinces-Unies, & de l'autre un Sabre entrelassé de branches d'Oranger ; de l'une des Pates de derriere, il tient la Bible ; & écrase de l'autre un Serpent : on void à côté une Colomne renversée, pour marquer que les loix d'Angleterre le sont aussi. Et dans le lointain une Flotte, qui est la Flotte Hollandoise, s'avance vers Torbay pour les rétablir.

Au

Au deſſus.
BRITANNIA.
La Grand Bretagne.

Autour eſt cette Inſcription.
IN TUITIONEM RELIGIONIS PROTESTANTIUM.
Pour la défenſe de la Religion Proteſtante.

REVERS

UN Oranger qui a deux branches ; une Femme qui repreſente l'Angleterre, s'appuye ſur la Bible poſée ſur un Autel, & tient de la main droite une Lance, autour de laquelle eſt le Chapeau de la Liberté ; à côté de l'Oranger eſt une Colomne où les Armes d'Angleterre ſont attachées avec ces vers Flamands.

BRITANJE ONTROERT DE WET GEVELT, DE PRINS VAN ORANJE ONS HERSTELT.

Les Loix de la Grand Bretagne foulées aux pieds ont eſté rétablies par le Prince d'Orange.

autour
SOLI DEO GLORIA.
A Dieu ſeul en ſoit l'honneur.

On en fit encore frapper une Cinquiéme où le Prince paroît en Buſte avec cette Inſcription.
GUILLELMUS III. D. G. PRINCEPS AURANTIÆ, HOLLANDIÆ, ET WEST-FRISIÆ GUBERNATOR.

Guillaume III. par la Grace de Dieu Prince d'Orange, Gouverneur de Hollande & de Weſt-friſe.

Sur le rebord de la Medaille.

NON RAPIT IMPERIUM IS SED TUA RECIPIT.
Celuy-cy ne ravit pas l'Empire mais il reçoit le vôtre.

REVERS

On void paroître la Flotte & le Prince à cheval, rangeant & mettant en ordre ses Bataillons débarquez ; une Femme abbatuë & couchée par terre, tenant d'une main une épée, & de l'autre la Balance, represente la Justice opprimée & abbatuë dans l'Angleterre. Un Heros vient qui la releve, & au haut on lit cette Inscription.

TERRAS ASTRÆA REVISIT.

Astrée est venuë revoir la Terre.

1688. IL y avoit deux jours que l'Armée du Prince estoit débarquée quand le Roy Jacques en apprit la premiere nouvelle: sa consternation fut extreme; sur tout quand il sçût qu'il avoit débarqué favorablement, & que les Peuples luy faisoient accueil; il fit de nouveaux efforts pour rappeller la tendresse de ses sujets; & comme il avoit abandonné au zele des Aprentifs Protestans les Chapelles, les Images, & les Marmousets de la Ville de Londres, pour rasseurer les Anglois sur l'Article de la Religion; & tâché de prouver par un discours qu'il tint dans son Conseil où estoient les premieres Personnes de qualité le premier de Novembre, & par la déposition de 41. témoins, qui dirent avoir oüi dans la Chambre de la Reine les cris d'une Femme, & veu un Enfant qu'ils croyoient nouveau né, que le Prince de Galles n'estoit point supposé, pour les appaiser sur cet autre Article qui sur tout le rendoit odieux au Peuple, il usa encore de cet artifice pour attirer le Peuple dans son party, c'est qu'il fit assembler les Evêques & leur dit, que le Prince d'Orange alleguant pour justifier son Invasion, qu'il avoit esté appellé par plusieurs Seigneurs tant Spirituels que Temporels, il avoit jugé à propos de les appeller, pour apprendre d'eux si cela estoit, & pour leur demander qu'ils eussent à signer un acte par lequel ils protestassent au Peuple solemnellement, qu'ils détestoient les desseins du Prince. Mais l'Archevêque de Cantorbery ayant répondu sur le premier Article, qu'ils n'avoient pas oüi dire que le Prince d'Orange eut aucun dessein d'envahir l'Angleterre, & demandé sur le second, qu'il plût à sa Majesté de leur communiquer cet acte afin de l'examiner & d'y répondre, le Roy sentit bien que ce moyen de Politique luy échappoit, & se contenta de publier le 12. Novembre une Proclamation foudroyante contre tous ceux qui auroient du commerce avec le Prince, ou qui publieroient sa Déclaration; & comme il esperoit mieux de ses Troupes, il expedia des ordres pour venir le trouver en diligence dans la plaine de Salisbury.

Cepen-

GUILLAUME III.

Cependant le Prince, aprés avoir débarqué si heureusement, qu'il ne s'estoit trouvé aprés la reveuë de toute cette grande Flotte, que trois petits Vaisseaux d'égarez, s'estoit avancé jusqu'à Excester, où les habitans de la Ville le reçûrent au son des Cloches, & le conduisirent comme en triomphe au Palais Episcopal, bien que le Maire de cette Ville eut fermé la porte, & que l'Evêque même se fut retiré. Ses premiers soins furent de rendre graces à Dieu de l'heureux succez dont il l'avoit jusques là accompagné dans son entreprise. Pour cet effet il se rendit dans l'Eglise Cathedrale, & aprés le service divin, il fit lire publiquement sa Déclaration, par laquelle il notifioit au Peuple, que s'il entroit les armes à la main dans le Royaume d'Angleterre, ce n'estoit point pour l'usurper ni l'envahir, mais pour conserver la Religion Protestante, les Droits & les Libertez du Peuple dans les trois Royaumes, contre les Conseils pernicieux, & les intrigues abominables de plusieurs mauvais conseillers du Roy, qui les avoient violées & renversées; qu'il avoit esté appellé pour l'execution de ce grand ouvrage si necessaire au repos & à la sûreté de la Nation, par un grand nombre de Seigneurs tant Ecclesiastiques que seculiers, par beaucoup de nobles & autres sujets de toute condition; & qu'il conjuroit tous Anglois & bons Protestans qui avoient quelque zele pour leur Religion & quelque amour pour leur liberté, de se joindre à luy dans une si juste entreprise, qu'il n'avoit formée que par leur consentement, & qu'il ne pouvoit executer sans leur secours. On ne sçauroit exprimer combien fut grand l'effet que cette Déclaration produisit; elle se répandit en un clin d'œil par tout le Royaume, malgré la Proclamation du Roy, & acheva de gagner au Prince le cœur des Anglois. Tous admiroient sa Valeur, & la Generosité désinteressée qu'il faisoit paroître dans cette perilleuse entreprise. Il n'y avoit personne qui pût se résoudre à tirer l'épée contre luy, quand on venoit à penser que cette Teste si chere ne se hazardoit que pour le public, & ceux des Protestans Anglois qui estoient les plus attachez à la Personne de leur Prince, se trouvoient forcez par des raisons d'honneur & de Conscience de quitter *le Roy* pour aller embrasser *le Liberateur*. Aussi son Armée croissoit à vûë d'œil; des Regimens entiers de l'Armée du Roy la venoient joindre; l'Armée de Mer se déclaroit pour luy comme celle de Terre, & les Soldats disoient hautement qu'ils ne se battroient point contre luy; d'ailleurs la Noblesse prenoit son party dans la plûpart des Provinces; Mylord de la Mere avoit rassemblé une Armée pour luy aux Dunes de Bodon; tout le Nord de l'Angleterre avoit pris aussi son party à la sollicitation des Comtes de Danby, & de Devonshire; en un mot le desir de voir exécuté ce que le Prince demandoit dans son Manifeste fut si general, que les Evêques, la plus grande partie des Pairs du Royaume, & plusieurs autres Seigneurs s'unirent d'un commun accord pour présenter au Roy une Addresse, par laquelle ils luy demandoient la tenuë d'un Parlement libre, & représentoient fortement à sa Majesté que c'estoit là le seul & unique moyen de sauver sa Personne & son Royaume.

D'abord le Roy Jacques méprisa cet avis, & s'en alla à Salisbury, poussé par le Conseil des Jesuites, pour se mettre à la teste de ses Troupes, & tenter le sort d'une Bataille. Mais dés qu'il vit combien son Armée estoit affoiblie par le prodigieux nombre de desertions qui s'estoient faites; qu'il remarqua que la plus grande partie de ce qui restoit de Soldats & d'Officiers chanceloit, & qu'il apprit sur tout que le Prince de Dannemark, le Duc d'Ormond, le Duc de Grafton, & un tres grand nombre de Personnes de qualité s'estoient retirez aussi à l'Armée du Prince, il revint à Londres si consterné qu'il résolut de consentir au desir du Peuple & à la tenuë d'un Parlement libre. Pour cet effet il convoqua le Parlement pour le 25. du mois de Janvier, & expedia à cette fin le 16. Decembre, des lettres Circulaires par toutes les Provinces. On ne sçait si cette conduitte du Roy estoit sincere, où s'il n'en usoit ainsi que pour gagner temps: il n'est pas aisé non plus de déterminer s'il agissoit de bonne foy, ou s'il n'avoit pour but que de sonder les desseins du Prince, quand de l'avis de son Conseil il députa vers luy Mylord Halifax, pour conferer des moyens de Paix. Quoy qu'il en soit ce Seigneur ayant asseuré le Prince, que le Roy estoit disposé à faire tout ce qu'on pourroit exiger de luy raisonnablement pour parvenir à cette fin; le Prince répondit, qu'il n'estoit descendu en Angleterre que pour mettre en seureté la Religion Anglicane, les Loix, & les libertez de la Nation, que les mauvais conseillers dont le Roy s'estoit servi, avoient violées; qu'il ne démandoit au nom du Peuple par qui il estoit appellé, que la tenuë d'un Parlement libre, où tout fut discuté, & rétabli selon l'Ordre des Loix; & que pour rendre les Elections des Membres qui devoient composer ce Parlement plus libres, il estoit prêt de s'éloigner de Londres avec son Armée de 30. lieuës, pourvû que le Roy en fit autant.

Cette réponse ayant esté rapportée au Roy Jacques par son Envoyé, l'image d'un Parlement libre, qu'il jugea pour ce coup inévitable, l'étourdit si fort, qu'il en perdit aussi-tôt la Tramontane; mille images du passé, du present & de l'avenir, roulerent dans sa teste; & craignant quelque affreuse extremité, il medita sa retraitte. Pour cet effet il fit revenir de Portsmouth le Pretendu Prince de Galles; & le fit partir de Londres avec la Reine le 20. de Decembre sur les trois heures du matin, pour les conduire secretement en France; les Prêtres, les Moines, & les Jesuites suivirent de prés, & le Pere Peters ne parut plus. Le mesme jour, aprés un Conseil extraordinaire qu'il fit tenir à Withal sur le soir, il revoqua la Proclamation qu'il avoit donnée pour la Convocation d'un Parlement, il avertit Mylord Feversham qu'il se retiroit, & luy donna ordre de congedier l'Armée; puis s'estant deguisé sur les 3. heures du matin, il sortit avec peu de monde par un escalier dérobé, & se mit dans une barque sur la Tamise. La navigation de ce Prince infortuné fut malheureuse; car estant obligé de relâcher à Feversham, d'où il esperoit de passer la Mer, il fut arresté par des Pescheurs qui le trouvant chargé d'or & de joyaux, le prirent pour un Jesuite qui s'enfuyoit, & le maltraitterent. Mais sa Personne sacrée ayant esté reconnuë peu de temps aprés par un Gentilhomme, ils se jetterent à ses pieds avec les joyaux & l'or qu'ils luy avoient pris; le Roy leur laissa l'or, & reprit les bijoux & les pierreries. Cependant le Prince ayant appris ce qui estoit arrivé à sa Majesté, luy envoya témoigner la douleur qu'il en avoit, & la fit asseurer en diligence qu'elle n'avoit rien à craindre dans son Royaume; que sa Personne sacrée y estoit en toute seureté; qu'au reste si sa Majesté croyoit avoir des raisons de croire le contraire, elle pouvoit se retirer par tout où il luy plairoit sans trouver la moindre opposition; d'autre part les Seigneurs qui composoient le Conseil du Roy luy envoyerent des Députez, pour le conjurer de rétourner à Londres; il suivit leur avis, & arriva à Withal le 26. Decembre à 4. heures du soir. On avoit rassemblé quelque peu de ses gardes congediées, pour la garde de sa porte & de sa Personne; mais deux Compagnies de Cavalerie, & deux mille hommes d'Infanterie, que le Prince envoyoit pour la mettre à couvert de toute insulte, ayant demandé le lendemain au matin de relever la garde du Roy, ce Prince toûjours défiant sortit de son Palais, & se retira à Rochester, d'où il partit à minuit le premier de Janvier, & arriva en France le 4. Ainsi fuït & abdiqua le gouvernement de trois grands Royaumes Jacques II. Prince estimé, & qui auroit peu regner glorieux, s'il n'avoit eu la foiblesse d'écouter les Moines; bel exemple pour apprendre aux Roys à gouverner leurs sujets par les Principes de la Justice & de l'équité, & non sur les maximes d'un zele forcené qui leur est suggeré par des Hypocrites! au reste comme cet évenement est tres memorable, on fit frapper plusieurs Medailles pour en informer la Posterité.

La Premiere fait voir le Roy Jacques en Buste, avec cette Inscription autour peu pro-

propre, si elle est ironique, car il faut respecter les grands jusques dans leur chûte.

JACOBUS II. DEI GRATIA BRITANNIARUM IMPERATOR.

Jacques II. par la Grace de Dieu Empereur de la grand Bretagne.

REVERS

UNe Aigle qui a fait son nid sur le haut d'un Arbre, d'où elle fond sur la 1688. proye, & l'y emporte; c'est la Figure du Roy Jacques, & du pouvoir supreme où il estoit élevé. Un renard qui portant dans sa gueule un Flambeau allumé, va mettre le feu au pied de l'arbre, ce qui oblige l'Aigle à s'enfuir. On a voulu marquer que le Peuple Anglois, tout foible qu'il paroissoit, en comparaison du Roy avec ses Armées, avoit sçû pourtant trouver le moyen de le faire fuir. Au haut on lit cette Devise, qui enseigne aux grands, qu'il n'est pas bon de se fier autant qu'ils font à leurs propres forces.

MAGNIS INTERDUM PARVA NOCENT.

Les petites choses sont quelquefois funestes aux plus grandes.

Dans l'Exergue.

REGNO ABDICATO IN GALLIAM APPULIT IV. JAN. M. DC. LXXXIX. STYLO NOVO.

Ayant quitté le Sceptre, & l'Angleterre, il aborda en France le 4. de Janvier nouveau Style.

La Seconde a un Ours qui vient renverser trois Ruches à miel, de ces Ruches sortent trois essains d'Abeilles, qui luy fondent dans le mesme temps sur le Corps; autour est cette Inscription.

POENA COMES SCELERIS.

La Peine suit de prés le Crime.

Dans

HISTOIRE DU ROY

Dans l'Exergue.

SIC LIBERTATEM, RELIGIONEMQUE BRITANNI A' SPOLIANTIBUS VINDICANT. M. DC. LXXXVIII.

C'est ainsi que les Anglois tirent leur liberté & leur Religion des mains de ceux qui les en vouloient dépoüiller.

REVERS

UN autre Ours tenu & enchaîné par les narines, avec un Bonnet de Jesuïte sur la teste, pour marquer les persecuteurs dans ces Ecclesiastiques du Party Romain; deux mains sortent d'une nuë; l'une tient la chaine à laquelle l'Ours est attaché; & l'autre avec un bâton levé, l'oblige à danser; autour est cette Devise.

FORTEM VIS FORTIOR URGET.

Une moindre force plie sous une plus grande.

Dans l'Exergue.

BRITANNIA A DUPLICI, ARBITRARIA PAPALIQUE OPPRESSIONE LIBERATA. M. DC. LXXXIX.

La Grand Bretagne delivrée d'une double oppression, celle du pouvoir Arbitraire & du Papisme.

En Voicy une troisiéme où le Roy Jacques paroît d'abord en Buste avec cette Inscription.

JACOBUS II. D. G. BRITANNIARUM IMPERATOR.

Jacques II. par la Grace de Dieu, Empereur de la Grand Bretagne.

GUILLAUME III.

REVERS

La Lune fans Lumiere, qui interposée entre la Terre & le Soleil, éclipse cet Astre; autour est cette Devise.

ORBATA LUCE LUCIDUM OBSCURAT.

Privée qu'elle est de Lumiere elle obscurcit celle du Soleil.

Dans l'Exergue.

LUDOVICUS XIV. GALLIÆ REX ADMITTIT JACOBUM II. BRI-TANNIARUM REGEM FUGITIVUM VII. JANUARII. M. DC. LXXXIX. STYLO NOVO.

Louis XIV. Roy de France reçoit chez luy Jacques II. Roy de la Grand Bretagne, qui abandonne son Royaume, le 7. du mois de Janvier 1689. Nouveau Style.

ON void assez que cette Medaille n'a pour but, que d'insinuer, que les malheurs arrivez depuis peu au Roy Jacques, representé icy dans sa chûte par une Lune éclipsée, pourroient bien obscurcir la grandeur du Roy de France son Allié, qui a choisi le Soleil pour sa Devise, & qui fondoit sur l'amitié & sur la prosperité de ce Prince les vastes projets de la Monarchie Universelle, dont toute l'Europe l'accuse avec quelque fondement.

En voicy encore une 4. sur le mesme sujet. Le Roy Jacques en Buste avec une Couronne de Laurier, & cette Inscription autour.

JACOBUS II. BRITAN. REX FUGITIV.

Jacques II. Roy de la Grand Bretagne fugitif.

HISTOIRE DU ROY

REVERS

Une Colomne brisée panchée, & rompuë à demy ; une Nuée du sein de laquelle part un vent qui souffle avec vehemence, & où est écrit le Nom de *Jehova*. Autour de la Medaille sont ces mots.

NON ICTU HUMANO, SED FLATU DIVINO.

Ce n'a pas esté par une force humaine, mais par le propre souffle de Dieu.

Dans l'Exergue.

JACOBUS II. ANGLIÆ REX SPONTE FUGIT LONDINO XX. DEC. CAPTUS XXIII. DEC. M. DC. LXXXVIII.; ITERUM FUGIT II. JAN. M. DC. LXXXIX.

Jacques II. Roy d'Angleterre prend la fuite de son Royaume de Londres le 20. Decembre; il est pris le 23. Decembre 1688. Il s'enfuit pour la seconde fois le 2. de Janvier 1689.

1688. CEpendant le Prince avoit fait son entrée publique à Londres dés le 28. de Decembre, à trois heures du soir appellé par les Seigneurs Ecclesiastiques & Seculiers, par tous les ordres de la Police & de la Milice, & par le Conseil commun de cette Capitale, qui ayant appris la retraitte du Roy, s'assemblerent incontinent dans la Maison de Ville, d'où ils envoyerent tous, chacun en son rang, des Députez à son Altesse, pour le supplier de venir dans la Ville, & d'y apporter par sa presence, la joye, la confiance, la tranquillité & la Paix. Ce fut une entrée des plus magnifiques que l'on eût vûës ; & s'il est vray qu'il est tres doux à un homme de merite d'estre montré au doigt, *pulchrum est digito monstrari & dicier, hic est*, & plus glorieux mille fois de regner sur les cœurs que sur les corps, on peut dire que jamais l'on n'a preparé à aucun Heros, un Triomphe plus doux & plus agreable. Tout ce qu'une grande Vertu, soûtenuë & relevée par un bienfait illustre & signalé, peut inspirer à un Peuple Genereux d'estime & d'admiration, d'amour tendre, de zele respectueux, de reconnoissance & de confiance, pour son bienfaiteur, le Prince le vit éclater pour luy dans le Peuple Anglois.

Outre

GUILLAUME III.

Outre la Nobleffe & les grands Seigneurs qui allerent à fa rencontre avec des équippages magnifiques, pour marquer l'honneur qu'ils vouloient rendre à un homme, qu'ils eftimoient déja pour fa propre Vertu, & qu'ils regardoient alors comme leur Protecteur; le Peuple fortit en fi grande foule au devant de luy, que bien que le temps fut pluvieux, il y avoit fur la route par laquelle il devoit paffer, depuis le Palais S. James où il devoit defcendre, jufqu'à prés de huit mille de la Ville de Londres, un concours de Peuples fi prodigieux qu'à peine pouvoit on paffer & fe remuër dans ce grand Efpace. Les yeux de cette multitude toute réjoüie, attendoient en fufpens fon Liberateur, & le cherchoient mefme de temps en temps avec avidité & impatience : Enfin le Heros vint à paroître. L'air retentit alors de benedictions & d'acclamations ; ils l'appelloient *le Pere de la Patrie, le Heros qui a fauvé l'Europe, le zelé Défenfeur de la Religion Reformée; l'Azyle des opprimez, le Protecteur de la Juftice & de l'Equité, le Reftaurateur de leurs Loix, l'illuftre Liberateur de l'Angleterre.* Et quand il vint à entrer dans la Ville de Londres, mille voix l'attendoient à chaque coin de ruë pour luy crier, comme le Peuple Romain faifoit à l'Empereur Adrien quand il paffoit, *que le Ciel puiffe t'aimer comme tu nous aimes.* Jamais on ne vit une joye plus univerfelle. On alluma auffi-tôt des feux par toute la Ville, & toutes les feneftres des maifons furent illuminées; perfonne ne troubla cette fefte par un vifage trifte ; & ceux que l'authorité du Magiftrat n'avoit pû arrêter quelques jours auparavant, dans l'exercice d'un zele trop impetueux, auquel ils s'eftoient abandonnez, renverfant les Chapelles, comme je le feray voir dans une Medaille qui viendra dans la fuite de cét ouvrage, brifant les images, pillant l'Hôtel mefme de l'Ambaffadeur d'Efpagne, & démoliffant les Maifons de ceux d'entre les Papiftes qui s'eftoient enfuis, rentrerent dans leur devoir dés qu'ils virent leur grand Heros, & leur fidelle Défenfeur arrivé, & voulurent honorer fa moderation & fon equité par l'imitation qu'ils en firent paroître. On fit frapper cette Medaille pour conferver la memoire de cet évenement fingulier.

Nôtre grand Prince d'Orange en Bufte avec ces Paroles autour.

GUILLELMUS III. D. G. PRINCEPS ARAUSIENSIS, RELIGIONIS, LIBERTATISQUE RESTITUTOR.

Guillaume III. par la Grace de Dieu Prince d'Orange, Reftaurateur de la Religion, & de la Liberté.

HISTOIRE DU ROY

REVERS

On void la Ville de Londres ; au deſſus paroît un Aigle portant en ſon bec une Branche d'Olivier d'un côté, & de l'autre un Rameau d'Oranger, avec leurs fruits; pour faire connoître que nôtre grand Prince, qui s'avance avec la Victoire, vient rétablir le calme, & redonner la Paix dans les trois Royaumes; dans le tour de la Medaille eſt cette Inſcription.

ALIS NON ARMIS VENIT LIBERATOR.

Celuy qui vient & qui nous delivre, n'eſt point un ennemy qui vienne répandre nôtre ſang, mais un ami genereux qui vole au ſecours de ceux qui l'appellent.

Dans l'Exergue.

PRINCEPS AURIACUS INGREDITUR LONDINUM XXVIII. DECEMB. M. DC. LXXXVIII.

Le Prince d'Orange entre à Londres le 28. Decembre 1688.

1689. LE Roy Jacques II. eſtoit encore en Angleterre, quand nôtre grand Prince fit à Londres ſon entrée publique. On s'attendoit à un Parlement libre ; & le retour du Roy à ſon Palais de Withal ſembloit l'aſſeurer ; mais quand on eût appris qu'il avoit fuï de nouveau, & s'eſtoit retiré en France, la Nation jugea qu'il eſtoit à propos de prendre elle meſme des juſtes meſures pour rétablir ſes Droits & ſa Liberté. Pour cet effet les Seigneurs & Pairs du Royaume s'aſſemblerent le 3. de Janvier dans la Chambre des Lords à Weſtminſter, & preſenterent une Requeſte à ſon Alteſſe Monſeigneur le Prince d'Orange, par laquelle il eſtoit prié de ſe vouloir charger du Gouvernement des affaires publiques, juſqu'au premier jour de Février ; jour auquel ils jugeoient à propos que le Parlement s'aſſemblât ſous le titre de *Convention* pour regler toutes choſes ; & aprés luy avoir recommandé ſpecialement les affaires d'Irlande, ils ajoûtoient, qu'ils prioient auſſi ſon Alteſſe d'envoyer en ſon Nom des lettres Circulaires, aux Seigneurs Eccleſiaſtiques & Seculiers, auſſi bien qu'aux Villes, Bourgs, & Univerſitez dans toutes les Provinces, pour les exhorter tous à choiſir dans la Conſcience des Loix des Perſonnes qui fuſſent bien qualifiées pour être les Membres d'une Aſſemblée ſi celebre & ſi neceſſaire. Nôtre grand Prince voulut ſelon ſa prudence attendre le conſentement des Communes avant que de ſe charger de ce grand Employ. Il fit venir à S. James la plûpart de ceux qui avoient eſté Membres des Parlemens tenus ſous les deux Regnes precedens, les Aldermans, & le Conſeil commun de la Ville de Londres, & aprés les avoir remerciez du zele qu'ils avoient montré pour la Cauſe commune, il leur dit qu'il les avoit appellez pour ſçavoir d'eux les moyens qu'ils croyoient les plus propres pour parvenir aux fins qu'il avoit propoſées dans ſon Manifeſte. Surquoy s'eſtant aſſemblez à Weſtminſter dans la Chambre des Communes, ils dreſſerent une Requeſte qui contenoit les meſmes Chefs que celle des Seigneurs, & la vinrent preſenter à ſon Alteſſe Monſieur le Prince d'Orange. „ Le lendemain nôtre grand Prince reſpondit aux „ Seigneurs, & aux Députez de la Ville & des Communes, qu'il acquieſçoit à ce „ qu'ils deſiroient de luy, qu'il tâcheroit de ſatisfaire à tous les Chefs qu'ils „ avoient marquez pour maintenir le repos public, & les intérêts de la Religion & „ du Royaume, & qu'il ſeroit toûjours prêt d'expoſer ſa vie aux plus grands „ perils pour une ſi juſte défenſe. Auſſi-tôt il fit expedier en ſon Nom des lettres

tres Circulaires à toutes les Provinces pour l'élection des Membres de la *Convention*; & pour faire que ces élections fussent pleinement libres, il fit retirer à la Campagne toutes les Troupes qui estoient dans les Villes où il n'y avoit point d'ordinaire de Garnison; ce qui plût au Peuple infiniment, non que personne fut violenté, mais parce que cela marquoit la bonne foy de nôtre grand Prince, sa sincerité & la droiture de ses intentions. D'ailleurs il ordonna à tous les Papistes, qui n'estoient ni proprietaires de Maisons à Londres, & à Westminster, ni Marchands Facteurs, ni Domestiques de la Reine Doüairiere, de s'éloigner de dix milles de ces deux grandes Villes, sur le bruit qui couroit qu'ils avoient dessein d'y mettre le feu, pendant le tumulte d'une sedition qui seroit émûë. Il authorisa aussi par une Déclaration du 9. de Janvier, tous les Juges, Sherifs, ou Intendans des Provinces, & autres Officiers qualifiez selon les Loix, c'est-à-dire, Protestans, à continuer l'exercice de leur Charge, leur recommandant de le faire avec integrité de cœur, & au soulagement des Pauvres, ausquels il fit distribuer dix mille livres Sterling. A l'égard des Papistes reconnus pour tels, sa moderation fut extreme; il fit faire à l'Ambassadeur d'Espagne une pleine satisfaction sur ce qu'on luy avoit pris pendant le tumulte, empescha que les Prêtres, & mesme les Jesuites déguisez, que le Peuple reconnoissoit, ne fussent mal-traittez, combla d'honnestetez le Nonce du Pape; fit expedier des Passeports à tous les Papistes qui voulurent sortir; donna des Sauvegardes à ceux qui en demandoient, & par l'effet d'une humanité, & d'une honnesteté bien differentes de la cruauté barbare, & dénaturée que les Moines inspirent aux Rois, & aux Princes du party Romain contre les Reformez, il envoya le Docteur Burnet visiter ceux d'entre eux qui avoient merité d'estre emprisonnez, pour leur faire donner des Chambres commodes, & sçavoir d'eux si rien leur manquoit. Aussi cette conduitte si sage, & si moderée plût tellement au Peuple, que nôtre grand Prince ayant témoigné à la Ville de Londres, que le Thresor de l'Echiquier estoit épuisé; & qu'il auroit besoin pour subvenir aux necessitez de l'Estat, d'emprunter pour six mois à intérêt, 200000. livres Sterling sur les revenus de la Couronne; il se trouva en moins de trois jours de si grandes Sommes qu'il fallût fermer la Caisse des Emprunts; chacun se faisant un plaisir & un point d'honneur, de venir offrir sa Bourse à un Administrateur si judicieux, pour tâcher d'avancer & mettre à son comble un ouvrage si grand & si salutaire que celuy du Repos & de la Seureté publique qu'il conduisoit. En memoire de ce titre *d'Administrateur du Royaume*, qui fut alors conferé à nôtre grand Prince on fit frapper cette Medaille.

Nôtre grand Prince d'Orange en Buste avec ces Paroles.

GUILLELMUS III. D. G. PRINCEPS ARAUSIENSIS RELIGIONIS LIBERTATISQUE RESTITUTOR.

Guillaume III. par la Grace de Dieu Prince d'Orange, Restaurateur de la Religion, & de la Liberté.

86　HISTOIRE DU ROY

REVERS

Un grand Chefne abbatu, & à côté un bel Oranger chargé de fruits, droit, & élevé vers le Ciel avec ces mots à l'entour.

PRO GLANDIBUS AUREA POMA.

Au lieu de glands nous aurons des Oranges, ou des Pomes d'or, c'eſt-à-dire, des fruits precieux.

Dans l'Exergue.

IN LOCUM REGIS PRINCEPS AURIACUS ADMINISTRATOR REGNI SUBSTITUTUS ANNO M. DC. LXXXIX. III. JAN.

En la Place du Roy le Prince eſt établi Adminiſtrateur du Royaume le 3. de Janvier 1689.

Voicy encore une autre Medaille qui eſt à peu prés la meſme choſe, excepté que c'eſt le Buſte du Roy Jacques, avec les cheveux de ſa Perruque dans une Bourſe derriere, & ces mots autour.

JACOBUS II. BRITAN. REX FUGITIV.

Jacques II. Roy de la Grand Bretagne fugitif.

GUILLAUME III.

REVERS

Une Chaine brifée & terraffée en terre; & à la droite un bel Oranger droit chargé de fruits, au pied duquel il y a un Soleil levant qui commence à reluire fur la terre, qui reprend fa verdure & fon eftat ordinaire. Ce Soleil levant eft nôtre grand Prince d'Orange, qui eft venu délivrer l'Angleterre du joug dont elle eftoit chargée; autour de cette Medaille eft cette Infcription.

PRO GLANDIBUS AUREA POMA.

Au lieu des glands nous aurons des Oranges.

Dans l'Exergue.

POST FUGAM REGIS DELATA REGNI ADMINISTRATIO PRINCIPI AURIA. III. JAN. M. DC. LXXXIX.

Aprés la fuite du Roy l'Adminiftration du Royaume à efté préfentée au Prince d'Orange le 3. Janvier 1689.

PEndant que les chofes fe paffoient ainfi dans l'Angleterre, le Peuple d'Ecoffe 1689. s'eftoit foûlevé renverfant les Chapelles, brifant les Images, cherchant & pourfuivant avec un tres grand zele, tout ce qu'il y avoit d'Officiers de la Couronne qui eftoient entrez dans les Charges contre les Loix, foit Juges, Gouverneurs, & Miniftres d'Eftat Papiftes; les mettant en prifon quand il les trouvoit; démoliffant leurs Maifons quand ils avoient fuy; & demandant hautement qu'on appellât nôtre grand Prince d'Orange, & que les Loix du Royaume fuffent rétablies. Sur cela la plus pure & la plus confiderable partie de la Nobleffe d'Ecoffe, s'eftant renduë à Londres, le Duc d'Hamiltòn accompagné de trente Seigneurs, & de plus de quatre-vingts Gentils-hommes Ecoffois, préfenterent le dix-neuviéme de Janvier, une Requefte à nôtre grand Prince, par laquelle aprés avoir loüé fon Alteffe Monfeigneur le Prince d'Orange de fon entreprife Heroïque pour la confervation de la Religion Reformée, & de la Liberté de l'Europe en general, & remercié des intentions faintes & genereufes qu'il marquoit dans fa Déclaration pour le bien du Royaume d'Ecoffe en particulier, ils le fupplioient au nom de toute la Nation Ecoffoife, de vouloir prendre ce Royaume en fa Protection

& fe

88   HISTOIRE DU ROY

& se charger de l'administration des affaires Publiques, jusqu'à l'Assemblée generale des Estats qui se tiendroit le 14. jour du mois de Mars suivant; ajoûtant qu'ils le prioient d'expedier pour cet effet des lettres Circulaires dans toutes les Provinces, pour exhorter les Peuples à donner à cette Assemblée des Membres qualifiez selon les Loix. Nôtre grand Prince n'accepta cette offre que le lendemain; & les Seigneurs qui vinrent pour recevoir sa réponse, se retirerent aussi satisfaits pour le bon accueil qu'il leur avoit fait, qu'ils estoient joyeux d'avoir trouvé en luy un grand Protecteur. Dans ce mesme temps on vit paroître cette Medaille.

Nôtre grand Prince en Buste avec une Couronne de Laurier sur la Tête, & cette Inscription autour.

GUILLELMUS III. DEI GRATIA PRINCEPS ARAUSIENSIS RELIGIONIS LIBERTATISQUE RESTITUTOR.

Guillaume III. par la Grace de Dieu Prince d'Orange, Restaurateur de la Religion, & de la Liberté.

REVERS

LEs quatre Royaumes qui forment l'Empire de la Grand Bretagne, sçavoir l'Angleterre, représentée icy par un Guerrier qui tient l'Ecusson de cette Couronne; l'Ecosse qui tient aussi son Escu; l'Irlande qui tient son Escu d'une main, & de l'autre sa Pique; & enfin la France qui sous la forme d'un Gladiateur Romain vient comme se présenter pour resister à la volonté du Parlement. Un Heros armé foudroye ce temeraire; au dessus on lit *Emmanuel*, c'est-à-dire, *Dieu avec nous.* Plus bas paroit comme sur une hauteur *l'Arche de l'Alliance*, où estoit l'Ancienne Loy avec les Cherubins d'or; de là partent des rayons vifs qui se lient & communiquent avec ceux que l'on void autour du Heros, qui est nôtre grand Prince, qui est représenté comme Jupiter qui foudroye sur les ennemis de l'Angleterre. Ces rayons s'étendent particulierement vers les Royaumes d'Ecosse & d'Angleterre; ces Royaumes paroissent à genoux, & comme en posture de devotion; l'Irlande est couchée & comme abbatuë. On remarque sous l'Arche l'Attirail du Papisme fort délabré, Mitres renversées, Crosses brisées, Croix déjointes ou rompuës, force Moines qui s'enfuyent avec le Pretendu petit Prince de Galles, & le Pere Peters, dont le zele se distingue entre les autres

par

par une Hoftie qui eft renfermée dans fon Soleil qu'il tient à la main avec les outils qui fervent à la manœuvre du culte Romain, comme s'il eftoit refolu de les fauver au peril de fa vie de la main des Heretiques, & de les tranfporter hors du Royaume.

Le but de cette riche Medaille eft de marquer, que la confervation & le rétabliffement de la Liberté & de la Religion dans la Grand Bretagne, par l'organe de nôtre Glorieux Prince d'Orange, eft un ouvrage tout manifefte de la puiffance & de la bonté de Dieu; comme on le peut reconnoiftre trés-diftinctement dans plufieurs marques fenfibles de fa protection & de fon concours, qui font la bonté qu'il a eu d'exaucer les vœux de l'Ecoffe & de l'Angleterre, les deux Royaumes où il y a le plus de Reformez, ce qui eft marqué par les Rayons qui fortent de l'Arche, Symbole de l'Evangile & des Ecritures, & qui portent plus directement fur eux pour les éclairer: d'infpirer à nôtre grand Prince, le deffein de cette entreprife perilleufe, & de l'accompagner par tout des lumieres de fon Confeil, & de la force de fa toute-puiffance pour l'executer comme il l'a fait, malgré les menaces de la France, & le peu de forces qu'il avoit, & la difficulté naturelle de la chofe mefme; ce qui eft figuré par le Heros que les Rayons de l'Arche environnent, & en la main duquel Dieu a mis la foudre, dont le Gladiateur, c'eft-à-dire le François eft terraffé: Et enfin d'avoir abbatu en Angleterre la puiffance du Papifme comme en un clin d'œil, au grand étonnement de toute l'Europe, ce qui eft repréfenté encore par la fuite des Moines, & le débris des pieces qui fervent à la Religion Romaine.

Cependant le jour affigné pour la *Convention* en Angleterre arriva, & les 1689. Membres qui devoient compofer cette Illuftre & Mémorable Affemblée, s'eftant rendus à Weftminfter, s'affemblerent le 1. jour de Février dans le lieu accoûtumé. D'abord on pourveut à l'ordre; la Chambre des Seigneurs élût Mylord Halifax Seigneur de grande vertu, & d'une érudition confommée, pour être fon Préfident; Charge qui dans un Parlement affemblé par un Roy, auroit efté remplie par fon Chancellier; & la Chambre des Communes établit pour fon Orateur l'Illuftre Henry Poole Homme d'une rare merite, & d'une probité reconnuë. Chacun ayant pris fa place, on lût en pleine Affemblée une lettre de nôtre grand Prince, par laquelle il leur repréfentoit. ,, Qu'ayant tâché défectuer ce dont on l'avoit ,, chargé pour la confervation du repos public, depuis que l'adminiftration des ,, affaires luy avoit efté confiée, c'eftoit à eux maintenant à établir des fonde-,, mens fi folides pour la feureté de leur Religion, de leur Liberté & de leurs ,, Loix que rien ne fut plus capable de les ébranler: qu'il ne doutoit pas que ,, cette grande & libre Affemblée qui repréfentoit le Corps de toute la Nation, ne ,, connût trés bien fes vrais intérêts, & n'approuvât les fins qu'il avoit propofées ,, dans fon Manifefte; qu'il efperoit que Dieu tout-puiffant qui avoit beni ,, jufques-là fes bonnes intentions, accompliroit fon ouvrage en leur don-,, nant à tous dans leurs Confeils un efprit de Paix, de Concorde, & d'U-,, nion; qu'au refte il les fupplioit de confiderer que l'Eftat perilleux de l'Ir-,, lande & de la Hollande, qui s'eftoit denuée de fes forces pour les affi-,, fter, les devoit obliger à expedier en diligence les affaires du dedans, pour ,, fe mettre en eftat de pourvoir à celles du dehors, & d'envoyer un prompt fe-,, cours à des fujets, & à des Alliez qui s'y attendoient fi juftement. Sur cela les deux Chambres réfolurent d'un commun accord, de préfenter une Addreffe à nôtre grand Prince, pour le remercier en des termes pleins de zele de cette Délivrance miraculeufe qui les rendoit libres du pouvoir Defpotique, & de la Tyrannie du Papifme, & dont il avoit été fous la benediction de Dieu, le grand & glorieux Inftrument; auffi bien que du bon foin qu'il avoit pris des affaires Publiques depuis qu'il avoit bien voulu les adminiftrer; qu'on le prioit de continuer

M jufqu'à

jusqu'à de nouvelles résolutions que l'on prendroit avec diligence; & qu'on auroit pour les choses que son Altesse Monseigneur le Prince d'Orange avoit recommandées une consideration particuliere le plûtôt & le plus promptement que l'on pourroit. Plusieurs jours se passerent sans qu'on vit sortir de cette celebre Assemblée que quelques Reglemens generaux, comme un ordre des Seigneurs portant défence aux Papistes d'entrer dans la Maison où la *Convention* s'assembloit, & une Ordonnance des deux Chambres pour rendre à Dieu le 21. de Février des actions de graces publiques à Londres, & à dix mille alentour, & le 24. par tout le Royaume, pour la Délivrance qu'il leur avoit procurée par nôtre grand Prince d'Orange. Mais le 7. il fut arrêté dans la Chambre des Communes par l'aide & de l'avis de neuf fameux Jurisconsultes qu'elle avoit choisis pour l'aider dans les questions de droit difficiles & embarassées qui pourroient se présenter. 1. Que le Roy Jacques ayant manifestement entrepris, & tâché de toutes ses forces de détruire la constitution du Royaume, violant ouvertement les Loix fondamentales de l'Estat par les conseils pernicieux des Jesuites, & autres personnes mal intentionnées, avoit rompu le Contract Original entre luy & son Peuple. 2. Que s'estant en outre retiré du Royaume volontairement, il avoit renoncé à la Couronne, & abdiqué le Gouvernement. 3. Qu'ainsi le Thrône estoit devenu vacant. Cette résolution ayant été portée à la Chambre des Seigneurs, fut par un consentement unanime approuvée dans l'Article du Contract Original, que le Roy Jacques estoit accusé & jugé d'avoir rompu; mais il s'émût entre eux une contestation échauffée sur la *Vacance* presente du Royaume, plusieurs soûtenant que le Thrône ne vaquoit jamais tant qu'il y avoit de legitimes Successeurs; pour lequel sentiment 53. Voix opinerent, & 40. seulement pour le sentiment contraire. Il y eut là dessus plusieurs conferences entre les deux Chambres, sans que l'on se pût accorder; mais dés que les Communes eurent fait connoître, qu'ils ne prétendoient point exclure par ces termes l'Heritiere de la Couronne, ni s'ériger en Republique, comme plusieurs des Seigneurs le soupçonnoient, mais marquer simplement que le Roy Jacques étoit déchû & depoüillé absolument de la Royauté, on convint dans ce sens de l'expression, & il fut decidé *que le Thrône estoit Vacant*. Ce point capital étant arrêté, & le jour auquel on avoit accoûtumé de rendre graces à Dieu pour l'avenement du Roy Jacques à la Couronne ayant esté aboli par l'ordre des deux Chambres, on pensa aux moyens de prévenir les malheurs de la Tyrannie que l'on avoit ressentis; & l'on jugea à propos de fixer le Pouvoir Supreme, & la mobilité du bon plaisir, sur plusieurs Articles Importans, ausquels les Roys qui suivroient se conformassent comme sur des Loix Sacrées & inviolables. En voicy les Principaux. 1. Que le Roy n'a pas le pouvoir de suspendre ni de dispenser des Loix à moins que le Parlement n'y consente. 2. Qu'il n'a pas le pouvoir de lever de l'argent, ni d'imposer des subsides sur le Peuple, non plus que d'entretenir des Armées sur pied sous quelque pretexte que ce soit, sans que le Parlement y consente. 3. Qu'il est permis à un sujet, quand il se sent opprimé, de présenter des Requêtes au Roy, & que l'emprisonner, ou luy créer pour cela de mauvaises affaires, c'est Tyrannie. 4. Que les Elections des Membres des Parlemens seront libres. 5. Que ces Parlemens doivent être fréquents, & tout au moins de trois ans en trois ans. 6. Qu'il doit être permis à chacun d'y parler, d'y disputer, d'y dire franchement & librement son avis, & que rechercher quelqu'un pour l'avoir fait, c'est Tyrannie. 7. Que l'on ne pourroit désormais proroger un Parlement malgré luy. 8. Qu'un Prince Papiste ne pouvoit être admis au Gouvernement & à la Couronne d'Angleterre. 9. Qu'aucun Prince ou Princesse de Sang Royal ne pourroit contracter Mariage avec une personne de la Religion Romaine, sans s'exclure par cela mesme de toute prétention à la Couronne. Ensuite on passa à la question Capitale, qui estoit de remplir le Thrône, & de contenter les desirs du Peuple qui vouloit un Roy. Les deux

Cham-

GUILLAUME III.

Chambres s'eſtant raſſemblées pour cet effet bien réſoluës d'agir de concert dans le Réglement d'un cas auſſi important, & d'où le bonheur de la Nation dépendoit ſi fort, l'on convint d'abord unanimement, qu'il eſtoit à propos & abſolument dans 1689. l'ordre du Droit d'élever ſur le Thrône la Princeſſe d'Orange l'Heritiere la plus proche de la Couronne; mais quand on vint à penſer aux grandes qualitez & aux obligations extraordinaires, que l'on avoit à nôtre grand Prince ſon Illuſtre Epoux, on jugea que ce ſeroit trop peu pour les reconnoître ſelon leur juſte valeur, que de le déclarer *Prince Regent*, comme on l'avoit propoſé de premier abord; & bien que la Monarchie d'Angleterre ſoit un Royaume Succeſſif, neantmoins comme il eſt conſtant que dans les cas extraordinaires, les Parlemens d'Angleterre ont le droit de limiter & de modifier la Succeſſion à la Couronne, pourvû que le bien public, qui eſt la Loy Souveraine de tous les Eſtats, l'exige & l'ordonne néceſſairement; il fut arrêté les 16. & 17. de Février, que pour ſatisfaire à la reconnoiſſance dûë à nôtre grand Prince, & à l'exigence du bien public qui demandoit un tel Protecteur, il eſtoit à propos de l'élever pour toute ſa vie conjointement avec la Princeſſe à la Dignité Royale, pour la poſſeder entre eux deux comme par indivis, en ſorte neantmoins que tout le pouvoir Royal reſteroit entre les mains du Roy, mais pour l'exercer au nom & en l'authorité de l'un & de l'autre. Aprés quoy les deux Chambres travaillerent conjointement à compoſer le corps d'une Déclaration authentique, par laquelle aprés avoir expoſé les raiſons de ce qu'ils avoient fait, tant à l'égard du Roy Jacques que l'on avoit jugé n'être plus Roy, qu'à l'égard de leur Aſſemblée, qu'ils montrent ne s'être tenuë, ni convoquée que dans l'ordre de leurs Loix, & marqué en outre les juſtes & néceſſaires Réglemens qu'ils avoient formez, pour prévenir les malheurs de la Tyrannie, & pour affermir leur Religion & leur Liberté, ſelon le pouvoir que tout Peuple libre en a, & l'exemple de leurs Ancêtres, ils dénoncent, & font ſçavoir à toute la Terre, que nôtre grand Prince & nôtre grande Princeſſe d'Orange ſont, comme ils les déclarent, Roy & Reine d'Angleterre, obligeant tous ceux qui ſont, ou qui entreront cy aprés dans les Charges de leur prêter le Serment de fidelité, & de le leur prêter ſous une certaine forme qui eſt preſcrite. Ce fut le 22. de Février que cette grande réſolution fut achevée. Elle répandit une joye generale dés qu'on la ſçût; mais cette joye fut infiniment augmentée quand on vit le meſme jour arriver cette grande Princeſſe à quatre heures du ſoir. Nôtre grand Prince avoit eſté prié par la Convention de procurer ſon tranſport en Angleterre, & il l'avoit diſpoſée à paſſer la Mer; aimée, pleurée, regrettée, & benie enfin par les Hollandois, qui luy venoient dire en ſoûpirant, qu'ils prioient Dieu qu'*Elle fut autant aimée en Angleterre comme Elle l'eſtoit en Hollande*. Cette Charmante Princeſſe avoit quitté ce bon Peuple la larme à l'œil, & eſtoit partie de la Brille le 20. du meſme mois ſous l'eſcorte de douze grands Vaiſſeaux que nôtre grand Prince avoit envoyé d'Angleterre pour la conduire. Les vœux des deux Nations s'uniſſoient en Elle; ceux des Hollandois la ſuivant aprés ſon départ comme pour la garder, & ceux des Anglois luy venant comme au devant pour la conduire au port, & du port au Thrône. Auſſi ſa navigation fut elle heureuſe; puis qu'arrivant à Withal dés le 22. Elle vint accomplir les vœux du Peuple, & comme achever l'ouvrage du repos public. En effet comme il n'y avoit plus rien, aprés l'arrivée de cette grande Princeſſe, qui pût differer l'execution de ce qui venoit d'eſtre arrêté pour la tranquillité publique, les deux Chambres s'aſſemblerent dés le lendemain, & vinrent à Withal dans la grande Salé des feſtins, où ils préſenterent à nôtre grand Prince & à nôtre grande Princeſſe, la Déclaration qu'ils avoient dreſſée, les ſuppliant de conſentir à tout ce qu'ils avoient jugé à propos d'y reſoudre, & d'y établir pour l'affermiſſement du repos public, & de permettre en conſequence qu'on les proclamât pour Roy & pour Reine d'Angleterre, de France, & d'Irlande ſelon les formes dûës & accoûtumées : à quoy leurs Alteſſes ayant conſenti, & accepté la

Couronne avec cette referve toutefois de la part du Prince, qu'il pourroit paffer la Mer pour venir au fecours des Provinces, quand la neceffité le demanderoit. On fixa le jour fuivant 24. de Février pour folemnifer cette Proclamation; ce qui fut executé dans l'ordre accoûtumé, mais avec une Pompe & une joye fur tout extraordinaire. Le Peuple renouvella fes acclamations, & donna par tout le Royaume des preuves de fa grande fatisfaction dans les marques d'une joye que l'on ne fçauroit décrire. En memoire de la Proclamation de leurs Alteffes, ont fit frapper les Medailles fuivantes.

Le Roy Guillaume en Bufte avec une Couronne de Laurier, & cette Infcription autour.

WILHELMUS DEI GRATIA ANGLIÆ, SCOTIÆ, FRANCIÆ ET HIBERNIÆ REX.

Guillaume par la Grace de Dieu Roy d'Angleterre, d'Ecoffe, de France & d'Irlande.

REVERS

L'Arche de l'Alliance pofée fur un pied d'eftal; fur elle eft infcrit le Nom de *Jehova*: au deffous on découvre l'Idole de Dagon tombant à l'approche de l'Arche; c'eft pour marquer que la Reformation repréfentée par l'Arche fur laquelle eft écrit le vray Nom de Dieu, triomphe du Papifme figuré icy par l'Idole de Dagon donnant du nez en Terre; parce que comme ce faux Dieu, que les Payens adoroient comme le Dieu de la Mer & des Peuples maritimes, eftoit tombé par terre & s'eftoit brifé dans fon propre Temple à la préfence de l'Arche que l'on y avoit amenée par derifion; de mefme le Roy Jacques, le grand Heros du Papifme, & comme la Divinité des Peres Jefuïtes, eftoit tombé de fon propre Thrône à l'approche de nôtre grand Prince, qui tout foible & tout méprifable qu'il leur paroiffoit, eftoit pourtant en la main de Dieu un inftrument de confufion pour eux, comme l'Arche en avoit efté un pour ces Infideles. On void à côté des Perfonnes avec un air étonné, pour figurer la furprife & l'étonnement, où fe virent les Jefuïtes & tout le party du Roy Jacques en Angleterre, quand ils le virent tombé de la forte. De la gueule de Dagon fortent des rats & des fouris qui vont contre eux, pour leur marquer que d'une telle Divinité que celle-là fabriquée au party Romain en Angleterre par les Peres Jefuïtes avec un fi grand fafte, & par un efprit d'illufion, de malignité, d'envie, de fuperftition, de Domination, & de perfecution, il ne pouvoit fortir, non plus que de la montagne qui vouloit enfanter, que des fouris, & qu'eux en particulier n'en devoient attendre non plus que les Philiftins que fleaux du Ciel, & qu'une honteufe confufion dans leur efperance temeraire. Autour font ces mots.

HOSTES

GUILLAUME III.

HOSTES INTER TAMEN ARCA TRIUMPHAT.
L'Arche captive au milieu de ses ennemis triomphe d'eux.

Dans l'Exergue.

REFORMATIONE SALVA MAGNA BRITANNIA RESTITUITUR.

La Reformation est sauvée, & le Royaume de la Grand Bretagne se rétablit.

En voicy une seconde où le Roy Guillaume paroit en Buste comme auparavant avec une Couronne de Laurier, & ces paroles autour.

WILHELMUS III. DEI GRATIA, ANGLIÆ, SCOTIÆ, FRANCIÆ, ET HIBERNIÆ REX.

Guillaume III. par la Grace de Dieu Roy d'Angleterre, d'Ecosse, de France & d'Irlande.

REVERS

D'Un côté paroit le Roy armé; & de l'autre une Fortune, qui le pied sur une boule, & une Couronne à la main, cherche & poursuit nôtre grand Conquerant afin de le couronner. Autour on lit ces mots.

QUI SEMPER FORTIS, TANDEM FELIX.

Toûjours Heros, & enfin heureux.

Dans l'Exergue.

INVINCIBILI HEROI LIBERTATIS EUROPÆ RESTAURATORI AN. M. DC. LXXXIX.

A l'invincible Heros qui a rétabli la Liberté de l'Europe l'an 1689.

Les Medailles qui suivent ont esté frappées pour la Reine dans la mesme occasion & pour le mesme but.

La Reine en Buste avec ces paroles autour.

MARIA DEI GRATIA MAGNÆ BRITANNIÆ, FRANCIÆ ET HIBERNIÆ REGINA.

Marie par la Grace de Dieu Reine de la Grand Bretagne, de France & d'Irlande.

REVERS

La mesme Princesse débout vestuë en Pallas, & tenant en sa main trois Couronnes avec ces mots à l'entour.

DIGNA QUÆ LONGE PLURES.

Beaucoup moins qu'Elle n'en merite.

Dans l'Exergue.

MARIA ANGL. II. NOMINE VIRTUTE PRIMA, ANNO M. DC. LXXXIX.

Marie Reine d'Angleterre seconde de ce Nom, mais la premiere des Reines si l'on regarde la Vertu 1689.

Dans cette seconde Medaille le Buste de la Reine paroît comme dans la precedente avec cette Inscription.

MARIA DEI GRATIA MAGNÆ BRITANNIÆ, FRANCIÆ ET HIBERNIÆ REGINA.

Marie par la Grace de Dieu Reine de la Grand Bretagne, de France & d'Irlande.

R E-

GUILLAUME III.

REVERS

Une Aigle dans son nid d'où elle fait tomber un faux Aiglon; vis à vis du nid paroit un Soleil que cette Aigle regarde fixement, estendant ses Aîles de ce côté là pour éprouver ses petits aux Rayons du Soleil l'emblême ordinaire de la Verité. Autour cette Devise.

NON PATITUR SUPPOSITITIOS.

Elle n'en souffre point de bâtards.

Dans l'Exergue.

EXCELLENTISSIMÆ PRINCIPISSÆ JUS REGNI VINDICATUM EJECTO SUPPOSITITIO M. DC. LXXXIX.

L'Enfant bâtard est rejetté, & la Couronne asseurée à cette excellente Princesse à qui elle appartient de droit l'an 1689.

Jusqu'icy l'Assemblée n'avoit porté que le titre de *Convention* pour l'absence, la suspension, ou l'extinction, tout comme on voudra parler, de la Dignité Royale, à laquelle le droit de faire & de convoquer *des Parlemens*, est attaché en Angleterre selon les Loix : mais dés que le Thrône fut rempli & reconnu occupé par la Proclamation de leurs Altesses, *la Convention*, fut changée en Parlement par leurs Majestez. Le mesme jour 24. de Février le Roy se rendit avec ses habits Royaux dans la Chambre des Seigneurs à Westminster, où ayant fait appeller les Communes. ,, Il leur dit à tous ; qu'il estoit fort sensible ,, aux marques qu'ils venoient de luy donner de leur affection, & de la confiance ,, qu'ils avoient en luy ; qu'il estoit venu pour les asseurer qu'il ne feroit jamais ,, rien pour diminuer la bonne opinion qu'ils avoient conçuë de luy ; que les be,, soins de l'estat estoient grands, estant nécessaire d'armer puissamment par Mer ,, & par Terre ; que la Hollande attaquée par le Roy de France s'attendoit à leur ,, secours ; que l'Irlande estoit dans un estat perilleux ; que les dangers où elle se ,, trouvoit estoient devenus trop grands pour y remedier par des methodes len,, tes, & que puis que leurs soins l'avoient élevé à la Dignité Royale il les prioit ,, de le mettre en estat de satisfaire à la fin de cette Dignité, qui est la Gloire de ,, la Nation, & la tranquilité publique. Peu aprés les deux Chambres présenterent ,, une Addresse au Roy, portant qu'estant informez que les Ennemis de sa Ma,, jesté, & de la Nation faisoient de grands & malicieux efforts, pour renverser ,, leur Religion, & leurs Loix, ils venoient asseurer sa Majesté, qu'ils estoient ,, résolus unanimement de la défendre, & de l'assister de leurs biens & de leurs ,, vies dans le juste dessein qu'Elle avoit formé de secourir les Alliez ; de reduire ,, l'Irlande à son obéïssance ; & de maintenir la Religion Protestante dans les trois ,, Royaumes. Et sur ce que le Roy leur remonstra sur le champ par un discours sensé & éloquent, qu'il estoit nécessaire d'armer pour cet effet diligemment, & d'avoir de l'argent tout prêt pour satisfaire à des besoins si pressans, le Parlement luy accorda six cens mille livres Sterling pour dédommager les Estats Generaux, & prés de six Millions pour l'expedition que le Roy méditoit de faire en Irlande. En ce mesme temps les Estats Generaux des Provinces-Unies ayant reçû une lettre écrite de la propre main du Roy, qui leur faisoit part de son avenement à la Couronne, l'en envoyerent féliciter de leur part par des Députez qui furent reçûs des Anglois avec des marques d'honneur & de distinction trés particuliere ; les Troupes qui leur appartenoient furent renvoyées. On fit en diligence de nouvelles levées pour les remplacer : Commiſſions furent expediées pour la levée de trois Regimens François ; dix-huit Mylords s'offrirent d'en lever chacun un à leurs propres dépens ; on prit des meſures pour équipper une Flotte de ſoixante grands Vaiſſeaux, & en attendant, l'Admiral Herbert eut ordre de croiſer avec une Eſcadre de trente Navires ſur les Côtes d'Irlande, pour empêcher la France, s'il eſtoit poſſible, d'y faire tranſporter aucun ſecours.

1689.   Cependant le temps marqué pour la Convention d'Ecoſſe eſtoit arrivé, & les Eſtats de ce Royaume s'eſtoient aſſemblez à Edimbourg. Deux lettres remarquables leur furent renduës preſque dans le meſme temps, l'une de la part du Roy Jacques, écrite de ſon bord le Vaiſſeau S. Michel le 16. de Mars; & l'autre de la part du Roy Guillaume. „ Le premier leur marquoit qu'ayant eſté adverti
„ qu'ils s'eſtoient aſſemblez à Edimbourg par l'authorité, & ſous la direction de
„ l'Uſurpateur de l'Angleterre, il avoit jugé à propos de leur écrire, pour les
„ prémunir contre la tentation de l'exemple, en les exhortant de ne point man-
„ quer à la fidelité qui luy eſtoit dûë, & à laquelle il s'eſtoit toûjours confié ; qu'il
„ les aſſeuroit d'un ſecours auſſi prochain qu'il ſeroit vigoureux & efficace ; qu'auſſi-
„ tôt il ne manqueroit pas d'aſſembler un Parlement, où ce qui concerne leur Re-
„ ligion & leurs Loix ſe regleroit tout-à-fait ſelon leurs deſirs ; qu'il pardonnoit à
„ tous ceux qui embraſſeroient ſon party avant que le mois finit, mais qu'il pour-
„ ſuivroit les autres ſelon la rigueur des Loix comme des Traîtres & des Rebelles
„ à leur Souverain legitime ; qu'au reſte il deſiroit d'apprendre au plûtôt leur ré-
„ ſolution, & le répentir de ceux qui avoient mepriſé ſon pouvoir Royal. Pour ce qui eſt de la lettre du Roy Guillaume. „ Aprés avoir remercié la Nation
„ Ecoſſoiſe, de la confiance qu'elle luy avoit témoignée en le chargeant du ſoin
„ d'adminiſtrer les affaires Publiques, juſqu'au jour de cette Aſſemblée qui la fai-
„ ſoit voir comme en un Corps, il les conjuroit de prendre garde aux terribles
„ dangers où leurs Loix, leur Religion & leur Liberté avoient eſté expoſées par
„ les entrepriſes des Papiſtes : qu'il n'avoit paſſé dans les Iſles Britanniques que
„ pour les défendre & les rétablir ; que Dieu tout-puiſſant avoit juſques-là beni
„ ſon deſſein ; que ſe voyant par un effet tout particulier de la bonté Divine
„ délivrez du pouvoir Tyrannique & Arbitraire, & aſſemblez comme ils eſtoient
„ ſans geſne ni contrainte, mais dans l'eſtat d'une Aſſemblée juſte & libre, telle
„ qu'ils la deſiroient depuis ſi long-temps, c'eſtoit à eux maintenant à donner à
„ leurs Loix, & à leur Religion des fondemens ſi ſolides qu'il ne fut plus poſſible
„ à perſonne de les ébranler ; qu'il les exhortoit de s'unir parfaitement avec l'An-
„ gleterre pour concourir enſemble plus efficacement à donner à l'Egliſe auſſi bien
„ qu'à l'Eſtat une Paix durable ; que pour luy il ſeroit toûjours prêt de répandre
„ ſon ſang pour défendre l'une & l'autre, & pour maintenir la Gloire & les Libertez
„ des deux Nations. Les effets que ces deux lettres produiſirent furent bien differens ; celle du Roy Jacques n'eût point de réponſe ; on arrêta meſme celuy qui l'avoit preſentée à la *Convention*. Le Duc de Gourdon Papiſte, qui commandoit pour luy dans le Château d'Edimbourg, fut ſommé d'en rendre les Clefs, & ſur le refus qu'il en fit, il fut proclamé ſur le champ Traître & Rebelle. Mais on réſpondit à nôtre grand Roy Guillaume le 3. d'Avril. „ Que tout le Royau-
„ me d'Ecoſſe aſſemblé en un Corps dans cette Convention, reconnoiſſant les
„ grands & extrêmes perils, où il avoit veu ſes Loix, ſa Religion, & ſa Liberté,
„ par les entrepriſes injuſtes de la Tyrannie, & du Papiſme, qu'il avoit le bonheur
„ de ne craindre plus, offroit de ſinceres & profondes actions de graces à ſa Ma-
„ jeſté, comme à celuy qu'ils reconnoiſſoient avoir eſté aprés Dieu leur grand
„ & unique Liberateur ; qu'ils le prioient de leur continuer ſes Soins & ſa Prote-
„ ction dans l'Adminiſtration des affaires Publiques comme il avoit fait auparavant ;
„ & qu'à l'égard de l'union avec l'Angleterre, & des autres Chefs que ſa Majeſté

leur

GUILLAUME III.

„ leur recommandoit, ils tâcheroient de prendre dans peu des résolutions dont
„ Elle auroit sujet d'être satisfaite : En effet peu de temps après, cette fameuse
Assemblée des Estats de l'Ecosse se conformant à la Convention d'Angleterre, déclara le Royaume Vacant, & Jacques II. déchû de la Royauté. 1. Parce qu'il estoit Papiste. 2. Que sans avoir presté les Sermens requis par l'ordre des Loix il s'estoit attribué le pouvoir Royal. 3. Qu'il avoit exercé ce pouvoir d'une maniere violente & Tyrannique. 4. Et qu'enfin il avoit violé les Loix de l'Estat, & tâché de renverser toutes les Constitutions du Royaume. Surquoy aprés avoir dressé pour la seureté des Loix & de la Religion à l'avenir plusieurs Reglemens, semblables à peu prés à ceux de la Convention d'Angleterre, si l'on excepte l'Article de l'abolition de l'Episcopat qui ne plaist point aux Peuples de ce Royaume, on résolut d'un commun accord de proclamer le Roy Guillaume, & la Reine Marie pour Roy & Reine d'Ecosse, ce qui fut executé le 21. d'Avril, avec les Ceremonies accoûtumées.

Le mesme jour on solemnisa en Angleterre le Couronnement public de leurs Majestez; la Ceremonie s'en fit à Westminster avec une grande Pompe; il y eut un concours extraordinaire des Peuples & d'estrangers qui s'estoient rendus là, non pour regarder l'action simplement, mais pour la benir. C'estoit à l'Archevêque de Cantorbery comme Primat d'Angleterre à officier dans ce Cas illustre. Mais s'en estant excusé sur un vain scrupule, l'Evêque de Londres suppléa à son défaut, & eut l'honneur de poser la Couronne Imperiale de la Grand Bretagne, sur deux Têtes les plus dignes qu'il y eut jamais d'estre couronnées. Le Roy fit jetter au Peuple plusieurs Medailles que l'on avoit frappées en memoire de cette Auguste Ceremonie : mais il en fit distribuer une de trois livres Sterling, à chacun des Membres du Parlement par distinction. Pour bien ranger toutes les Medailles qui ont été frappées sur ce grand Sujet; on peut les rapporter à quatre especes; celles qui marquent simplement la Ceremonie; celles qui taxent la chûte du Roy Jacques & la Tyrannie de son regne; celles qui expriment la douceur du Gouvernement présent, & l'heureux estat de la Religion & de l'Eglise; & enfin celles que l'on a frappées pour l'honneur du Prince personnellement.

Voicy les Medailles du premier ordre. Le Roy & la Reine en Buste, avec cette Inscription autour.

GUILLELMUS ET MARIA DEI GRATIA MAGNÆ BRITANNIÆ, FRANCIÆ ET HIBERNIÆ REX ET REGINA.

Guillaume & Marie par la Grace de Dieu Roy & Reine de la Grand Bretagne, de France & d'Irlande.

REVERS

Le Roy & la Reine à genoux fous un Dais, tenant tous deux de la main un Bâton Royal; l'Evêque de Londres les couronne; & autour on lit cette Infcription.

IDOLOLATRIA, SERVITUTE PROFLIGATIS, RELIGIONE, LEGIBUS, LIBERTATE RESTITUTIS.

Ils ont chaffé de ces Royaumes l'Idolatrie, & la Tyrannie, & y ont rétabli la Religion, les Loix & la Liberté.

Dans l'Exergue

1689.

La Seconde fait voir le Roy en Bufte couronné de Laurier, avec cette Infcription autour.

WILHELMUS III. DEI GRATIA ANGLIÆ, SCOTIÆ, FRANCIÆ, ET HIBERNIÆ REX, DEFENSOR FIDEI.

Guillaume III. par la Grace de Dieu Roy d'Angleterre, d'Ecoffe, de France & d'Irlande, Défenfeur de la foy.

REVERS

La Reine en Bufte avec ces paroles.

MARIA DEI GRATIA ANGLIÆ, SCOTIÆ, FRANCIÆ, ET HIBERNIÆ REGINA.

Marie par la Grace de Dieu Reine d'Angleterre, d'Ecoffe, de France & d'Irlande.

Sur l'Epaiffeur de la Medaille.

CORONATI WESTMONASTER, DIE XI. APRILIS 1689.

Couronnez à Weftmunfter le 11. Avril 1689.

GUILLAUME III.

En voicy une troisiéme. Le Roy en Buste, & ces paroles.

GUILLELMUS III. DEI GRATIA ANGLIÆ, FRANCIÆ ET HIBERNIÆ REX.

Guillaume par la Grace de Dieu Roy d'Angleterre, de France & d'Irlande.

REVERS

La Reine en Buste; à côté d'Elle une Couronne, & autour cette Inscription.

MARIA DEI GRATIA ANGLIÆ, SCOTIÆ, FRANCIÆ ET HIBERNIÆ REGINA.

Marie par la Grace de Dieu Reine d'Angleterre, d'Ecosse, de France & d'Irlande.

Voicy les Medailles du second ordre, qui marquent la chûte du Roy Jacques, celle de sa Tyrannie, & de ses desseins.

Sur la premiere le Roy Guillaume est en Buste, couronné de Laurier comme un Vainqueur, avec cette Inscription.

GUILLELMUS III. DEI GRATIA BRITANNIARUM REX, RELIGIONIS LIBERTATISQUE RESTITUTOR.

Guillaume III. par la Grace de Dieu Roy de la Grand Bretagne, Restaurateur de la Religion, & de la Liberté.

HISTOIRE DU ROY

REVERS

LEs Armes d'Angleterre, ayant pour Tymbre un bel Oranger, la Foudre qui tombe, & qui épargnant l'Oranger, va fondre des deux côtez sur le Roy Jacques & le Pere Peters; le Roy Jacques est dépeint fort épouvanté, tenant sa Couronne d'une main, & laissant tomber son Sceptre de l'autre. Le Pere Peters plus résolu tient entre ses bras le Prince de Galles, à qui on a mis un petit Moulin à vent à la main, pour faire entendre la naissance suspecte de ce petit Prince, que l'on publia d'abord être Fils d'un Meüsnier; le Roy Jacques & le Jesuite ont à leurs pieds chacun un Serpent qui fuit avec eux, pour marquer que l'envie, les fourberies, l'esprit de fureur & d'obliquité, qui les avoient accompagnez dans l'Angleterre s'enfuient avec eux. De plus le Pere Jesuite a sur le Dos un Ciboire, où les Prêtres renferment les Hosties Consacrées, & au dessus on lit ces mots.

ITE MISSA EST.
Vous pouvez vous retirer, la Messe est finie.

Paroles qui sont les dernieres que les Prêtres prononcent quand ils ont achevé la Messe, & qui ont pour but de marquer icy que des gens faits comme le Roy Jacques & le Pere Peters, Papistes, & Persecuteurs des Reformez, peuvent sortir de l'Angleterre, parce que le Papisme y est abbatu, & la Messe finie pour eux dans ce beau Royaume.

Dans l'Exergue.

**INAUGURATIS MAJESTATIBUS, EJECTO PAPATU, EX-
PULSA TYRANNIDE, BRITANNIA FELIX
M. DC. LXXXIX.**

Leurs Majestez ayant été inaugurées, le Papisme chassé, & la Tyrannie détruite, la Grand Bretagne demeure heureuse 1689.

La Seconde représente le Roy & la Reine en Buste, avec cette Inscription.

**GUILLELMUS ET MARIA BRITANNORUM REX
ET REGINA.**

Guillaume & Marie, Roy & Reine de la Grand Bretagne.

GUILLAUME III.

REVERS
La Foudre qui éclatte, & renverse en tombant des Croix, un Joug, des Calices, & des Ciboires, d'où sortent des Serpens, avec ces paroles.

HÆC SUMMA DIES EST.
C'est icy le grand jour.

Pour dire que dans cette journée solemnelle, où le Roy & la Reine d'Angleterre sont couronnez, l'Angleterre brise les fers dont le Papisme la vouloit charger, & abolit les Ceremonies de l'Eglise Romaine.

Dans l'Exergue
INAUGURATIS MAJESTATIBUS XI. APRIL. M. DC. LXXXIX.
Leurs Majestez ont esté couronnées le 11. d'Avril 1689.

Sur la troisiéme le Roy & la Reine sont de même, & avec la même Inscription.

GUILLELMUS ET MARIA BRITANNORUM REX ET REGINA.
Guillaume & Marie, Roy & Reine de la Grand Bretagne.

HISTOIRE DU ROY

AU REVERS

Un Phaëton qui conduit le char du Soleil, & que Jupiter foudroye, avec cette Devife.

NE TOTUS ABSUMATUR.
De peur que tout ne foit confumé.

Dans l'Exergue

INAUGURATIS XI. APRIL. M. DC. LXXXIX.
Leurs Majeftez ont été courounées le 11. d'Avril 1689.

En voicy une quatriéme affez finguliere. Le Roy & la Reine encore en Bufte.

GUILLELMUS ET MARIA BRITANNORUM REX ET REGINA.
Guillaume & Marie, Roy & Reine de la Grand Bretagne.

REVERS

LA belle Andromede attachée à un Rocher fur le bord de la Mer; c'eft la figure de l'Angleterre fous le regne du Roy Jacques; un Monftre Marin s'avance pour l'engloutir, c'eft le Papifme ou les Ecclefiaftiques du party Romain, qui munis des armes & de l'authorité de ce Roy feduit, fe vantoient hautement de ramener ce Royaume à l'obéïffance du S. Siege, & d'y aneantir bien-tôt la Reformation; là-deffus s'avance Perfée, homme de cœur, monté fur le cheval Pegafe, qui délivre Andromede de fes fers & de la fureur du Monftre Marin, & obtient pour fa recompenfe cette belle femme en Mariage; ce qui reprefente agreablement l'expedition de nôtre grand Prince d'Orange pour délivrer l'Angleterre, & le don qu'elle a comme fait d'elle mefme à ce genereux Prince, en l'élevant à la Dignité Royale pour le recompenfer de fes exploits. Autour on lit ces mots.

PRETIUMQUE ET CAUSA LABORIS M. DC. LXXXIX.
Elle eft la recompenfe & la Caufe de mon travail.

GUILLAUME III.

La Cinquiéme Medaille fait encore voir le Roy & la Reine en Buste, avec la mesme Inscription.

GUILLELMUS ET MARIA BRITANNORUM REX ET REGINA.

Guillaume & Marie, Roy & Reine de la Grand Bretagne.

REVERS

UNe Aigle dans son nid, d'où elle précipite un faux Aiglon ; vis à vis de l'Aigle paroît un Soleil, l'emblême de la Verité. Cette Aigle se tourne de son côté estendant ses Aîles, & éprouve ses petits à ses Rayons, en remarquant ceux qui peuvent les regarder & les soûtenir sans se peiner ; autour est cette Inscription.

NON PATITUR SUPPOSITITIOS.

Elle n'en souffre point de bâtards.

Dans l'Exergue

JURE REGNI VINDICATO M. DC. LXXXIX.

Le Droit de la Couronne estant delivré 1689.

Le but de cette Medaille est de marquer que le prétendu Prince de Galles, n'ayant pû soûtenir l'épreuve de la Verité, le Parlement d'Angleterre représenté par une Aigle dans son nid, l'a précipité du haut en bas du Throne que la fourberie luy destinoit, & mis en sa Place les vrais & legitimes Heritiers de la Couronne, sçavoir le Roy Guillaume & la Reine Marie.

Cette Sixiéme Medaille fait au mesme sujet. D'un côté paroissent deux Femmes qui se donnent la main en signe d'Alliance ; l'Une représente *l'Angleterre*, & a sur la Tête une Couronne, avec un habillement Royal, & à son côté un Escu couronné, portant ses Armes, & un Chapeau élevé sur une Colomne, pour marque de sa Liberté : l'Autre qui représente *la Hollande*, paroît vestuë en Guerriere ; elle a un Casque, une Epée, un Bouclier, autour duquel on lit la Devise d'Angleterre, *Honni soit qui mal y pense*, pour marquer que les Estats Generaux en assistant nôtre grand Prince d'Orange de leurs Vaisseaux, de leurs Troupes, & de leur argent dans l'expedition d'Angleterre, n'avoient point en vûë de conquerir le Royaume, mais d'y rétablir la Liberté. Autour on lit.

MAGNÆ

HISTOIRE DU ROY

MAGNÆ BRITANNIÆ EXPEDITIONE NAVALI LIBERTAS RESTAT ASSERTA.

La Liberté de la Grand Bretagne demeure entiérement asseurée par l'expedition Navale des Hollandois.

Dans le lointain

L'Ocean, où paroissent de tous côtez plusieurs grands Vaisseaux.

REVERS

UNe Aigle qui a son nid sur un Rocher inaccessible; battu de tous côtez par les vagues de la Mer; c'est le Parlement d'Angleterre remparé dans son Isle que l'Ocean environne. Sur cette Mer paroit une grande Flotte; c'est la Flotte de nôtre grand Prince d'Orange qui s'avance vers cette Isle pour soûtenir le Droit & la Verité, suivant la Devise de son Pavillon, *je maintiendray*. Cette Aigle trouve dans son nid un faux Aiglon qui s'y estoit fourré; & l'ayant précipité de haut en bas, les vrays petits Aiglons viennent le battre; autour est cette Inscription.

EJICIT INDIGNUM.
Il rejette un Indigne.

Ce qui marque trés bien l'acte de justice que le Parlement d'Angleterre a exercé dans la réjection du petit Prince de Galles. Le tout est renfermé dans un Cercle d'Orange qui forme le bord de la Medaille.

Voicy les Medailles du troisiéme ordre sur le Couronnement de leur Majestez, sçavoir celles qui marquent plus directement le bonheur de l'Estat & de l'Eglise, sous un Gouvernement si juste & si desiré.

La Premiére.

Le Roy tout seul en Buste avec une Couronne de Laurier; & cette Inscription.
WILHELMUS III. DEI GRATIA, ANGLIÆ, SCOTIÆ, FRANCIÆ, ET HIBERNIÆ REX.

Guillaume III. par la Grace de Dieu Roy d'Angleterre, d'Ecosse, de France & d'Irlande.

GUILLAUME III.

REVERS

LE mesme Roy sur le Thrône avec ses habits Royaux, assis sur un Siege à l'antique, & tenant à la main le Bâton Royal; de l'autre main il rend aux Villes, Bourgs, & Univerfitez les Chartes & les Privileges qui leur avoient esté oftez par le Roy Jacques. On void dans la Perfpective plufieurs perfonnes qui s'en retournent avec ces mefmes Privileges que le Roy leur a rendus ; dans le fonds de la Perfpective on voit le Palais Royal de Withal, & autour on lit cette Infcription.

REDDITIS PRIVILEGIIS.
Les Privileges ont esté rendus.

Dans l'Exergue

REDIVIVÆ LIBERTATI.
A la Liberté qui est revenuë.

La Seconde.

Celle-cy a esté frappée à Amfterdam. Une Femme qui est la Grand Bretagne ; cette Femme tient de la main droite une Lance au haut de laquelle est un Chapeau. De la gauche elle s'appuye sur un Livre posé sur un Autel, où l'on void fept Flêches & une Rofe, ce qui marque l'union de l'Angleterre avec les Provinces-Unies ; il y a cette Infcription autour.

HANC TUEMUR, HAC NITIMUR.
Nous défendons l'Une, & nous nous appuyons sur l'Autre.

REVERS

Les Armes du Prince couronné de la Couronne Britannique, avec cette Inscription.

BRITANNIÆ, LIBERTATIS, RELIGIONIS, JUSTITIÆ, LEGUM VINDEX M. DC. LXXXIX.

Le Protecteur de la Grand Bretagne, de la Liberté, de la Religion, de la Justice & des Loix.

La Troisiéme.

EN voicy une où la Ceremonie & le fruit du Couronnement de leurs Majestez, paroissent d'une maniere plus complete & plus expliquée que dans la précedente. Les Portraits du Roy Guillaume & de la Reine Marie; l'Un environné d'une Cartouche faite de branches d'Oranger, chargées d'Orange; l'Autre dans une Cartouche faite avec des Rameaux de Rosier, où l'on void des Roses bien fleuries. Ces deux Bustes sont posez sur deux Cornes d'abondance, & sur un Livre ouvert, au bas duquel on lit, *Leges Angliæ*, les Loix d'Angleterre ; plus haut l'on void un Oeil environné de Rayons, pour figurer la Providence qui a concouru à ce grand Ouvrage du Couronnement de leurs Majestez; vers le Portrait du Roy on lit ces mots, *Salus Regni*, le Salut du Royaume ; vers celuy de la Reine, *Felicitas publica*, la Felicité des Peuples ; on voit au bas entre les deux Portraits un Chapeau qui est le symbole de la Liberté.

Autour

AUREA POMA MIXTA ROSIS.

Les Oranges & les Roses jointes ensemble.

Dans l'Exergue

DEFENSORES FIDEI ANGLICANÆ WILHELMUS HENRICUS ET MARIA MAGNÆ BRITANNIÆ REGES.

Les Défenseurs de la foy Anglicane, Guillaume Henry & Marie Roy & Reine d'Angleterre.

R E.

GUILLAUME III.

REVERS

Un grand Chefne abbatu, dont les branches font coupées, & à la Place de cet Arbre, un Oranger verdoyant chargé de fleurs & de fruits, avec cette Infcription.

MELIOREM LAPSA LOCAVIT.
Par fa chûte il en a mis en fa Place un infiniment meilleur.

Dans le lointain une Mer toute couverte de Vaiffeaux.

Dans l'Exergue
INAUGURATIONE MAJESTATUM PERACTA LONDINI XI. APRILIS M. DC. LXXXIX.
L'inauguration de leurs Majeftez fut faite à Londres le 11. du mois d'Avril 1689.

La Quatriéme.

Le Roy Guillaume & la Reine Marie en Bufte comme auparavant, avec cet Hemiftiche pour Infcription.

MAJUS PAR NOBILE SCEPTRIS.
Ils font plus illuftres par leurs grandes qualitez que par leurs Sceptres.

Dans l'Exergue
GUILLELMUS HENRICUS, ET MARIA PRINCIPES AURIACI MAGNÆ BRITANNIÆ REGES M. DC. LXXXIX.
Guillaume Henri & Marie Prince & Princeffe d'Orange, Roy & Reine de la Grand Bretagne.

REVERS

On voit la mesme chose absolument que ce qui est contenu sur le premier côté de la Medaille sixiéme du second ordre; ce qui a esté expliqué.

La Cinquiéme.

Le Roy & la Reine en Buste, avec ces mots.

WILLIAM REX, MARIA REGINA.

Guillaume Roy, & Marie Reine.

REVERS

LE Roy tenant de sa main droite l'Eglise appuyée sur son cœur; & de la gauche le Chapeau de la Liberté élevé en l'air; sous le Roy Guillaume paroît la Religion representée par une Femme. A chacun de ses côtez on voit une Caisse d'Oranges: celle de la droite qui est ronde a un Escusson aux armes d'Orange, & représente la Principauté de ce nom, & celle de la gauche qui est ovale a aussi un Escusson aux armes d'Angleterre, & représente ce Royaume. Autour il y a ces mots.

GUILLAUME III.

HOC FLORET IN HORTO.
C'est dans ce jardin qu'elle fleurit.

Pour marquer que la Religion & la Liberté fleuriront à Orange & en Angleterre, sous le Gouvernement heureux de leurs Majestez.

La Sixiéme.

Le Roy & la Reine en Buste, avec ces mots.
GUILLELMUS ET MARIA REX ET REGINA BRITANNIÆ.
Guillaume & Marie Roy & Reine de la Grand Bretagne.

REVERS

LE Genie de l'Angleterre assis sur sa Nef. De la droite il tient une Croix avec une Balance; & de la gauche une Corne d'abondance avec une Pique au bout de laquelle est le Chapeau de la Liberté; de ses pieds il foule des chaisnes, des entraves, & autres symboles de la Tyrannie; au milieu s'élevent un Oranger & un Rosier entrelassez, & unis par la Couronne d'Angleterre; autour cet Hexametre.

AUREA FLORIGERIS SUCCRESCUNT POMA ROSETIS.
Les Pommes d'or croissent communement avec les Roses fleuries.

Dans l'Exergue

SECURITAS BRITANNIÆ RESTITUTA.
La Seureté Britannique rétablie.

Et sur le Cercle exterieur.

EXTERNO MALE PRESSA JUGO BRITANNIA PRIDEM
IN PRISCAS ITERUM RESPIRAT LIBERA LEGES.
La Grand Bretagne opprimée cy-devant sous le joug de la Tyrannie, commence à respirer la Liberté par le Rétablissement des Anciennes Loix.

HISTOIRE DU ROY

On voit affez que le but de cette Medaille eft de marquer que fous le Gouvernment de leurs Majeftez, la Tyrannie fera abbatuë dans l'Angleterre, & que la Religion, la Juftice, la Liberté & l'Abondance y refleuriront.

Voicy enfin le 4. Ordre des Medailles, ce font celles qui font directement & perfonnellement pour la Gloire de nôtre grand Roy.

La Premiere eft tout-à-fait finguliere. Le Roy Guillaume eft en Bufte, avec ces mots.

WILheLMUs tertIUs angLIæ VInDeX.

Guillaume III. le Liberateur de l'Angleterre.

Or il faut remarquer que les Lettres qui compofent cette Infcription, eftant confiderées comme ayant force de nombre felon l'Ancien ufage Romain, fourniffent précifément mille fix cens quatre-vingt-neuf, qui eft l'année ou nôtre grand Prince, s'eft veu couronner. En voicy la preuve & le Calcul.

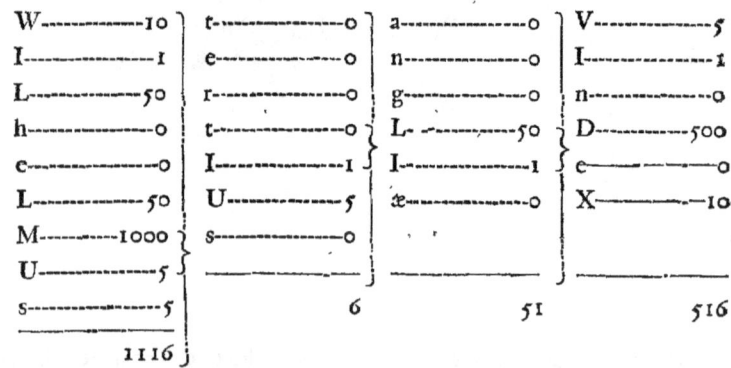

W ----- 10	t ----- 0	a ----- 0	V ----- 5
I ----- 1	e ----- 0	n ----- 0	I ----- 1
L ----- 50	r ----- 0	g ----- 0	n ----- 0
h ----- 0	t ----- 0	L ----- 50	D ----- 500
e ----- 0	I ----- 1	I ----- 1	e ----- 0
L ----- 50	U ----- 5	æ ----- 0	X ----- 10
M ----- 1000	s ----- 0		
U ----- 5			
S ----- 5			
1116	6	51	516

Il faut additionner ces quatre fommes, & vous trouverez l'année du Couronnement qui eft mille fix-cens quatre-vingt-neuf. C'eft une chofe trés curieufe que toutes ces chofes fe foient rencontrées de la maniere que cela eft tant pour cette Devife que pour l'affaire d'Orange.

GUILLAUME III.

REVERS

NOtre grand Prince à genoux, avec ſes habits Royaux, & la Couronne Imperiale ſur ſa Tête; de la main droite il tient le Sceptre élevé, & comme venant du Ciel; & de la gauche le Monde qu'il appuye ſur ſa Cuiſſe: Il y a ſous ſes pieds un autre Monde qu'il laiſſe & qu'il ne daigne amaſſer; d'une nuée qui s'ouvre au deſſus ſortent des Rayons vifs, & plus haut l'on void paroître un Oeil, l'emblême de la Providence; tout cela a pour but de faire connoître à ceux qui par ignorance ou malignité ont accuſé nôtre grand Heros, d'avoir pris la Couronne, & déthrôné le Roy Jacques ſon beau Pere par un principe d'ambition & d'uſurpation, qu'ils méconnoiſſent le charactere de ce Prince, qui eſt au contraire la generoſité, la pieté, l'humilité; de chercher la juſtice & le regne de Dieu, de ſoulager les opprimez, de fouler à ſes pieds les Grandeurs Mondaines; & que ſi de cette nuée de confuſion où l'eſprit fourbe, cruel, & Jeſuïtique avoit mis les choſes en Angleterre, l'on a veu ſortir une grande gloire pour luy, dans ſon élevation ineſperée à la Dignité Royale, ce n'a eſté aprés tout que par un arrêt du Ciel, & ſuivant le Conſeil determiné de la Providence, qui s'eſtoit comme expliquée là-deſſus par un Prodige arrivé à Orange dés le 6. de May 1665. C'eſt le ſens de ces mots.

DEO JUDICE.

Dieu en eſt le Juge.

Dans l'Exergue

PRÆSAGIUM ARAUSIONENSE 1665. MAGNA BRITANNIA
IMPLEVIT ⁂. APRIL. 1689.

Le Preſage qui eſtoit arrivé à Orange en 1665. a eſté accompli en Angleterre le
21. Avril 1689.

Quelque paſſionné que le ſiecle puiſſe eſtre devenu pour l'humeur viſionnaire des prophetizans & des Augureurs, on ne ſçauroit nier qu'il n'y ait dans l'art de connoître l'avenir, d'obſerver, de fixer, & d'expliquer les prodiges, & les évenemens où l'on prétend voir du Miracle, de la Prophetie & du Myſtere, beaucoup de temerité, d'ignorance, de ſuperſtition meſme & de ſotte credulité; & qu'en particulier cette eſpece de Cabbale, qui conſiſte à chercher le temps, ou les qualitez des choſes dans la valeur des lettres dont leur nom eſt compoſé, ne ſoit un amuſement ſot & puerile. Cependant quand on conſidere icy d'un côté que le Prodige dont il eſt queſtion, eſt un fait public & averé, un fait de plus arrivé au milieu d'une grande multitude, & dans une conjoncture extraordinaire, comme nous l'avons remarqué ſur l'année 1665. en parlant d'Orange; & que l'on vient de l'autre à remarquer, que dans la Délivrance de l'Angleterre, & le Couronnement de nôtre grand Prince qui l'a ſuivie, l'on trouve effectivement; ce renverſement des cauſes naturelles, cet aſſemblage, & ce ménagement ineſperé de circonſtances heureuſes & favorables, qui marquent non un cours ordinaire & naturel des choſes, mais un concours ſurnaturel. C'eſt pourquoy tous les bons refugiez doivent benir ce jour, comme un jour qui briſe en partie le joug de leur eſclavage; ceux qui ſont en France, & ceux qui ſont icy, qui n'ont pas tous les moyens de vivre, pourront avec le temps joüir de leur bien. Il faut prendre la choſe comme un effet extraordinaire de la Providence pour procurer un évenement ſingulier que Dieu a réſolu dans ſon Conſeil. Il ne ſe peut que l'on ne ſoit icy frappé d'un certain

reſpect

respect & d'une veneration sacrée & Religieuse, qui porte facilement àcroire, que Dieu ayant designé nôtre grand Prince pour estre son Oint, le Chef, & le Liberateur de son Eglise, auroit bien pû vouloir dans la conjoncture où ce prodige apparut, presager par son moyen cet évenement illustre qu'il avoit résolu d'éfectuer dans son temps, pour obliger toute la Terre à l'admirer, & à le reconnoître pour son Ouvrage quand il paroitroit. A quoy porte naturellement cette autre consideration; c'est que les Heros, sur tout les Heros Chrêtiens estant comme chacun sçait, des ouvrages façonnez de la propre main de Dieu, il n'est pas incroyable que Dieu se plaise à les faire connoître & respecter en cette qualité au reste des hommes, par quelque évenement singulier qui les rende attentifs & qui les étonne.

La Seconde.

Le Grand Conquerant en Buste, avec cette Inscription.

GUILHELMUS III. DEI GRATIA BRITANNIÆ, FRANCIÆ, ET HIBERNIÆ REX.

Guillaume III. par la Grace de Dieu Roy de la Grand Bretagne, de France & d'Irlande.

REVERS

IL paroît à Cheval à la Tête de son Armée; celle des ennemis fuit devant luy & se précipite dans des abysmes. Au dessus de celle-cy paroît un Soleil, figure du Roy de France, que nôtre grand Prince arrête comme un autre Josué, par ses victoires & par son avenement à la Couronne, dans l'execution de ses vastes desseins. Derriere le Heros qui fait cela est une espece de Temple d'où semble sortir un autre Soleil pour signifier que la vraye lumiere, qui est la lumiere de la Verité & de la Pieté l'éclaire dans ses actions, & peut-être aussi pour figurer qu'éclairé de la foy, & échauffé du vray zele, qui est le zele de Dieu & de sa Maison, il va luy mesme estre au Monde sous la benediction de Dieu, un autre Soleil qui obscurcira la Gloire & l'Eclat du Soleil de France, & qui nous fera voir dans peu de bien plus beaux jours. Autour est cette Inscription.

UT ET JOSUA CURSUM SOLIS RETINET.

Semblable à Josué, il arrête aussi le cours du Soleil.

Dans

GUILLAUME III.

Dans l'Exergue
1689.

La Troisiéme.

Nôtre Grand Prince en Buste, avec ces paroles autour.
GUILLELMUS DEI GRATIA MAGNÆ BRITANNIÆ, FRANCIÆ,
ET HIBERNIÆ REX.

Guillaume III. par la Grace de Dieu Roy de la Grand Bretagne, de France & d'Irlande.

REVERS

Une longue Inscription à l'Honneur de nôtre Grand Prince.

AMOR BATAVÆ GENTIS, ET BRITANNICÆ, ORBIS
PROPINQUI TERROR, EUROPÆ STUPOR, ADSER-
TOR ÆQUI, JURIS ADSERTOR DEI, HENRICUS
HIC EST GUILLELMUS, INCLYTUS REGUM ILLE
SANGUIS, SANGUIS ILLE CÆSARUM, NULLO IPSE
REGUM, CÆSARUM NULLO MINOR.

Voicy Guillaume Henry, cet Illustre Sang des Roys, ce Sang des Empereurs, si Grand qu'aucun des Roys, ni des Empereurs ne l'a esté plus, l'Amour des Hollandois & des Peuples Britanniques, la Terreur & l'Effroy du Monde voisin, l'Etonnement de l'Europe, le Protecteur de l'Equité, & le Restaurateur du Droit même de Dieu.

La Quatriéme.

Le Roy en Buste avec une Couronne de Laurier, & cette Inscription autour.
GUILLELMUS III. DEI GRATIA MAGNÆ BRITANNIÆ, FRAN-
CIÆ, ET HIBERNIÆ REX.

Guillaume III. par la Grace de Dieu Roy de la Grand Bretagne, de France & d'Irlande.

P.   R E.

REVERS

Un Globe dont une partie qui est la Grand Bretagne, est éclairée par le Soleil; & ce mot.

CÆTERA LUSTRABIT.
Il éclairera le reste.

Dans l'Exergue

CORONATIONE INVICTI WILHELMI HENRICI LI-BERTATIS VINDICI.

Par le Couronnement de l'Invincible Guillaume Henri Protecteur & Défenseur de la Liberté.

La Cinquiéme.

1689.   Le Roy en Buste avec cette Inscription.

GUILHELMUS REX ANGLIÆ, FRANCIÆ, ET HIBERNIÆ.

Guillaume Roy d'Angleterre, de France & d'Irlande.

Dans l'Exergue

PATRIÆ DECUS, ANGLIÆ PRÆSIDIUM.
L'Honneur de la Patrie, & la Protection de l'Angleterre.

Autour de l'Epaisseur de la Medaille, cet Hexametre.

REGIA, CREDE MIHI, RES EST SUCCURRERE LAPSIS.
C'est une action digne d'un Roy de secourir ceux qu'on opprime.

GUILLAUME III.

REVERS

L'Angleterre appuyée d'une main sur la tête du Lion Belgique, reçoit de l'autre nôtre Grand Prince avec ses habits Royaux ; la Religion tient de la main gauche une Croix, & de la droite un Livre ouvert qu'elle donne à ce Grand Prince ; sur ce Livre on lit

VERBUM DEI MANET IN ÆTERNUM.
La Parole de Dieu demeure éternellement.

On voit aussi une Corne d'abondance ; la Liberté qui tient un Parchemin, sur lequel est écrit *Test*, & un Bâton au haut duquel il y a un Chapeau ; on lit ces mots autour.

TE SERVATORE NON SERVIMUS.
Depuis que tu nous as delivrez, nous ne sommes plus esclaves.

Dans l'Exergue

RESTITUTORI BRITANNIÆ.
M. DC. LXXXIX.
Au Restaurateur de la Grand Bretagne 1689.

La Sixiéme.

Le Roy paroit en Buste avec la mesme Inscription, & les mesmes Devises que dans la Medaille précedente.

REVERS

UNe Cartouche entrelaffée de Rameaux d'Orange, avec les Armes des quatre Royaumes de l'Empire Britannique, liées enfemble par l'Ordre de la Jarretiere, la Devife, *Honni foit qui mal y penfe*, fervant de lien. Dans cette Cartouche on lit.

GUILIeLM. PrInCeps aUrIaCUs angLIæ, sCotIæ, FranCIæ, et hIbernIæ reX coronatUr.

Guillaume Prince d'Orange, Roy d'Angleterre, d'Ecoffe, de France & d'Irlande, eft couronné l'an 1689.

On peut ranger icy commodément une cinquiéme efpece de Medailles; ce font celles que quelques Etrangers ont fait frapper pour témoigner leur zele & leur affection pour leurs Majeftez Britanniques.

1689. La Premiere fut frappée à Amfterdam, en memoire de ce que le jour auquel ils furent couronnez, l'on fit des feux de joye, & des réjoüiffances publiques & folemnelles dans toutes les Villes de Hollande, & que les Bourgeois de la Ville d'Amfterdam en particulier fe mirent fous les armes, & monterent la garde fous le Capitaine Muykens.

Nôtre Grand Roy & nôtre Grande Reine en Bufte avec leurs habits Royaux, leur Sceptre, & leur Couronne, & cette Infcription.

GUILHELMUS ET MARIA REX ET REGINA, CORONATI
APRILIS ⁰¹. M. DC. LXXXIX.

Guillaume & Marie Roy & Reine, ont efté couronnez le ¹¹. d'Avril 1689.

GUILLAUME III.

REVERS

ON voit M. le Capitaine Bernard Muykens, & Meſſieurs Jean Athuſius & Sylveſter van Tongeren ſon Lieutenant & ſon Enſeigne, avec leurs Armes. Au haut ſont les Armes d'Amſterdam, avec cette Inſcription Flamande.

TER GEDAGTENIS, DAT OP DE DAG DER KRONING DE WAGT HAD, DE COMPAGNIE VAN DE HEER BERNARD MUYKENS.

1689.

En memoire de ce que le jour du Couronnement de leurs Majeſtez Britanniques, la Compagnie de M. Bernard Muykens monta la garde.

En voicy une Seconde que les Refugiez ont fait frapper en témoignage de leur Reconnoiſſance pour les grands bien-faits de ce Grand Prince, de leur zele ardent pour le ſervice de leurs Majeſtez, & de la confiance qu'ils ont que ce Grand Heros a de la compaſſion pour leur miſere, de la charité pour leurs perſonnes, & qu'il fera tous ſes efforts pour les rétablir dans leur Liberté.

Nôtre Grand Roy & nôtre Grande Reine en Buſte, avec cette Inſcription.

GUILLELMUS ET MARIA DEI GRATIA ANGLIÆ, FRANCIÆ, ET HIBERNIÆ REX ET REGINA, FIDEI DEFENSORES.

Guillaume & Marie par la Grace de Dieu Roy & Reine d'Angleterre, de France & d'Irlande, Défenſeurs de la Foy.

REVERS

NOtre Grand Roy débout sur un Pied'estal, habillé à la Romaine tenant l'Eglise d'une main, & s'appuyant de l'autre sur son Epée ; c'est pour figurer que le Roy n'aspire qu'à rendre à l'Eglise son premier repos. On lit sur la face du Pied'estal cette Inscription.

ÆRE PERENNIUS.
Plus durable que le Bronze.

Pour marquer que l'Eglise durera éternellement, & que les portes de l'Enfer ne prévaudront point contre Elle ; à l'un des côtez paroit le Temps ailé, embrassant sa Faux, & tenant de ses mains un Bouclier, ce qui marque que nôtre Grand Prince accomplira cet ouvrage de la Paix, & du Rétablissement des Refugiez avec le temps ; de l'autre on voit l'Histoire occupée à écrire trés exactement les Exploits de nôtre Grand Conquerant, qui tendent de leur nature à cette heureuse fin ; & autour on lit cette Inscription.

CÆLO DELABITUR ALTO.
Cette Benediction descend du Ciel.

1689. Voicy Enfin une troisiéme Medaille, qui doit estre jointe icy ; puisqu'elle est le fruit d'une joye publique aprés le Couronnement de leurs Majestez, & l'expression d'un petit accident qui suivit cette joye, sçavoir le brûlement de la Chapelle des Jesuïtes, à laquelle le Peuple de Londres mit le feu. C'est cette Medaille que j'ay dit ci-devant que je ferois voir.

On voit le Roy & la Reine en Buste, avec une Couronne de Laurier & ces paroles autour.

GUILLELMUS ET MARIA DEI GRATIA ANGLIÆ, FRANCIÆ, ET HIBERNIÆ REX ET REGINA, FIDEI DEFENSORES.

Guillaume & Marie par la Grace de Dieu Roy & Reine d'Angleterre, de France & d'Irlande, Défenseurs de la Foy.

REVERS

Un grand Bucher allumé, sur lequel on apporte le bois, & les ornemens de la Chapelle des Jesuïtes ; une grande foule de Peuple qui court avec rapidité la jetter en bas, & qui en emporte de grandes pieces au feu. Au côté on voit le Château de Withal en Perspective, & autour on lit.

NEC LEX EST JUSTIOR ULLA.
Il n'y eut jamais de Loy plus juste.

Ce qui s'entend apparemment de l'indignation du Peuple contre les Jesuïtes, qui parut trés grande en cette occasion.

Il y a encore une Medaille, mais ce sont deux Revers des Medailles precedentes ; cependant on a trouvé à propos de la joindre encore icy sans l'expliquer, puisque ces deux Revers ont esté déja expliquez, comme on pourra l'avoir remarqué : nous mettrons seulement les Devises. D'un côté vous trouvez.

CÆLO DELABITUR ALTO.
Cette Benediction descend du Ciel.

Dans le Pied'estal l'on trouve ces autres paroles.

ÆRE PERENNIUS.
Plus durable que le Bronze.

REVERS

Ces autres paroles autour de la Medaille.

NEC LEX EST JUSTIOR ULLA.

Il n'y eut jamais de Loy plus juste.

CEpendant l'odieuse rupture que la France avoit fait de la Tréve en faveur du Turc, en attaquant Philipsbourg, avoit rallumé la guerre par toute l'Europe. Il est vray que la Cour de France fit à son ordinaire toute sorte d'efforts pour donner le change aux confederez, & pour les empêcher de s'unir; sur tout aprés l'expedition du Prince d'Orange, & la chûte precipitée du Roy Jacques, que cette Cour ne s'attendoit pas de voir sitôt. Incontinent la guerre fut déclarée à la Hollande sur ce prétexte-là; par tout on avoit des Emissaires, Ambassadeurs, Evêques, Cardinaux, Moines, Jesuites, Femmelettes, tout estoit bon, qui sonnoient le Toquesin à toute outrance, & souffloient aux oreilles des Cours Catholiques Romaines, qu'il falloit courir sus à l'Usurpateur de l'Angleterre; que les Princes Catholiques se deshonnoroient, & deshonnoroient leur Religion, s'ils n'y consentoient: que c'estoit icy une guerre de Religion, & un point, non de Droit Civil, mais de Conscience, où les considerations Politiques devoient cesser: que la seureté des Roys, & l'honneur de la Religion Catholique estoient également interessées au Rétablissement du Roy Jacques, & que le Prince d'Orange ne s'estoit ligué, comme il avoit fait, avec les Princes Protestans par un traité secret, que pour avancer leur commune Religion, & pour exterminer la Catholique; surquoy on proposoit une ligue opposée contre l'heresie, que le Roy Trés-Chrétien, disoit-on, a humiliée, & qu'il seroit aisé d'extirper tout-à-fait, si l'on s'entendoit: qu'au reste ce Roy tout occupé du soin de vanger l'Eglise, & d'avancer les interêts de la Gloire de Dieu, par la persecution & conversion des Hérétiques, avoit un sincere & veritable desir d'observer la Tréve avec l'Empire, & de la changer même en une bonne Paix; & que pour cette fin il offroit de rendre à l'Empereur Fribourg & Philipsbourg rasez, le Palatinat à l'Electeur, & la Lorraine au Duc qui porte ce nom, & autres choses. D'ailleurs le Roy Jacques avoit aussi ses Ambassadeurs qui faisoient le tour de l'Europe pour solliciter la mesme Union. Mais le souvenir du passé, & l'experience du présent rendoit les gens sages ; sur tout on ne pouvoit souffrir sans se mettre en colere, que la France tint des discours pieux & fit la zelée pour l'avancement du repos public, & des intérêts du Chriftianisme, pendant qu'au mépris de tout ce que la Société & la Religion ont de plus Sacré, elle violoit la foy des traitez, portoit le fer & le feu dans l'Empire Chrétien, entretenoit un Commerce étroit, & faisoit des Ligues offensives & défensives avec l'ennemy commun de la Chrétienté ; & l'on reconnut qu'elle n'avoit pour but avec tous ses beaux discours, que de tromper selon sa coûtume, & d'aller à ses fins par des voyes obliques; que le Roy Jacques ne s'estoit perdu que par l'attachement qu'il avoit eu aux vûës de Louis XIV. & à l'obliquité de ses Conseils, comme l'Empereur le luy écrivit de sa propre main ; que les Sujets de ce Prince n'estoient point trop blâmables de s'estre opposez, comme ils avoient fait, au renversement de leur Liberté, de leur Religion, & de leurs Loix ; & qu'enfin il estoit necessaire pour le bien de toute l'Europe que l'on avoit comploté de rendre esclave, de s'unir avec le Liberateur de l'Angleterre contre l'ennemi commun qui avoit formé cet injuste Complot. Sur cela le Roy Guillaume fut reconnu, & reçût des Ambassadeurs de presque tous les Princes, & de tous les Estats de l'Europe ; l'Empire & l'Espagne entrerent en Alliance avec luy ; & tout le monde prit les Armes contre la France. L'Empereur fut le premier des Confederez qui luy déclara la guerre, par une ordonnance du 13. Avril 1689. où il reprochoit à Louis XIV., en des termes un peu forts la perfidie de ses ruptures ; l'injustice de ses Usurpations ; la violence de ses Invasions ; la barbare cruauté de ses Incendies ; & son Alliance honteuse avec le grand Turc pour arrêter le succez des armes Chrétiennes. L'Espagne ne tarda point à se déclarer ; & le Roy d'Angleterre prié par son Parlement de déclarer la guerre au Roy des François, le fit par une ordonnance donnée à Hamptoncourt le 17. de May ; on dit que le Roy Jacques pleura à cette nouvelle ; & que Louis le Grand ayant sçû que le Roy Guillaume luy vouloit déclarer la guerre, la luy fit déclarer à Dunkerque pour le prévenir, comme on en avoit déja usé à l'égard de l'Espagne. On vouloit se faire un honneur en France de paroître Aggresseurs contre tant de Roys & de Princes Chrétiens tout à la fois, & dire qu'aucun deux n'avoit osé le premier déclarer la guerre : mais par malheur le Prince de Liege, à qui l'on ne pensoit pas, eut cette hardiesse, & ravit aux François l'honneur de la Primauté, s'il est vray qu'il y en ait en pareille affaire. Ce bon Prince ne le fit point du tout par envie ni par ambition. Ce furent les violences des François dans son Païs, les menaces du Comte de Flodorp, & les Avocatoires de l'Empereur qui l'y obligerent.

Mais pendant cette émotion generale où l'on faisoit par tout des Preparatifs 1689. de guerre, les affaires d'Irlande estoient en assez mauvais estat. Le Comte de Tirconnel Viceroy de ce Royaume, zelé Papiste, & assez bon Capitaine pour un Irlandois, n'ayant pas voulu se soûmettre à la Convention d'Angleterre, s'estoit mis à la tête d'une Armée pour maintenir les Intérêts du Roy Jacques son bien-faiteur, & exerçoit toute sorte d'Hostilitez contre les Protestans. Déja il les avoit reduits dans la misere & dans la derniere servitude à l'Orient, au Midy & à l'Occident, & il ne leur restoit que trois seules Villes au Septentrion de ce Royaume, Colleraine, Inskilling & Londonderry ; lorsque par un surcroit de malheur pour eux, ils apprirent que le Roy Jacques estoit arrivé au port de Kinsale le 22. de Mars 1689. Ce fut par le Conseil de Louis XIV. que ce Prince tombé pas ses Conseils, & refugié chez luy aprés sa chûte, entreprit ce voyage. Le Roy Trés-Chrétien esperoit que la présence de cet Allié ranimeroit son party, & donneroit des affaires au Roy Guillaume, le grand Ennemy dont il avoit peur. Les motifs qu'on emploia pour le porter à cette entreprise estoient specieux. On luy fit entendre que c'estoit là le vray moyen de remonter sur le

Q Thrône,

Thrône. Qu'aprés s'estre asseuré de l'Irlande, il passeroit en Ecosse, où le Duc de Gourdon, le Vicomte de Dundée avec ses Montagnards, & plusieurs Seigneurs l'attendoient ; que cependant ses Creatures agiroient en Angleterre : qu'au reste la France estoit resoluë de l'assister de toutes ses forces, & pour l'asseurer que le Roy se faisoit un point d'honneur, & un devoir dont il seroit comptable envers le public, de restablir sa Majesté Britannique, le bruit a couru que l'on a frappé cette Medaille dont je vas parler, mais pour moy je ne l'ay pas vûë, c'est pourquoy je croy la chose fausse, veu mesme que cette Medaille seroit impie à cause des paroles qu'elle contient. Cependant je veux bien croire que ces paroles ont esté dites. On fit frapper une Medaille, où le Roy Jacques paroit donc assis au côté droit de Loüis XIV. avec ces paroles du Psalmiste *Sieds toy à ma dextre jusqu'à ce que j'aye mis tes ennemis pour le marchepied de tes pieds*; paroles qui sont à la verité les paroles de Dieu parlant au Messie; mais qu'un pieux & hardi Jesuïte n'avoit pas fait de difficulté d'appliquer à Loüis le Grand parlant au Roy Jacques dans une Predication qu'il avoit composée pour en regaler ce Prince à son arrivée. Des paroles on passa aux effets. On luy donna des Navires, des Generaux, des Officiers experimentez, des Soldats & de l'argent, avec promesse d'un grand secours, qui luy fut envoyé peu de temps aprés, & que les efforts que fit l'Admiral Herbert, qui commandoit la Flotte Angloise, ne pûrent empescher d'entrer dans la Baye de Beautry & d'y débarquer heureusement. Ce projet réüssit d'abord à souhait. Le Roy Jacques fut reçû par ses Irlandois avec des demonstrations de joye extraordinaires ; marcha vers Colleraine qui se rendit à sa discretion, & vint assieger Londonderry le 20. d'Avril avec une Armée de vingt cinq mille hommes; pendant que ses Emissaires & ceux des Jesuïtes excitoient par tout en Ecosse & en Angleterre des conspirations horribles pour y restablir son authorité; ce qui obligea le Roy Guillaume selon sa prudence à retenir auprés de luy ses principales forces, & à differer le secours qu'il destinoit pour l'Irlande. Mais comme on parloit déja en Cour de France de joindre ce Royaume à la Monarchie Françoise en vertu d'un traité secret que le Roy Jacques en avoit fait, disoit-on, avec Loüis XIV. deux choses arresterent tout court les esperances du Roy conseillant, & les progrez favorables du Roy déthrôné ; la Constance Heroïque des Habitans de Londonderry, & le débarquement du Duc de Schomberg avec peu de troupes.

C'est une chose à ranger entre les merveilles de nôtre siecle que l'évenement de ce fameux siege. Londonderry n'est pas une Place forte; tous les Officiers qui estoient venus d'Angleterre pour en entreprendre la défense l'avoient jugée incapable de tenir contre une Armée, & de faire acquerir de la Gloire à un Gouverneur. Il y avoit des Traîtres & des Factieux; le Colonel Lundy qui y commandoit estoit de ce nombre ; son Gouverneur estoit un Ministre que le Peuple avoit mis à la place du Traître; & sa Garnison sept à huit mille hommes de Bourgeoisie, à qui le zele avoit mis les armes à la main. Il n'y avoit ni Bombes ni Grenades, peu de Bleds, point de Fourrages, presque point de Cavalerie pour faire des sorties, & tres peu de Canons bien équippez. Cependant que ne peut point la fermeté d'un Peuple fidele quand il est soûtenu par le bras de Dieu ! bien que cette Ville fut attaquée & pressée dans toutes les formes, & avec toutes les Machines meurtrieres & foudroyantes que l'on met en œuvre aujourd'huy, que le Roy Jacques y fut en propre personne, que les Anglois, François & Irlandois tâchassent à l'envi de se signaler, & que l'artifice ayant esté joint avec la force on eut tendu des chaînes, enfoncé des Vaisseaux, & formé une estacade sous le Canon de Kilmore pour fermer le passage de la Riviere du Shannon, ce qui avoit reduit les habitans de cette Ville à une si horrible famine, que trois jours avant la levée du Siege un Rat se vendoit douze sols, la Tête d'un Chien trente sols, un Chat 54. sols & ainsi du reste ; neantmoins les assiegez se défendirent

avec

avec tant d'intrepidité, & soûtinrent la famine avec un si grand courage sous la conduite & par les exhortations de leur Illustre Monsieur Walker, qu'après un Siege de 105. jours, enfin le Roy Jacques lassé de ses pertes, ayant veu ses efforts rendus vains, son estacade forcée, & la Ville ravitaillée par la belle & glorieuse entreprise du Major General Kirke, qui sçût faire entrer dans la place trois grands Vaisseaux ; il fut contraint de lever le Siege la nuit du 31. de Juillet avec perte de plus de dix mille hommes, que la resistance vigoureuse, & les frequentes sorties des assiegez avoient fait perir. Le Roy Jacques campa à Strabane la nuit suivante ; mais sur la nouvelle qu'il y reçût de la défaite du Lieutenant General Mackarty par les Milices d'Eniskilling fortifiées de quelques Troupes que le General Kirke avoit débarquées, il décampa le lendemain avec tant de précipitation qu'il fit mettre en pieces quatre gros Canons, & jetter dans la Riviere douze charretées d'Armes, & d'autres Munitions de guerre. Il ne faut jamais mépriser son Ennemy quelque foible qu'il soit, ni manquer de parole à personne. Ce Prince auroit pû d'abord, s'il avoit voulu, recevoir Londonderry à composition, mais il voulut que l'on crût qu'il la soûmettoit par authorité, & se vint camper fierement devant ses murailles, contre la parole que le Lieutenant General Hamilton avoit donnée de sa part, que les Troupes n'approcheroient point de la place plus prés que de quatre milles avant que le traité fût conclu ; ce qui fit croire au Peuple qu'on le trahissoit, & le mit tellement dans le desespoir qu'il fit feu sur le champ, & résolut de se défendre jusqu'à l'extremité que nous avons vûë.

Quand la France qui connoissoit le merite du Duc de Schomberg, apprit qu'il alloit descendre en Irlande, elle fit tous ses efforts pour traverser ce dessein, & envoya une Flotte de plus de 40. Vaisseaux croiser sur les Côtes de ce Royaume; mais elle ne pût empescher qu'il ne débarquast avec ses Troupes du côté de Bangor le 24. du mois d'Aoust. Dés qu'il eût mis pied à terre, plusieurs personnes de qualité, qui n'avoient osé jusques-là se déclarer, se joignirent à luy, & le Peuple porta abondance de vivres dans son Armée : il se saisit de Belfast ; assiegea Carigfergus & le prit, puis tournant sa route vers Dublin, aprés avoir asseuré tout le Nord d'Irlande, comme il trouva la Ville de Nuhri toute reduite en cendres, il fit sçavoir à l'Ennemy, que si à l'exemple de la France, ils continuoient cette barbarie à l'égard des autres Villes qui estoient entre leurs mains, il n'épargneroit ni Homme, ni Femme, ni Enfant. L'Armée qu'il commandoit estoit fort petite ; mais son grand Nom suppleoit à ce défaut, & faisoit dormir son Armée en toute seureté à quatre mille de celle de l'Ennemi trois fois plus forte. Il est vray qu'il courut un jour le risque d'estre attaqué, à la faveur d'une noire trahison tramée par le nommé du Plessis, qui Papiste & fugitif de France pour cause de meurtre, avoit des intelligences secrettes avec le Roy Jacques & le Comte d'Avaux, & leur avoit promis moyennant son pardon, & une charge de Colonel, de livrer le Cartier des François par le moyen de plusieurs Soldats Papistes qu'il disoit avoir gagnez, & de faire tout son possible pour tuer le Duc mesme dans la mêlée. Mais cette trahison ayant été découverte, & le Traître pendu avec ses Complices, le Roy Jacques n'osa sortir de son Camp. Cependant les trois Regimens François furent assemblez, & l'on publia que tous les Soldats Papistes eussent à sortir des rangs sur peine de la vie. Il y en eut 170. qui mirent bas les armes. Surquoy il s'éleva un murmure & une émotion de colere entre les Refugiez, qui vouloient à toute force leur courir sus & les mettre en pieces, mais les Officiers les en empescherent : peu aprés le Duc les envoya au Roy pour en disposer selon son bon plaisir. Enfin il arriva quelque secours au Duc ; le Roy Jacques l'ayant sçû se retira ; ainsi finit la Campagne.

La Campagne ne fut pas moins heureuse pour les Alliez de nôtre Grand Prince. 1689.

L'Empereur remporta trois Victoires signalées contre les Turcs sous la conduite du glorieux Prince de Bade. La premiere auprés de Possarovitz sur la Morave les 28. & 29. d'Aoust, où les Turcs perdirent six à sept mille hommes, 105. pieces de Canon, trois Mortiers, quantité de Chameaux, de Tentes, de Chariots & d'autre Bagage: la seconde auprés de Nissa le 24. de Septembre; là perirent huit mille Turcs, presque toute la Cavalerie Ottomane fut défaite, leur Camp pillé pour la deuxiéme fois, & la Ville de Nissa prise & occupée sans résistance: Et la troisiéme enfin fut remportée auprés de Widin, où l'Armée Ottomane fut encore forcée, deux mille hommes de leurs Troupes tuez, la Ville de Widin prise l'épée à la main, & le Château reçû à composition le 30. de Novembre. Du côté du Rhin on chassa les François du Païs de Cleves, de Juliers, & de Cologne, le Marquis de Sourdis fut mis en déroute auprés de Nuys; Keyserswaert assiegé par l'Electeur de Brandebourg se rendit par composition le 26. de Juin, aprés quatre jours de Tranchée ouverte, Bonne la seule Place qui restoit aux François dans l'Electorat de Cologne, fut bombardée peu aprés, & demeura investie par les Troupes de Brandebourg, de Munster & quelques Regimens Hollandois, pendant que le Duc de Lorraine à la tête d'une Armée de soixante mille hommes, formoit le Siege de Mayence. La Tranchée fut ouverte le 22. de Juillet; comme cette Place avoit esté fortifiée par les François, & qu'ils y avoient onze mille hommes de leurs meilleures Troupes, sous le Commandement du Marquis d'Uxelles, la résistance des assiegez fut opiniatre. Mais on les attaqua avec tant de vigueur qu'ils furent contraints de se rendre par composition; il perit onze mille hommes devant cette Place, 6000. du côté des Imperiaux, 5000. du côté des assiegez. Cependant le Duc de Lorraine ayant achevé cette expedition, se rendit devant Bonne avec un renfort de 15000. hommes le 25. de Septembre pour fortifier Monsieur l'Electeur. Aussi-tôt la Tranchée fut ouverte, & poussée avec tant de celerité que l'on fut en estat le 9. d'Octobre de livrer un assaut general. Cette attaque fut l'une des plus furieuses que l'on eut vûës; les Brandebourgeois, sur tout les refugiez se signalerent, & auroient pris la Ville l'épée à la main si la breche qui estoit de leur côté eut esté plus large. Aussi le Baron d'Asfelt Gouverneur de la Place demanda-t-il aussi-tôt à capituler, & rendit la Ville à l'Electeur le 12. du mesme mois. Sa Garnison sortit fort diminuée & fort delabrée, & il vint mourir luy mesme à Aix d'une blessure qu'il avoit reçûë à la jambe. Il n'y eut rien en Flandre de considerable pendant cette Campagne que la journée de Walcourt, où le Marechal d'Humieres, ayant voulu le jour de la S. Louïs enlever la Cavalerie Hollandoise qui estoit au fourrage, reçût un petit échec, & donna lieu au Colonel Goës, qui avoit esté Major de son Regiment en France, de signaler sa conduite dans la belle retraite qu'il fit faire aux 800. hommes qui escortoient les Fourrageurs, & qui soûtinrent long-temps l'Armée Ennemie.

En memoire des succez de cette Campagne, on fit frapper cette Medaille.

Nôtre Grand Roy Guillaume en Buste: deux Femmes qui mettent sur sa Teste une Couronne de Laurier; l'une qui est la Hollande s'appuye de la main gauche sur une Corne d'abondance; l'autre qui est l'Angleterre a un livre séellé, & une branche d'Olivier, pour marquer que ce Grand Prince a procuré la Paix, rétabli la Religion Anglicane, & qu'il delivrera l'Europe de l'esclavage. Au dessus est un Soleil pour figurer que les nuages dont l'Europe estoit obscurcie sont dissipez. Dans le lointain on voit la Ville de Londonderry, & sur le Pied'estal cette Inscription.

WILHELMUS MAXIMUS IN BELGICA LIBERATOR, IN BRITANNIA RESTAURATOR.

Guillaume le tres Grand, Liberateur dans la Hollande, Restaurateur dans la Grand Bretagne.

Dans

GUILLAUME III.

Dans l'Exergue
LONDONDERRY.

REVERS

LE Roy de France de même entre deux Femmes, qui luy arrachent de la tête une Couronne de Laurier; l'une qui repréfente l'Allemagne, eft reveftuë d'une robe toute parfemée d'Aigles, mais dechirée & en trés mauvais eftat: elle a un pied enchaîné; un Flambeau allumé femble brûler l'autre; & elle foûtient de la gauche un amas de Livres d'où fort une flamme de feu; tout cela pour marquer le mauvais eftat, où les ufurpations de Louïs XIV., & la fureur de fes Incendiaires ont reduit l'Allemagne, contre la foy de tous les traitez, d'où fort auffi non une Lumiere feulement, pour faire connoître la chofe à tous préfens & à venir, mais une flamme de colere & de reffentiment, dont la France fera confumée tôt ou tard. L'autre Femme, qui eft la France, a une robe parfemée de fleurs de Lys, mais dechirée à demy, avec un pannier auprés de fes pieds; c'eft pour marquer l'eftat de Mendicité où le Gouvernement préfent l'a prefque reduite; au deffus la Foudre & le Tonnerre éclattent fur la tête de Loüis le Grand: dans le lointain paroiffent les Villes de Mayence & de Bonne, & dans le Pied'eftal on lit cette Infcription.

LUDOVICUS MAGNUS IN GERMANIA BARBARUS, IN GALLIA TYRANNUS.

Loüis le Grand Barbare en Allemagne, & Tyran en France.

Dans l'Exergue

OBSIDIO MOGUNTIÆ ET BONNÆ.

Le Siege de Mayence & de Bonne.

Cette année commença par un démêlé, qui faillit à troubler l'Union des Provinces-Unies; mais que l'amour de la Paix, & la haute confideration que l'on avoit pour nôtre Grand Prince affoupit bien-tôt. La Ville d'Amfterdam jaloufe un peu fortement de fes Privileges, prétendit qu'elle en avoit un expedié dés l'année 1476. par Dame Marie de Bourgogne, comme Comteffe de Hollande, & confirmé enfuite par l'Empereur Charles Quint & le Roy Philippe, au moyen duquel l'Election des Echevins qui fe fait tous les ans à la Chandeleur, par le Prince d'Orange, en

1690.

qualité de Gouverneur General des Provinces-Unies, sur la nomination de quatorze personnes que le Conseil des trente luy a designé, devoit se faire, pendant l'absence de ce Prince qui estoit devenu Roy d'Angleterre, par la Cour du Conseil de Hollande; de sorte que le temps de faire cette Election estant venu, elle envoya sa nomination, non au Roy d'Angleterre, mais à la Cour des Estats de cette Province avec priere de faire droit sur sa prétention. Mais cette Innovation ne plût point à l'Assemblée; on jugea que ce seroit donner quelque atteinte aux Droits dont le Prince estoit possesseur, & qu'il sonneroit trés mal de luy ravir dans sa propre Patrie une portion de la Gloire qu'il y avoit meritée par ses beaux exploits, pendant que toute la Terre le benissoit au dehors, & que l'Angleterre luy mettoit sur la Tête une triple Couronne. C'est pourquoy il fut résolu dans le Conseil de leurs NN. HH. PP. que l'on continueroit la chose sur l'ancien pied. La Ville d'Amsterdam ayant été priée en consequence d'envoyer, comme par le passé, sa nomination au Roy Guillaume, les Bourguemaistres & le Conseil de cette Ville resisterent quelque temps, alleguans leur serment, & la défense necessaire de leurs Privileges : il y eut plusieurs résolutions & plusieurs défenses sur ce sujet, nôtre Grand Heros sçût par sa prudence appaiser les Esprits qui commençoient à s'aigrir un peu, & apporter dans cette affaire un temperament tel que la Ville d'Amsterdam en fut satisfaite. Au reste comme cette affaire fit grand bruit, & que l'on avoit lieu d'en craindre les suites, la joye que l'on eut de la voir terminée heureusement fit frapper cette Medaille.

Le Roy Guillaume en Buste avec une Couronne de Laurier, & cette Inscription.

GUILLELMUS TERTIUS D. G. BRITANNIARUM REX, RELIGIONIS, LIBERTATISQUE RESTITUTOR.

Guillaume III. par la Grace de Dieu Roy de la Grand Bretagne, Restaurateur de la Religion & de la Liberté.

REVERS

On voit le Lion Batave tenant le Coutelas dans l'une de ses Serres, & dans l'autre un faisceau d'armes couronné de Roses, de Pommes d'Orange, & du Bonnet de la Liberté. Autour sont ces mots.

ANIMOS JUNGIT, LEGESQUE TUETUR.

Il unit les Esprits, & protege les Loix.

GUILLAUME III.

Dans l'Exergue

HOLLAND. CIVITATUM UNIO RESTAURATA.
1 6 9 0.

L'union rétablie entre les Villes de Hollande.

En voicy une feconde un peu violente contre la Ville d'Amfterdam que l'on a frappé mefme à Amfterdam; autour eft cette Infcription.

Le Roy Guillaume en Bufte avec ces paroles.

GUILLELMUS III. D. G. MAGNÆ BRITANNIÆ, FRANCIÆ ET HIBERNIÆ REX, BELGII GUBERNATOR.

Guillaume III. par la Grace de Dieu Roy de la Grand Bretagne, de France & d'Irlande, Gouverneur des Provinces-Unies.

REVERS

LA Ville d'Amfterdam repréfentée par une Femme; auprés d'elle eft le Lion Belgique qui repréfente les Eftats de Hollande & de Weftfrife; ce Lion tient le Bâton de Commandement, ce qui marque l'authorité des Eftats, & s'appuye fur les Armes du Roy Guillaume, pour figurer qu'ils fe repofent fur les foins, fur la probité & fur la bonne conduite de ce Grand Prince. De l'autre côté un Cerbere femble fortir des Enfers, & jette avec impetuofité des fumées & des flammes contre le Lion, c'eft ce qui defigne un peu fortement la Conteftation que les Eftats ont euë avec la Ville d'Amfterdam fur cette matiere. Ce Monftre qui a trois têtes ne vomit des fumées entremélées de flammes, que pour marquer apparemment l'efprit de difcorde, qui dans la grande chaleur de cette difpute fouffloit la defunion & la rupture par la Difcorde qui fort de l'enfer qui fouffloit à Meffieurs de cette Ville des fentimens de defunion, mais enfin par les bons avis & Confeils de fa Majefté Britannique, elle retourne en union avec les autres Villes. Cela venoit de quelque bouche étrangere, ou faux citoyens, ce que ces Meffieurs ont fort bien reconnu eftant revenus de leur prétention.

Dans

128   HISTOIRE DU ROY

Dans l'Exergue

AMSTELA REDUX.
Amsterdam revenuë.

Paroles qui marquent que cette Ville est rentrée dans sa premiere union, & en bonne intelligence avec les Estats. Et autour.

QUANTUM DISCRIMINIS HIC EST!
Quelle difference il y a icy!

C'est-à-dire que cet estat d'union est bien plus heureux & pour la Ville, & pour le public que les troubles passez & les Contestations qu'on a assoupies.

Il y a encore une Medaille avec le Revers d'Amsterdam revenuë à elle, & le Revers de celle du Passage de nôtre Grand Heros en Irlande. En voicy seulement les Inscriptions qui sont autour.

QUANTUM DISCRIMINIS HIC EST!
Quelle difference il y a icy!

Dans l'Exergue

AMSTELA REDUX.
Amsterdam revenuë à elle.

REVERS
Une Licorne qui passe d'un saut d'Angleterre en Irlande; & trois Crapaux qui sont sur le bord de la Mer qui crient & murmurent, avec cette Inscription.

NON METAM ABJECTA MORANTUR.
Des choses si viles & si abjectes ne retarderont point mon entreprise.

Dans

GUILLAUME III. 129

Dans l'Exergue

TRAJECTUS IN HIBERNIAM M. DC. LXXXX.

Le paſſage en Irlande en mille ſix cens nonante.

CEtte Medaille a été frappée au ſujet du Paſſage, & de l'Expedition que nôtre Grand Conquerant a fait en Irlande, comme on le pourra voir dans une Medaille qui viendra dans la ſuite de mon Hiſtoire. La Licorne répreſente la viteſſe avec laquelle il a paſſé : les Crapaux ſont alluſion aux anciennes Armes de France, voulant inſinuer par là que les François ont beau faire par leurs grandes menaces & par leurs cris, que rien ne l'empêchera de paſſer ; ce qu'il a exécuté avec toute la Gloire & l'Honneur poſſible. Ce qui a fort ſurpris la France quand elle l'a ſenti en Irlande, car elle vit bien que le Roy Jacques II. ne feroit plus rien, ce qui arriva aprés la priſe de Slego petite Ville, qui eſtoit ſans Munitions, ſans Canon & ſans Poudre ; enfin tout manquoit dans cette Place pour pouvoir ſoûtenir un Siege, ce qui fit qu'ils ouvrirent leurs portes ſans ſe défendre. Voilà les Conquêtes que le Roy Jacques faiſoit.

Le bonheur & le malheur ſont preſque toûjours mêlez dans les choſes humai- 1690. nes. Pendant que les Alliez ſe réjoüiſſoient pour la Déclaration du Duc de Savoye, qui venoit de ſecoüer le Joug de la France, & de rappeller dans ſon Païs les Pauvres Vaudois ; on apprit la Mort du Duc de Lorraine. Il n'y avoit que quelques mois que ce Prince avoit déclaré la guerre à la France, & publié dans un Manifeſte, qu'attendu l'injuſtice que la France luy faiſoit en luy retenant ſon Païs & l'Heritage de ſes Peres, il ſe promettoit ſous la benediction de Dieu, d'y rentrer au Printemps à la tête d'une Armée de quarante mille hommes, exhortant tous ſes bons Sujets, & particulierement la Nobleſſe Lorraine à ſe joindre à luy, & à l'aſſiſter dans cette juſte Cauſe. Mais la Providence ne le permit point. Comme il alloit à Vienne pour prendre avec l'Empereur les meſures que l'on jugeroit les plus propres pour l'execution de ce grand deſſein, il fut ſurpris à Vels, petite Ville ſituée à quatre lieües de Lints, d'un mal d'Eſquinancie, dont il mourut le 18. Avril âgé de 47. ans. Ce fut une grande perte pour les Alliez, Charles, Leopold, Nicolas, Sixte Duc de Lorraine, eſtoit un bon Capitaine ; Judicieux dans ſes Conſeils ; Courageux dans les Combats, Hardy & aſſez entreprenant dans les occaſions perilleuſes. Il eſtoit genereux & honneſte aux Officiers, & ſi aimé des Soldats, qu'ils ne connoiſſoient plus de péril quand il s'agiſſoit de le ſuivre. Digne d'une meilleure fortune, & d'une plus longue vie, il moiſſonna ſur le territoire des Turcs des Lauriers ſteriles, & conqueſta pour l'Empereur de vaſtes Provinces ; mais bien qu'il fut Prince & Mari de Reine, il veſcut toute ſa vie ſur le bien d'autruy, & ne pût vivre aſſez pour ſe faire joüir de ſon Patrimoine.

Cependant la France plus irritée qu'affoiblie par les mauvais ſuccez de la Campagne précédente, formoit par terre & par mer d'horribles préparatifs de guerre, reſoluë de faire un effort digne d'elle contre les Confederez, pendant que les Turcs, dont on avoit eu l'addreſſe d'arrêter la Paix avec l'Empereur, promettoient de faire de leur côté une forte irruption dans la haute Hongrie. On fit la Paix avec Rome & avec Alger, & pour amaſſer de l'argent le nerf de la guerre, il n'y eut rien qu'on ne mît en œuvre. On vit ſortir de la Cour un eſſain d'Edits qui creoient l'un pour douze cens mille livres de Conſtitutions de rente au denier dix ſur l'Hotel de Ville de Paris ; un autre ſur le même Hôtel pour 140000. ſur le pied de rente Viagere plus ou moins forte ſelon l'âge des Acquereurs, & aux

R con-

conditions que l'intérêt des mourans viendra au profit des survivans; un 3. creoit huit Maîtrises nouvelles des Eaux & Forêts; un 4. taxoit Messieurs les Conseillers au Parlement chacun à une somme de 2500. livres pour leur quotte part, moyennant quoy on leur promettoit d'augmenter leurs gages; & sans conter les vieux & nouveaux Impôts qui estoient établis par tout le Royaume, on obligea tous les Sujets, sous prétexte de reformer le luxe, à porter aux Cours des Monnoyes tout ce qu'ils avoient de grosse argenterie, sans épargner mesmes celle des Eglises, dont on pouvoit se passer au service divin. D'ailleurs toutes les Villes Capitales dans les Provinces, eurent ordre de lever sous leur nom, avec leurs livrées, & à leurs propres dépens chacune un Regiment de 500. hommes, dont elles nommeroient les Officiers. On fit par tout de nouvelles levées; on équippa une Flotte de 82. grands Vaisseaux, 40. Fregates, 30. Brûlots, & 15. Galeres; & l'on mit en Campagne au Printemps des Armées nombreuses, en Allemagne, en Flandre, en Savoye, en Catalogne; pendant que l'on tramoit des Conspirations en Escosse, & dans l'Angleterre contre le Roy Guillaume, & que l'on envoyoit en Irlande de puissans Convois, pour mettre le Roy Jacques en estat de le perdre, ou de l'occuper. Cette conduite de la France faillit à tout perdre, & à luy réüssir selon ses desirs: au moins fut elle la cause de quelques petits avantages qu'ils ont remportez sur les Alliez dans les trois Batailles qui se livrerent. La premiere fut la Journée de Fleury, où le Duc de Luxembourg ayant eu l'addresse de se faire une Armée de 45. à 50000. hommes, sans que le Prince de Waldeck, mal servi d'ordinaire par ses Espions, en fut averti, vint surprendre & attaquer l'Armée Hollandoise, qui n'estoit pas tout au plus de 25000. hommes; le Combat d'abord fut opiniatre, & la Victoire incertaine; mais la Cavalerie Hollandoise lâcha le pied. Cependant la Victoire fut bien disputée, & venduë cherement à l'Ennemy; puis que l'Infanterie des Hollandois fit ferme, & soûtint avec un si grand courage, qu'aprés un long combat, où les François perdirent plus de 8000. hommes, sans pouvoir jamais rompre ces braves Bataillons, ni les empêcher faire leur retraite en trés bon ordre, & de reporter jusqu'à vingt deux étendarts. Ils quitterent si viste le Champ de Bataille de peur d'estre surpris, qu'ils n'en purent emmener le Canon des Hollandois, ni empêcher que le lendemin la Garnison de Charleroy ne fut le reprendre. La seconde fut un Combat Naval qui se livra le 10. assez prés de Beves entre la Flotte de France & l'Escadre Hollandoise. Il y avoit en Angleterre une Conspiration horrible qui devoit éclatter le 8., où l'on avoit résolu de prendre la Reine, & de mettre le Gouvernement entre les mains de quelques Milords, pendant qu'une partie de la Flotte de France seroit dans la Tamise pour favoriser les Conjurez, qu'une autre débarqueroit 8000. hommes de bonnes Troupes à Torbay, & se rendroit ensuite dans la Mer d'Irlande, pour empêcher que nôtre Grand Roy. Guillaume ne vint au secours. La Reine avertie de cette Trahison donna ordre à l'Admiral Torrington d'aller chercher la Flotte ennemie, & de la combattre à quelque prix que ce fut. On ne tarda point à la découvrir; les François pour cette fois alloient à coup seur: aussi-tôt que l'Admiral Torrington les vit paroître il se mit en ordre de Bataille; mais dés qu'il eut engagé l'Escadre Hollandoise, à qui il avoit donné l'Avantgarde sous le specieux prétexte de luy faire honneur, il demeura oiseux & immobile spectateur du Combat, le plus âpre & le plus signalé qui soit arrivé dans nôtre siecle. Aprés trois heures de Combat reglé entre l'Escadre bleuë Françoise & l'Escadre Hollandoise, qui avoit mis cette premiere dans un tel estat qu'elle se trouvoit obligée de fuir à pleines voiles, tout d'un coup l'Admiral Evertsen se vit entouré de toute la Flotte ennemie; cependant la Flotte Angloise ne remuoit point; point de diversion; point de secours; il n'y eut que le brave Duc de Grafton, & un autre Capitaine de Vaisseau, qui plus sensibles à l'Honneur de la Nation Angloise, qu'à l'ordre de leur Admiral, s'avancerent malgré luy pour combattre. Ce fut alors que

l'Hon-

GUILLAUME III.

l'honneur, la colere, le dépit de se voir trahi, & de perdre la Victoire que l'on avoit déja comme empoignée, fit faire aux Hollandois une action qui tient du prodige, puisque non seulement vingt & deux Navires soûtinrent pendant plusieurs heures le feu de 82. grands Vaisseaux dont une partie montoit depuis 80. jusqu'à cent pieces de Canon ; les percerent, & les delabrerent pour la plûpart, & ne quitterent l'honneur du Champ de Bataille, que lors qu'ils s'apperçûrent qu'à peine leur restoit-il trois Vaisseaux de guerre qui fussent en estat de bonne défense ; mais alors percez & démontez comme ils l'estoient, ils se firent jour à travers de la Flotte ennemie, la contraignirent d'abandonner 17. Navires démâtez, & vinrent aborder sur les Côtes d'Angleterre entre Beverier & Ferley ; sans avoir perdu dans cette action que deux ou trois de leurs Vaisseaux, avec les Contramiraux, Braeckel & Jean d'Iick, qui seront regretez long-temps dans la Republique : tel fut le succez du Combat Naval dont on a dit à Paris, que la Victoire estoit aux François, la Gloire aux Hollandois, & l'Ignominie aux Anglois. Mais quand le General manque de courage, ou qu'il est peut-être Traître dans le cœur, la Nation n'en peut pas repondre, c'est pourquoy les François rapportent mal l'Ignominie aux Anglois ; on voit le contraire en Irlande, puisque par tout ils les ont batus avec les Irlandois, quoyque retranchez devant une grande Riviere.

Voicy deux Medailles que l'on a frappé à l'honneur de nôtre Heroine Reine touchant la Bataille de Mer, & la trahison qui se tramoit en Angleterre ; d'un côté vous voyez cette grande Reine en Buste, avec ces mots autour.

MARIA DEI GRATIA MAGNÆ BRITANNIÆ, FRANCIÆ, ET HIBERNIÆ REGINA.

Marie par la Grace de Dieu Reine de la Grand Bretagne, de France & d'Irlande.

REVERS

NOtre Grande Reine débout avec un Trident à la main comme un Neptune, de l'autre une Corne d'abondance, ce qui nous fait entendre par ce Trident qu'Elle commande sur l'Empire de la Mer, la Corne d'abondance, qu'Elle repand avec abondance pour soûtenir cet Empire qu'Elle possede ; Elle envoye les Traîtres à la Tour, & donne tous les ordres nécessaires pour réparer la Flotte Hollandoise, Elle fait même distribuer de l'argent aux pauvres Matelots qui avoient beaucoup souffert ;

132 HISTOIRE DU ROY

fit penser les blessez, & leur fit donner tout ce dont ils pouvoient avoir besoin; & en fort peu de temps la Flotte fut sur pied, & en estat d'agir contre son ennemy. Il y a ces mots autour de la Medaille.

DISSIPAT ET REFICIT.
Elle dissipe le trouble, & rétablit la Flotte.

Dans l'Exergue

REGINA REGENS.
La Reine Regente.

La Seconde.

Nôtre grande Reine Regente en Buste, avec cette Inscription autour.

MARIA DEI GRATIA MAGNÆ BRITANNIÆ, FRANCIÆ, ET HIBERNIÆ REGINA.

Marie par la Grace de Dieu Reine de la Grand Bretagne, de France & d'Irlande.

REVERS

UNe Lionne qui tient dessous ses deux Serres deux Serpens, ce qui fait entendre la grande prudence avec laquelle sa Majesté la Reine a conduit toutes choses pendant sa Regence; il semble que la Lionne dit au Lion son mâle qu'elle aura soin de ses Lionceaux qui sont dans une Caverne, qu'elle fera son possible de les bien conserver pendant qu'il sera à recueillir des Lauriers. C'est pour nous faire entendre que le Roy ayant laissé le Gouvernement à la Reine, se reposoit entierement sur Elle. Aussi avoit-il bien raison de le faire. Elle a donné des épreuves trés-grandes d'une trés-grande présence d'esprit dans cette Trahison, & dans ce Combat Naval, ses ordres estoient si bien donnez & si bien executez, que les François n'oserent rien entreprendre, & se retirerent fort honteux de voir leur coup manqué. Autour sont ces mots.

TE ABSENTE TUEBOR.
Pendant que vous serez absent je les défendray.

C'est

C'eſt ce qu'a fort bien dit, & bien executé ſa Majeſté la Reine Marie, pendant l'abſence de nôtre Grand Conquerant, qui eſtoit à l'expedition d'Irlande. Elle ne s'eſt pas ſeulement protegée, mais elle a attaqué & vaincu les Ennemis du Royaume par ſon bon Gouvernement, & la trés-ſage conduite de ſes Armes.

Dans l'Exergue

REGI REDIVI.
Au retour du Roy.

Pour ce qui eſt de la troiſiéme & derniere Bataille, où les François ont eu quelque foible avantage ſur les Alliez, ce fut celle qui ſe livra prés de Saluſſes, entre S. A. R. Monſieur le Duc de Savoye, & Monſieur de Catinat General d'Armée. L'Infanterie Savoyarde fit aſſez bien ſon devoir; mais le Duc ayant été attaqué par un Marais que l'on avoit crû impraticable, ſa Cavalerie qui n'eſtoit pas aſſez forte de ce côté-là: lâcha le pied, & il fut obligé de faire retraite. Il y eut ſur la place environ deux mille morts de part & d'autre, mais les François eurent l'honneur du Champ de Bataille, & un plus grand nombre de priſonniers.

L'Empereur n'avoit pas pris de ſi bonnes meſures, ſoit qu'il crût d'un côté 1690. avoir aſſez fait que d'avoir fait élire ſon fils pour Roy des Romains, comme il le fut à Ausbourg le 18. de Decembre, & rompu par là le grand deſſein de la France, qui aſpiroit à cette Dignité depuis tant d'années pour le Dauphin; ſoit que de l'autre il méconnut les forces du Turc, & ne les crût point en eſtat de faire un effort. Auſſi n'eut-il point pendant cette année de trop bons ſuccez. On ne fit ſur le Rhin qu'arrêter les François ſur les bords de ce fleuve; encore ne pût on empêcher leurs Incendiaires de le paſſer ſouvent, & de mettre en cendres impunement des Villages, des Bourgs, & des Villes entieres; il eſt vray que vers la Hongrie Caniſa Ville conſiderable, & l'un des quatre *Begliergbejats*, ou Gouvernemens à quoy les Turcs reduiſoient ce qu'ils poſſedoient dans la Hongrie, ſe rendit par compoſition aprés un long Blocus. Mais ce bonheur fut traverſé par la perte de deux Batailles remportées ſur les Troupes de l'Empereur, l'une par les Tartares, qui eſtans entrez en Servie au nombre de dix mille ſurprirent le Prince de Holſtein, & luy taillerent en pieces 5. Regimens ſans faire quartier à perſonne, & l'autre par le Comte Teckely, qui eſtant entré en Tranſylvanie, dont il avoit été créé Prince par le grand Seigneur, ſurprit auſſi le General Heuſler, & le prit Priſonnier aprés luy avoir tué prés de quatre mille hommes. D'ailleurs pluſieurs Villes tomberent entre les mains des Turcs, Coſſorva, Novizabas, Niſſa qui fut attaquée par le Grand Viſir avec une Armée de 80000. hommes, & qui ſe rendit le 8. de Septembre aprés un aſſez long Siege; Widin qui ne tint que quatre jours; Semendria qui fut priſe d'aſſaut, & la Garniſon de 500 hommes paſſée au fil de l'épée; & enfin Belgrade qu'un malheur ſignalé ravit à l'Empereur le 8. d'Octobre. Les Turcs l'avoient aſſiegé dés le premier de ce mois, & il y avoit apparence d'une longue & vigoureuſe reſiſtance, y ayant dans la Place 6000. hommes de vieilles Troupes, & toute ſorte de Munition, ſous le Commandement du Comte d'Apremont, & de pluſieurs braves Officiers. Mais une Bombe des Turcs eſtant tombée ſur la groſſe Tour, où eſtoit le Magazin des Poudres, cette Tour ſauta en l'air, & tua 1200. hommes de la Garniſon; la plûpart des Maiſons furent renverſées; il s'ouvrit de grandes brêches aux murailles de la Ville; preſque toutes les Maiſons eſtoient en feu, & l'on n'y entendoit que des cris lamentables;

mentables, lors que les Turcs profitans du defordre monterent à l'affaut, & acclablerent les affiegez par le nombre. Il perit treize mille hommes dans cette occafion ; fept mille de la part des Turcs, & fix mille de la part des Imperiaux, dont il n'y eut que le Duc de Croy, le Comte d'Apremont, & le Comte d'Archinto qui fe fauverent fur le Danube avec fix cens hommes ; il eft vray que fur l'arriere-faifon les Turcs reçûrent une petite difgrace auprés d'Effeck, dont ils leverent le Siege avec perte de leur Canon & de leur Bagage ; & le Comte Teckely fut aufli chaffé de la Tranfylvanie par le Prince Loüis de Bade. Il n'eft pas feur de fe figurer fon ennemy plus foible qu'il n'eft : il vaut beaucoup mieux préfumer trop bien de fes forces. Si l'on amaffe contre luy plus de force qu'il n'en faut, il n'en fera battu que plus feurement ; mais fi l'on n'en a point affez amaffé, on court rifque de reculer, & de tout perdre.

Pour ce qui eft de nôtre Grand Prince qui a fi juftement merité le titre de PROVIDUS, c'eft-à-dire, *Pourvoyant, ou voyant de loin*, par cette rare penetration de fon jugement qui a fauvé l'Europe de l'efclavage, il preffentit trés bien que fes Ennemis feroient cette Campagne de terribles efforts pour arrêter le cours de fes juftes deffeins, & pour obfcurcir, s'ils pouvoient, la Gloire de fon Regne. Il y avoit plufieurs raifons qui fembloient le devoir retenir en Angleterre, comme le peu de temps qu'il y avoit qu'il eftoit monté fur le Thrône, & la neceffité de s'y affermir ; le grand nombre de perfonnes mal intentionnées, qui ne cherchoient qu'à broüiller & à remuer : le peril des confpirations & des Machinations pendant fon abfence, l'incertitude de la Victoire dans les Combats, & la Capacité du Duc de Schomberg pour conduire à fon défaut les Armées d'Irlande. Mais ces raifons qui auroient pû éblouïr & arrêter un efprit vulgaire, ne pûrent rien du tout fur le genie éclairé de nôtre Grand Heros. Il jugea que la France trop éclairée pour efperer de faire remonter le Roy Jacques fur le Thrône d'Angleterre, ne cherchoit qu'à amufer les Anglois par la guerre d'Irlande, & à éluder le coup de ruïne, que cette Nation riche & belliqueufe pourroit luy porter, fi elle vouloit faire le moindre effort. Qu'il falloit terminer cette guerre avec promptitude, pour fe mettre en eftat d'agir ailleurs ; que l'on iroit plus vifte, & que les neceffitez de l'Armée feroient mieux fournies qu'elles ne l'avoient efté, quand il y feroit en propre perfonne ; que fes Ennemis domeftiques ceffroient de l'eftre, & le jugeroient digne d'eftre leur Roy, quand ils le verroient expofer fa vie pour la Gloire de la Nation ; & que le vray moyen de mettre à la raifon ceux de dehors eftoit de reduire l'Irlande, & de fe mettre en eftat d'aller droit à eux. Sur cela il réfolut d'y aller faire la Campagne en propre perfonne ; & notifia fa réfolution au Parlement. Il n'y eut perfonne dans cette Affemblée qui n'admiraft la Generofité de ce Grand Prince, & qui ne fit des vœux pour le fuccez de fes Armes, & pour fon retour. Cependant le Parlement fut prorogé jufqu'au 12. d'Avril ; mais comme on fe préparoit à y connoître des infractions arrivées fous les deux Regnes précedens, ce qui apparemment auroit caufé des animofitez dans les efprits, & fait répandre du fang, le Roy qui a toûjours fait marcher la Clemence à la tête de fes rares Vertus, crût devoir empêcher cette juftice fevere ; pour cet effet il jugea à propos de diffoudre le Parlement par une Proclamation du 16. d'Avril, qui en convoquoit un autre pour le 30. Dés que cette Affemblée fut ouverte le Roy s'y rendit, & remontra aux deux Chambres, que comme il defiroit que tout le monde fut heureux fous fon Regne, il avoit fouvent recommandé au dernier Parlement de paffer un Acte d'Amniftie ; qu'eftant preft à paffer en Irlande, & ne voulant point laiffer de prétexte ni d'excufe à aucun de fes Sujets pour exciter des troubles dans l'Eftat, il avoit réfolu de leur envoyer un Acte de Grace, où ils verroient que les plus criminels font exceptez ; qu'il les conjuroit de le confirmer, & de concourir avec luy à l'établiffement du bien public, en confervant entre

tre

GUILLAUME III.

tre eux une bonne union, en le mettant en eſtat de pouſſer cette guerre avec autant de promptitude que de vigueur, & en luy donnant ſur tout de prompts ſubſides pour ſon Expedition d'Irlande. Qu'au reſte il laiſſeroit pendant ſon abſence l'adminiſtration du Gouvernement à la Reine, & que ſi un Acte de Parlement eſtoit neceſſaire pour cela, qu'il les prioit de l'expedier. Ce diſcours où la Sageſſe, & la Probité de nôtre Grand Prince reluiſoient ſi fort, plût auſſi à tous. On regla tout ſelon les deſirs de ſa Majeſté, qui tres ſatisfaite de ſon Parlement, le remercia, & partit de Londres le 14. jour de Juin, chargée des vœux & des applaudiſſemens de tout le Peuple. Comme les Anglois ſont braves, & aiment la Gloire, il y eut un grand nombre de Milords, de ſimples Gentilshommes, & d'autres Perſonnes diſtinguées, qui ſe firent un devoir & un point d'honneur de l'accompagner dans les perils, & d'expoſer leur vie pour ſon ſervice. Ce ne fut ſur la route que vœux, qu'acclamations, que benedictions ſinceres de la part du Peuple, qui s'attroupoit par tout pour voir le Liberateur de la Nation, & le Glorieux Inſtrument dont Dieu ſe vouloit ſervir pour les proteger & pour les defendre. Il s'embarqua à Highlake le 21. de Juin & ne pût debarquer que trois jours aprés à Carrigfergus, Port celebre d'Irlande, d'où il alla par terre à Belfaſt.

En memoire de ce Trajet on fit frapper les Medailles ſuivantes.

Le Roy en Buſte avec cette Inſcription.

GUILLELMUS III. DEI GRATIA BRITANNIÆ, FRANCIÆ, ET HIBERNIÆ REX, BELGII GUBERNATOR.

Guillaume III. par la Grace de Dieu Roy de la Grand Bretagne, de France & d'Irlande, Gouverneur des Provinces-Unies.

REVERS

Une Licorne qui d'un ſaut paſſe la Mer; dans le lointain une Flotte; & ſur le bord de la Mer trois Crapaux qui croaſſent; avec cette Inſcription.

NON METAM ABJECTA MORANTUR.

Des choſes ſi viles & ſi abjectes ne retarderont point mon entrepriſe.

La Licorne eſt le ſymbole de la viteſſe avec laquelle nôtre Grand Prince s'eſt tranſ-

transporté en Irlande; & les trois Crapaux, qu'on dit avoir esté les anciennes Armes des François, veulent dire par l'Inscription, que le bruit des Armes de cette Nation, n'ont point empêché le Heros de passer dans ce Royaume.

Dans l'Exergue

TRAJECTUS IN HIBERNIAM.
M. DC. LXXXX.

Le Passage en Irlande.
1690.

En voicy une seconde sur le mesme sujet. Le Roy en Buste avec une Couronne de Laurier, & ces paroles autour.

GILLELMUS III. DEI GRATIA BRITANNIARUM REX, ARAUSIONENSIUM PRINCEPS, ET BELGII GUBERNATOR.

Guillaume III. par la Grace de Dieu Roy de la Grand Bretagne, Prince d'Orange, & Gouverneur des Provinces-Unies.

REVERS

Une Aigle qui porte dans son Bec une Branche d'Olivier, & un Rameau d'Orange avec des fruits; autour ces mots.

ALIS NON ARMIS.

Non par ses Armes, mais par ses Ailes.

C'est pour montrer que ce n'est point pour dompter l'Irlande, & y porter la fureur de la Guerre qu'il y est allé, mais pour y porter l'Abondance & la Paix.

Dans l'Exergue

TRAJECTUS IN HIBERNIAM LOND. ₁/₁₁ JUN. 1690.

Le Passage en Irlande le ₁/₁₁ de Juin 1690.

Cette

GUILLAUME III.

Cette troisiéme a cecy de particulier ; c'est qu'elle marque le fâcheux estat de l'Irlande, & la necessité de la présence du Roy pour la restablir. Le Roy en Buste avec cette Inscription.

GUILLELMUS III. DEI GRATIA MAGNÆ BRITANNIÆ, FRAN-CIÆ, ET HIBERNIÆ REX.

Guillaume III. par la Grace de Dieu Roy de la Grand Bretagne, de France & d'Irlande.

REVERS

L'Irlande qui va perir tend les Bras à Jupiter & à Neptune, c'est-à-dire qu'elle demande d'estre promptement secouruë par terre & par Mer ; au dessus de Neptune paroit un Phœbus, c'est le Symbole du Roy Guillaume, qui va avec rapidité secourir les oppressez, & appaiser les troubles du Royaume ; autour on lit ces mots qui expriment les plaintes & les desirs du Peuple Irlandois.

NISI TU QUIS TEMPERET IGNES.

Nous perissons, si tu n'appaises les feux qui nous devorent.

Avant que le Roy fut arrivé en Irlande, le Duc de Schomberg avoit remporté divers avantages sur les Irlandois, comme leur défaite auprés de Cavan, sous la conduite du fameux Wolseley, la prise du Château de Killishandra, de celuy de Ballingargi, & de la Ville de Charlemont, trois Postes trés considerables dans cette Isle. Mais ces petites Victoires ne decidoient rien ; & il falloit frapper un grand coup, dont le bras trés capable, & trés suffisant de l'Illustre Schomberg reservoit la Gloire au Roy Guillaume. Le Roy Jacques s'estoit mis à la tête d'une Armée nombreuse ; outre les François qui luy estoient restez de la Campagne précedente, les Troupes reglées du Comte de Tirconnel, & toutes les Milices du Royaume d'Irlande qu'il avoit contraint ; il avoit depuis peu reçû de France sous la conduite & le Commandement du Comte de Lauzun, un renfort de 5000. hommes de bonnes Troupes, avec toute sorte de Munition de guerre, & d'hommes experimentez pour s'en bien servir : ce prodigieux amas d'hommes le rasseuroit contre la crainte de son Ennemy, & l'opinion de sa Valeur & de son Courage ; il esperoit de l'accabler par la multitude, s'il ne le pouvoit vaincre par la Valeur ; & comme s'il avoit voulu forcer aussi la Nature à combattre pour luy, il attendoit le HEROS sur les bords d'un fleuve, qu'il avoit mis en-

S   tre

tre eux deux avec des retranchemens redoublez, pour arrêter là toute sa Valeur, & luy rendre ce passage impraticable. Pour ce qui est du Roy Guillaume, il perdit peu de temps à recevoir des Adresses & des Complimens ; content selon sa coûtume de les meriter, il se rendit à l'Armée, & la trouva composée de 62. Escadrons de Cavalerie ou de Dragons, & de 52. Bataillons d'Infanterie. Cela pouvoit former environ quarante à 50000. hommes ; mais c'estoit de bonnes Troupes ; & l'exemple d'un Heros les animoit. Il la partagea en quatre Corps, l'Avantgarde commandée par le Lieutenant General Douglas ; l'Aîle droite commandée par le Major General Kirke ; l'Aîle gauche par les Comtes d'Oxfort & de Solms, & le Corps de Bataille par sa Majesté, par le General de Schomberg, & Monsieur de Scravemoer ; puis s'estant mis en marche, il arriva à Dundalke le 7. de Juillet ; & ayant campé le 9. au delà d'Ardée, toute l'Armée se rendit le 10. sur la pointe du jour du côté de Drogheda, où l'on trouva l'ennemy campé le long de la Boyne. La Boyne est une large & profonde Riviere sur les bords de laquelle, praticables en tres peu de lieux, le Roy Jacques s'estoit posté avec son Armée, & fait élever des Retranchemens. C'estoit là les obstacles qu'il falloit forcer pour aller à luy, entreprise que plusieurs jugeoient trop hardie, & à laquelle des Generaux mesme s'opposoient. Comme on estoit occupé à chercher des guez, & que l'Armée attentive aux demarches du Roy, attendoit en suspens sa résolution, il arriva un accident qui faillit à tout perdre par un coup fatal ; c'est que le Roy qui veut tout voir, & qui ne connoit point de peril, où les lumieres de sa Prudence, & les mouvemens de sa Generosité l'appellent, s'estant trop avancé pour reconnoître l'Armée Ennemie, fut blessé à l'épaule d'un boulet de Canon pesant six livres, qui ne fit heureusement qu'effleurer sa peau, & y laisser une playe large, mais peu profonde. Toute l'Armée frissonna quand on apprit ce coup fatal ; il n'y eût que cette Grande Ame qui ne s'en émût point, & qui dit de sens froid en le recevant, *il ne falloit point que le coup fut plus prés.* Cependant des raisons pressantes & nécessaires obligeoient ce Prince à livrer un Combat sans aucun delay, comme les Conspirations tant d'Ecosse que d'Angleterre, & le mauvais succez du Combat Naval l'on fait connoître. Les Ames des Heros sont inspirées ; il fit penser sa playe ; & ayant appris qu'à trois mille plus haut que le Camp, il y avoit un gué praticable, qui n'estoit gardé qu'assez foiblement, il donna ordre au Comte Menard de Schomberg, de partir le lendemain matin avec un Corps de Troupes, tant de Cavalerie, que d'Infanterie, pour forcer ce Passage, & prendre aprés cela l'ennemy en flanc. Cette entreprise réüssit, & ce brave Comte estant entré dans l'eau le Sabre à la main, à la tête de ses Troupes, rompit huit Escadrons des Ennemis qui se voulurent opposer à luy. Le Roy informé de ce bon succez fait sonner la charge, & donne ordre à l'Armée de passer par tout. Alors commença cette grande & memorable Journée *du Passage de la Boyne,* que la Posterité aura peine à croire, puis que ni le Passage du Granique par Alexandre le Grand, ni le Passage du Rhin par César, dont l'Antiquité a fait tant de bruit, ni le Passage de ce mesme fleuve par les Troupes de Loüis XIV., à la derniere guerre de Hollande, n'ont rien eu de pareil ni d'approchant. Il y avoit trois endroits que le Prince avoit designez, pour faire passer son Armée tout à la fois, l'un à gauche, où la Cavalerie passeroit à la nage, l'autre à droite où l'Infanterie auroit de l'eau jusques sous les reins, & un troisiéme gué le meilleur des trois ; le signal estant donné tout le monde s'avance ; l'Armée du Roy Jacques estoit en Bataille à l'autre bord ; & l'on ne voyoit par tout sur ce fatal rivage que des Escadrons ennemis s'avançans dans l'eau d'une demarche fiere & menaçante, pour arrêter là les nôtres, & les enterrer morts dans cette large fosse que la Nature a creusé pour nourrir les vivans ; avec d'horribles Bataillons qui paroissoient derriere eux la pique à la main, enterrez tout vivans pour tuer mieux, & pour recevoir du bout de leurs Armes ceux qui échapperoient à celles de leurs compagnons. C'estoit là un Spectacle à ébranler des ames foibles ; mais l'intrepidité du Chef avoit passé dans ses Troupes. Saisi de cette espece de noble fureur qui porte les grands hommes à méprifer les perils, & à faire les grandes chofes, le Soldat animé entre dans les ondes, où marchant & s'avançant avec un courage intrepide, le feu de l'ennemy ne l'émût plus. Il s'approche de luy jufqu'à bout touchant ; & fait une si horrible décharge que les Efcadrons ennemis s'abyfment devant luy ; ceux qui les fuivoient étonnez de ce fpectacle font faifis de peur, ils chancellent, ils reculent, ils fe renverfent ; les Retranchemens font forcez ; tout plie ; tout s'enfuit ; & laiffe à l'Armée un paffage libre. Déja nôtre Grand Roy Guillaume qui eftoit paffé à cheval dans la plus grande chaleur de cette action, malgré fa grandeur & fa bleffure, exhortant & animant fes braves Troupes par fon Exemple, s'eftoit rangé en Bataille fur les bords du fleuve, & pourfuivoit fa Victoire en s'avançant ; lorfque le Roy Jacques qui s'eftoit jufqu'icy tenu fur une Eminence, d'où il avoit efperé qu'il verroit perir l'Armée de fon ennemy dans la Riviere, trompé dans fon opinion, fe vit contraint de defcendre pour le combattre. Alors on recommença un combat terrible ; l'aîle gauche de l'ennemy fit ferme d'abord ; & l'on fut long-temps fans pouvoir la rompre, ni rien avancer ; les François & les Suiffes que le Comte de Lauzun commandoit, fe battoient en braves ; les Irlandois mefme faifoient leur devoir ; mais dés que le Roy Guillaume fe fut avancé fondant & fe ruant fur l'ennemy avec le Corps de referve, on vit plier devant luy toute cette multitude ; le Roy Jacques voyant fon Armée en confufion prend la fuite ; l'Armée fuivant l'exemple du Chef fe debande ; la Cavalerie court aux montagnes, ou fe met à couvert de quelque Marais, des Regimens entiers d'Infanterie mettent bas les Armes pour mieux courir : Il n'y a que les Comtes de Lauzun & de Tirconnel, qui fe retirent avec quelques Troupes en affez bon ordre. Cependant le Roy Guillaume à qui un fecond boulet de Canon venoit d'emporter une partie de la botte, fans qu'il en reçût d'autre mal qu'une contufion affez legere, s'écrioit par tout d'épargner le fang. Cette voix arrête le Soldat dans fa fureur, & fauve la vie à des milliers d'hommes. On fait cartier à tous ceux qui le voulurent avoir ; & l'on ceffa par la Clemence du Roy de pourfuivre l'ennemy à fept ou huit mille du Champ de Bataille. Ainfi finit la Journée de la Boyne. Cette Victoire fut illuftre ; & n'auroit point paffé pour fanglante, fi le Grand Duc de Schomberg, l'Illuftre Walker, & plufieurs Officiers Anglois, & Refugiez, n'y fuffent peris ; & fi elle n'eût point coûté de fang au Roy même. Au refte fi l'on a tant joüé Alexandre le Grand pour avoir ofé paffer avec fon Armée une méchante Riviere, dont les bords eftoient libres & fans Ennemis ; Cefar pour avoir trouvé l'invention d'un Pont, à la faveur duquel il paffa le Rhin ; Loüis XIV. pour avoir veu à fon aife & fans peril de deffus le rivage de ce grand fleuve, fa Cavalerie le paffer à la Nage, & fon Infanterie dans des Bâteaux, fans qu'il y eût perfonne qui s'oppofaft ; que dira-t-on du Grand Guillaume paffant la Boyne ?

Auffi a-t-on fait battre les Medailles fuivantes pour conferver à la Pofterité la memoire de cette grande Journée.

La Premiere.

Le Roy en Bufte avec ces paroles.

GUILLELMUS III. D. G. MAGNÆ BRITANNIÆ REX JA-
COBO ET LUDOVICO TRIUMPHAT.

Guillaume III. par la Grace de Dieu Roy de la Grand Bretagne, triomphe de Jacques & de Loüis.

REVERS

Le mesme Roy passant la Boyne à cheval, avec ces paroles autour.

ET VULNERA ET INVIA SPERNIT.

Il méprise les dangers, les blessures, & les passages les plus difficiles.

Dans l'Exergue

EJICIT JACOBUM, RESTITUIT HIBERNIAM.
M. DC. XC.

Il chasse le Roy Jacques, & rétabit l'Irlande.
1 6 9 0.

La Seconde.

Celle-cy est la mesme que la précédente, excepté la Devise d'autour du Buste que l'on a changée. Car on n'y trouve que ces mots.

GUILLELMUS III. DEI GRATIA MAGNÆ BRITANNIÆ, FRANCIÆ, ET HIBERNIÆ REX.

Guillaume III. par la Grace de Dieu Roy de la Grand Bretagne, de France & d'Irlande.

GUILLAUME III.

REVERS

Tout de mesme comme dans la précédente.

La Troisiéme.

Le Roy Guillaume en Buste, avec ces paroles.

GUILLELMUS III. D. G. MAGNÆ BRITANNIÆ, FRANCIÆ, ET HIBERNIÆ REX.

Guillaume III. par la Grace de Dieu Roy de la Grand Bretagne, de France & d'Irlande.

REVERS

LE mesme Roy en action de General, passant la Boyne à cheval, à la tête de son Armée, & faisant fuir devant luy les Troupes du Roy Jacques & de Loüis XIV.; on voit le Roy Jacques qui s'enfuit étendant les bras comme un homme forcené; le Comte de Lauzun, qui le suit avec des Troupes en desor-
dre;

HISTOIRE DU ROY

dre; & plus bas le Grand Duc de Schomberg mort étendu fur la terre; avec le Celebre Miniftre Walker Gouverneur de Londonderry dans le temps du Siege. Autour on lit cette Infcription.

APPARUIT ET DISSIPAVIT.
Il n'a fait que paroître pour diffiper ces broüillards.

Pour marquer que la préfence du Roy en Irlande a diffipé, comme celle du Soleil, les troubles de la guerre, qui obfcurciffoient ce Royaume.

Dans l'Exergue
LIBERATA HIBERNIA.
M. DC. XC.
L'Irlande delivrée.
1690.

La Quatriéme.

Voicy encore une autre Medaille où paroît encore le Roy paffant la Riviere, avec la mefme Infcription autour.

APPARUIT ET DISSIPAVIT.
Il n'a fait que paroître pour diffiper ces broüillards.

Cela nous donne à entendre que la préfence de nôtre Grand Conquerant a diffipé, comme le Soleil fait difparoître les broüillards quand il paroît.

LIBERATA HIBERNIA M. DC. XC.
L'Irlande delivrée 1690.

REVERS

Nôtre Grand Monarque débout habillé à la Romaine; l'Irlande à fes pieds appuyée fur fon efcuffon, fuppliant, & demandant la protection de nôtre Grand Heros

GUILLAUME III.

Heros qui la luy accorde en la couvrant du Chapeau de la Liberté, il s'appuye sur un Autel pour l'asseurer de sa Protection. L'on voit les Rebelles & les François, qui fuyent à grand hâte; au bas de l'Irlande sont tous les Instrumens des esclaves c'est-à-dire, les menotes & les chaines, ce qui dénote que ce Grand Roy l'a déchargée de toutes ses peines, & a appaisé ses douleurs. Autour de la Medaille sont ces mots.

FOCOS SERVAVIT ET ARAS.

Il a conservé les Autels & les Maisons.

Cela nous fait entendre qu'il a mis en seureté la Religion, & le Bien Public de ses pauvres Sujets Protestans.

Dans l'Exergue

EXPULS. GAL. ET REBEL. DUBLIN. TRIUMPHANS INTRAVIT.

Aprés avoir battu les François & les Rebelles, il est entré triomphant dans la Ville de Dublin.

La mort du Duc de Schomberg fut un malheur sensible au Roy, & à toute l'Armée. Il avoit passé la Riviere tout des premiers, & poursuivoit l'Ennemy dans un Village, lorsque des inconnus, qu'on croit avoir esté des gardes du Comte de Tirconnel, fuyans & courans sans sçavoir où, comme des furieux, le rencontrerent par hazard, & luy déchargerent sur la tête deux coups de Sabre, avec un coup de Pistolet dans le gosier, dont il mourut peu aprés sans pouvoir parler. Ainsi finit ce grand Homme que la France, le Portugal, l'Allemagne, & enfin l'Angleterre avoient honoré comme à l'envy, plus Grand neantmoins par ses vertus que par l'eminence des Charges & des Dignitez où il fut élevé pendant sa vie. Frederik de Schomberg *Marquis d'Harwicht, Comte de Brentfort & du S. Empire, Stathouder de Prusse, Grand d'Espagne, Maréchal de France, General des Forces d'Angleterre, de France, de Portugal &c. & Chevalier de la Jarretiere,* estoit en effet un Grand Capitaine, sage & retenu quand il le falloit; vigilant, actif, & brave au possible quand il s'agissoit de combattre: égal en toutes choses aux plus grands Capitaines de nôtre Siecle; il avoit en propre le rare talent de sçavoir ménager les Troupes, & profitoit si bien de tout qu'avec peu de Forces on l'a vû dissiper des Armées nombreuses. Au reste il avoit uni aux qualitez Militaires qui font le Grand Capitaine, toutes les Vertus Civiles & Religieuses qui font l'Honnête homme, & l'homme de bien; doux, affable, bien-faisant, sincere, & trés ennemy des souplesses de la Cour; il faisoit les delices, & la confiance de tous ceux qui l'abordoient; le faste, l'ambition, la fausse gloire, & les vûës d'intérêt mondain n'eurent point d'empire sur son cœur; comme il avoit une pieté solide & éclairée, il demeura attaché à la pure Religion qu'il avoit reçûë de ses Peres; & méprisant les Grandeurs mondaines, il aima mieux sortir de France, & estre affligé avec le Peuple de Dieu pour s'asseurer le bonheur du Ciel, que de s'y conserver par l'Apostasie les faveurs & les graces d'un homme aussi mortel & aussi perissable que luy, plus grand qu'un homme connu qui y succomba, & ternit par sa chûte une vie illustre. Or comme il est juste d'honorer la Memoire des Grands Hommes aprés leur mort, on fit frapper cette Medaille à l'Honneur du Duc.

D'un côté il paroît en Buste avec cette Inscription.

FREDERICUS MARESCHALLUS SCHOMBERG, &c.

Frederic Maréchal de Schomberg.

HISTOIRE DU ROY

REVERS

LE mesme Schomberg vestu à la Romaine comme Romulus ; tenant de sa main droite à un arbre verdoyant, & s'appuyant de la gauche sur un Bouclier, au milieu duquel on lit PRO CHRISTO; *pour Christ*, il foule aux pieds les Richesses & les Couronnes, pour figurer qu'il a meprisé toutes les Grandeurs qu'il possedoit en France, & tous les avantages que Loüis XIV. luy faisoit offrir, s'il vouloit abandonner sa Religion. Derriere la Figure est une Pyramide, du pied de laquelle sort un Rameau de Laurier, qui entoure en montant les Armes des Royaumes où il a commandé, & remporté des Victoires. Autour est ce mot.

PLANTAVIT UBIQUE FERACEM.

Il l'a planté par tout avec abondance.

Ce qui veut dire que par tout où il a combattu, il a toûjours été Victorieux.

Dans l'Exergue

CONTINUATIS TRIUMPHIS, OBDURATA IN DEUM FIDE, IN HIBERNIA MILITANTI.

Au Heros combattant en Irlande, où il a continué de triompher, fortifié & endurci dans la vraye foy 1690.

Sur le Cercle exterieur.

PRO RELIGIONE, ET LIBERTATE MORI VIVERE EST.

C'est vivre que de mourir pour la Religion, & pour la Liberté.

Aprés que l'Armée du Roy Guillaume se fut reposée de la fatigue du Combat, & répandu de justes larmes sur le Corps du Duc de Schomberg, le Roy prit la route de Dublin qui est la Capitale de l'Irlande. On se preparoit à l'y recevoir comme Roy, & comme Roy Vainqueur ; la défaite du Roy Jacques qui n'y estoit passé qu'en s'enfuyant, ayant desarmé la Milice, ouvert les prisons aux

Pro-

GUILLAUME III.

Proteſtans qui y eſtoient renfermez, obligé le Gouverneur à rendre les Clefs, & la Regence à deputer vers le Roy Guillaume, pour ſupplier ſa Majeſté de vouloir bien venir dans cette Ville pour y recevoir les Hommages qui luy eſtoient deus. Ce fut le 16. Juillet jour de Dimanche que ce Heros ayant reçû la Ville de Drogheda à compoſition, & appris la ſoûmiſſion volontaire de celle de Vexford, entra comme en triomphe dans cette Capitale, au milieu des acclamations & des applaudiſſemens du Peuple. D'abord ſa Majeſté ſe rendit à l'Egliſe Cathedrale pour rendre graces à Dieu de cette grande Victoire; puis ayant reçû les Hommages des Bourgeois, viſité le Château, & donné quelque ordre pour la tranquilité de cette Ville, il retourna à ſon Camp, où il reçût des deputations de pluſieurs Provinces, qui venoient ſe ſoûmettre à luy. En memoire de cette entrée du Roy dans la Ville de Dublin on fit frapper les Medailles ſuivantes.

La Premiere.

Le Roy en Buſte avec ces mots autour.

GUILLELMUS III. D. G. MAGNÆ BRITANNIÆ, FRANCIÆ, ET HIBERNIÆ REX.

Guillaume III. par la Grace de Dieu Roy de la Grand Bretagne, de France & d'Irlande.

REVERS

Une Pallas débout, & armée, tenant de la droite une Pique, & s'appuyant de l'autre ſur ſon Bouclier, ſur lequel on a gravé la tête de Meduſe. Dans le lointain paroît la Ville de Dublin; & les Irlandois qui en ſortent, & qui ſe retirent. Autour on lit ces mots qui marquent que le Roy eſt entré à Dublin aprés la défaite des Irlandois.

VICTIS ET FUGATIS HIBERNIS.

Les Irlandois ayant eſté vaincus & mis en fuite.

La Seconde.

Le Roy Guillaume en Buſte avec une Couronne de Laurier, & cette Inſcription.

HISTOIRE DU ROY

WILHELMUS III. D. G. ANGLIÆ, SCOTIÆ, FRANCIÆ, ET HIBERNIÆ REX, DEFENSOR FIDEI.

Guillaume III. par la Grace de Dieu Roy d'Angleterre, d'Ecosse, de France & d'Irlande, Défenseur de la Foy.

REVERS

La figure du Roy qui présente un Rameau d'Olivier à l'Irlande, représentée par une Femme à genoux devant luy, pour figurer que ce Grand Prince vient apporter la Paix à ce Royaume. Derriere le Roy est une Victoire, qui d'une main tient une Palme, & luy met de l'autre une Couronne sur la Tête. Autour on lit ces mots.

HIBERNIA RESTITUTA.
L'Irlande restablie.

Dans l'Exergue

M. DC. XC.

Dans l'épaisseur de la Medaille.

ARMIS JUNGIT AMOR, NUNC TERTIA REGNA DUOBUS.

C'est l'Amour & la Charité qui joint par les armes ce troisiéme Royaume aux deux premiers.

La Troisiéme.

Celle-cy contient comme une action de graces publique que l'on rend à Dieu pour l'heureux succez dont il a beni les Armes & les actions du Roy Guillaume. Une espece de Pyramide, sur le Pied'estal de laquelle est le Buste de ce Roy de figure ovale; au dessus sont les Armes des 4. Royaumes, portées par quatre figures qui les représentent chacun en particulier, ce qui paroit par les Roses, les Lys, les Leopards, & les Harpes dont leurs habits sont semez. Au bas du Pied'estal sont ces mots.

GUILLELMUS QUATUOR REGNORUM REX.
Guillaume Roy de quatre Royaumes.

GUILLAUME III.

REVERS

LA figure du Roy vestu à la Romaine, tenant le bras droit allongé, & portant sur sa main une épée, dont la pointe luy vient jusques sur la bouche. A la garde de cette épée quatre couronnes liées ensemble sont pendantes. C'est pour figurer que ce pieux Prince reconnoît dans son cœur, & confesse par sa bouche que c'est à la Bonté & à la Toute-puissance de Dieu qu'il est redevable de ses grands Exploits.

Dans l'Exergue

QUATUOR EX UNO.

Quatre par une.

Paroles qui ont de l'obscurité, mais qui semblent designer que ces quatre Royaumes seront maintenus, conservez, & réconquis par une mesme Epée, sçavoir par l'épée du Roy Guillaume.

Cependant le Roy Jacques avoit pris la poste, fuyant & faisant rompre les ponts derriere luy, de peur qu'il ne fut poursuivi: il s'embarqua à Waterfort. On a aussi frappé une Medaille sur cette fuite du Roy Jacques II. en Irlande. D'un côté vous voyez ce Roy en Buste. Les cheveux de la Perruque de derriere sont dans une bourse liée avec cette Inscription autour de la Medaille.

JACOBUS SECUNDUS BRIT. REX FUGITIVUS.

Jacques Second Roy de la Grand Bretagne fugitif.

REVERS

UN Cerf qui s'enfuit avec des aîles aux pieds de la hauteur de la Medaille, nous donne à entendre que la grande peur qu'avoit le Roy Jacques II., le faisoit fuir avec cette grande vitesse, de peur de tomber entre les mains de son Vainqueur. On représente fort bien par ce Cerf, qui est l'animal qui court le plus vîte pour la fuite, l'arrivée inopinée du Roy Jacques II. en France, qui surprit toute la Cour, & qui luy fut un coup de Massuë, car elle se préparoit à faire des feux de joye pour les Victoires qu'il avoit remportées, on beuvoit même aussi à celles qu'il devoit remporter, suivant leur esperance, & à la confusion du Prince d'Orange. Je prie Dieu qu'il n'aye jamais d'autre confusion que celle du Passage de la Riviere de Boyne. Cela nous fait voir qu'il ne faut jamais donner la Victoire à personne dans aucune occasion, puis qu'elle est si incertaine. Mais qui auroit peu avoir le front d'attendre un Roy qui passe une Riviere pour attaquer un Ennemy qui étoit plus puissant que luy, & retranché même sur le bord de la Riviere? Non il n'y avoit point de Soldat qui osât l'attendre, voyant sortir le feu des yeux de nôtre Grand Heros, qui passoit comme la foudre, son Exemple animant ses Soldats à en faire de même. C'estoient tous des Césars, & des Alexandres par la grande joye qu'ils avoient de se voir mener au Combat par un Jupiter, car sa mine nôtre Grand Roy ressembloit à Jupiter accompagné de ses foudres qu'il lançoit sur la tête de ses ennemis, & les mettoit tous en déroute. Mais quel soldat seroit assez temeraire pour resister à un Heros pareil à celuy-là, sur tout voyant son General s'enfuir de la maniere qu'il s'enfuyoit? Voilà la Confusion qu'a eu nôtre Grand Conquerant, que d'avoir remporté une pleine Victoire, & d'avoir la joye de voir fuir ses Ennemis devant luy. C'est ce que nous donne fort bien à entendre la Devise qui est autour de la Medaille de la Fuite du Roy Jacques, quand elle nous dit.

PEDIBUS TIMOR ADDIDIT ALAS.

La Crainte luy a donné des aîles aux pieds.

Dans l'Exergue

FUGIT EX HIBERNIA XII. JULII M. DC. XC.

Il a fuy de l'Irlande le 12. Juillet 1690.

Il arriva à S. Germain le vingt-sixiéme, comme il ne rouloit alors par toute la
Fran-

France que des idées de Joye, & des Victoires remportées fur terre & fur Mer, d'efperance faftueufe pour le Roy Jacques, & de confufion pour le Prince d'Orange, ce retour inopiné furprit tout le monde, & atterra les efprits comme un coup de foudre. Le Peuple foupçonneux & défiant de fon naturel fe crût trompé; & s'eftant imaginé qu'on luy avoit derobé l'eftat des chofes, & que les affaires publiques alloient trés-mal, on voyoit les gens triftes, penfifs, déconcertez dans leurs actions, interdits dans leurs difcours, & cachans leurs penfées & leurs reflexions dans un morne filence; jufques-là qu'à Paris les Marchands en gros fermoient leur Magazin, réfolus de garder leurs effets, & de faire leur bourfe pour s'en pouvoir fervir en cas de befoin. La nouvelle de cette confternation univerfelle ayant efté portée à la Cour, on jugea à propos d'y remedier par ce ftratageme; c'eft que la nuit du 27. au 28. de Juillet, les Commiffaires des quartiers reçurent ordre d'aller crier par toute la Ville, *qu'on eût à fe lever & à faire des feux de joye, parce que le Prince d'Orange, & le Marefchal de Schomberg eftoient morts.* Là-deffus fous les yeux & l'approbation de la Cour, le Peuple fe porta à Paris, & par tout le Royaume à des excez de fureur & d'extravagance, dont on n'a jamais entendu parler. On alluma des feux de joye dans toutes les ruës; on fit une effigie du Roy Guillaume; à qui on dreffa le procez dans toutes les formes; on la pendit, on la couvrit de bouë & d'injures, on la traina fur une claye par toutes les ruës; enfuite on la fut jetter à la Voirie, & un impie pouffa la fureur & l'extravagance de fon zele, jufqu'à boire en public à la fanté du Diable, qui avoit emporté, difoit-il, le Prince d'Orange. C'eftoit là faire fa Cour aux Intendans & aux Gouverneurs, & fignaler fon zele & fa devotion pour Loüis XIV. Miferable condition que celle de l'homme, qui s'oublie jufqu'à s'abandonner à de tels excez, & à renoncer de la forte à la raifon, & à tous les principes de l'humanité & de l'équité, pour fe rendre le joüet des paffions d'autruy, & des fiennes propres! Cette Procedure eft une tâche à l'Hiftoire de la vie de Loüis le Grand, que ni l'efprit de Racine, ni l'Eloquence de Boyleau n'effaceront point. Les honneftes gens du Royaume en rougirent de honte; & toutes les Cours de l'Europe s'en fcandaliferent: mais, il eft plus aifé de prendre les Villes que de vaincre fa paffion; & tout le Monde n'a point la trempe du cœur d'Alexandre le Grand, qui répandit des larmes finceres fur le corps de Darius, fon plus grand & fon plus puiffant Ennemy. Au refte on a reconnu en Irlande que fi la France avoit donné au Roy Jacques quelque fecours d'argent, elle ne l'avoit pas fait en trop grande mefure, puifque l'on trouva aprés fon départ, ce Royaume tout rempli d'une certaine monnoye de cuivre, que ce Prince contraint par la neceffité avoit fait frapper pour payer fes Troupes, qui n'ont jamais reçû d'autre argent de luy. On a trouvé à propos de la mettre icy pour la fatisfaction des curieux.

La premiere Efpece.

Le Roy Jacques en Bufte avec ces mots autour.

JACOBUS II. DEI GRATIA.

Jacques II. par la Grace de Dieu.

REVERS

La Couronne d'Angleterre; deux Sceptres croisez, qui la traversent; aux côtez ces deux lettres J. R. qui signifient *Jacques Roy* au dessus VI. c'est le prix de la piece qui valoit six sols; & au dessus de la Couronne *Julii*, ce qui marque le mois auquel on l'a frappée. Autour on trouve ces mots qui avec les premiers achevent l'Inscription.

MAGNÆ BRITANNIÆ, FRANCIÆ ET HIBERNIÆ REX 1689.

Roy de la Grand Bretagne, de France & d'Irlande.

La Seconde.

Le mesme Buste du Roy Jacques avec ces mots.

JACOBUS II. DEI GRATIA.

Jacques II. par la Grace de Dieu.

REVERS

La mesme Couronne traversée des mesmes Sceptres qu'à la précédente, & avec les mesmes lettres J. R. au dessus XII. pour marquer que cette piece valoit douze sols; au bas August. *Avust*, & autour le reste de l'Inscription.

MAGNÆ BRITANNIÆ, FRANCIÆ ET HIBERNIÆ REX.

Roy de la Grand Bretagne, de France & d'Irlande.

GUILLAUME III.

La Troisiéme.

La mesme Figure du Roy Jacques avec une Couronne de Laurier, autour ces mots.

JACOBUS II. DEI GRATIA.
Jacques II. par la Grace de Dieu.

REVERS

La mesme Couronne avec les mesmes Sceptres, les mesmes lettres J. R. & au dessus XXX. c'est-à-dire trente sols ; au bas le mois auquel elle a esté frappée, qui est le mois d'Octobre, autour le reste de l'Inscription comme sur les autres 1689.

JACOBUS II. D. G. MAGNÆ BRITANNIÆ, FRANCIÆ, ET HIBERNIÆ REX.

Jacques II. par la Grace de Dieu Roy de la Grand Bretagne, de France & d'Irlande.

REVERS

La Couronne d'Angleterre avec les Armes des quatre Royaumes; à côté de celles d'Ecosse est ce mot, anno Dom. *L'an du Seigneur :* plus bas à côté de celles de France 1690. cette piece valoit un escu à l'Armée de ce Prince. Autour on lit cette Devise.

CHRISTO VICTORE, TRIUMPHO.
Je triomphe si Christ est vainqueur.

Aprés

Aprés la Bataille de la Boyne, & la défaite du Roy Jacques les débris de son Armée se rassemblerent en trois lieux assez éloignez, Athlone, Waterfort, & Limerik. Le Roy l'ayant sçû fit poursuivre l'ennemy sans perdre de temps, & donna ses ordres pour l'attaquer en même temps dans toutes ses retraites. Il envoya un détâchement à Athlone sous le Commandement du Lieutenant General Douglas; un autre vers Limerik pour bloquer cette Place, & vint assieger Waterfort en propre personne. Cette Ville se soûmit à sa Majesté le 4. jour d'Aoust; & le Fort de Dunkanon le 5. Aprés quoy il se rendit en diligence auprés de Limerick. Comme cette Ville celebre par la résistance qu'elle fit à Cromwel, est la plus forte Place de l'Irlande; que la saison des pluyes approchoit, que les Comtes de Lauzun & de Tirconnel l'avoient pourvûë de toutes les choses nécessaires pour un long Siege, & y avoient laissé Monsieur de Boisselot, homme de merite, pour y commander, le Roy jugea à propos de rappeller le détâchement du Lieutenant General Douglas, & d'assieger cette Place avec toutes ses Forces. On ouvrit la tranchée le 27. jour d'Aoust; & l'on poussa les travaux avec tant de diligence & de courage, que malgré la résistance vigoureuse des assiegez, qui faisoient de frequentes sorties sur les assiegeans, aprés avoir emporté tous les dehors, on faillit à emporter la Place même l'épée à la main le 6. jour de Septembre, par une action de bravoure qui marquoit le grand zele que l'on avoit pour le service de sa Majesté, mais qui coûta la vie à dix-huit cens hommes. Le Roy ayant ordonné que l'on attaquât la Contrescarpe, & que l'on travaillât à s'y loger, celuy qui commandoit les Troupes qui formoient l'attaque, emporta l'ouvrage, & chassa l'ennemy des retranchemens; non content de cela, comme il voyoit ses gens animez, & que l'ennemy se retiroit devant luy avec beaucoup de précipitation par la brêche, il le poursuivit, & s'abandonnant à l'impetuosité de son courage, il crût pouvoir entrer par la brêche pesle-mesle avec eux, & emporter la Place de vive force; mais il trouva au haut de la muraille des retranchemens que l'Ennemy avoit faits, avec d'horribles batteries de part & d'autre, que l'on avoit pointé de ce côté-là. Il fait ferme neantmoins, & demande du secours; mais le secours ne vient point, & ces 1800. hommes furent taillez en pieces en moins de trois heures. Cependant les pluyes qui continuoyent remplirent d'eau les tranchées; & obligerent le Roy à lever le Siege. Ce fut une action de grande prudence; la terre estoit déja si fort amollie que l'on eût quelque peine à retirer & à emporter le gros Canon, & si l'on avoit encore attendu quelques jours, la Riviere qui vint à se déborder, auroit desolé toute l'Armée. Au reste comme la saison estoit incommode & avancée, & que ce qui restoit à faire en Irlande ne demandoit pas la présence du Roy, il s'embarqua à Dunkanon le 15. de Septembre, & arriva à Windsor le 19. On fit par toute l'Angleterre des réjoüissances publiques, tant pour les Victoires, que pour l'heureux retour de sa Majesté: & on fit battre les Medailles suivantes.

La Premiere.

Le Roy en Buste avec cette Inscription.

GUILLELMUS DEI GRATIA ANGLORUM, SCOTORUM, FRANCORUM, ET HIBERNORUM REX, FIDEI DEFENSOR, PATER PATRIÆ, PIUS, FELIX, AUGUSTUS.

Guillaume par la Grace de Dieu Roy des Anglois, des Ecossois, des François, & des Irlandois, Défenseur de la Foy, Pere de la Patrie, Pieux, Heureux, Auguste.

REVERS

La Reine en Buste avec cette Inscription.

MARIA DEI GRATIA ANGLORUM, SCOTORUM, FRANCORUM,
ET HIBERNORUM REGINA, FIDEI PROPUGNATRIX, PIA,
FELIX, AUGUSTA.

Marie par la Grace de Dieu, Reine des Anglois, des Ecossois, des François, & des Irlandois, Défenseresse de la Foy, Pieuse, Heureuse, Auguste.

La Seconde.

Le Roy en Buste avec cette Inscription.

GUILLELMUS III. D. G. MAGNÆ BRITANNIÆ, FRANCIÆ,
ET HIBERNIÆ REX.

Guillaume III. par la Grace de Dieu Roy de la Grand Bretagne, de France & d'Irlande.

REVERS

UN Hercule, c'est le Roy Guillaume; il coupe les têtes d'une hydre qui repréfente la Rebellion, & ceux qui en font les Chefs; des fept têtes qui rendoient ce Monftre horrible, il n'en refte plus que deux, c'eft apparemment Loüis XIV. & le Roy Jacques; autour on lit ces mots.

FOECUNDAM VETUIT REPARARI MORTIBUS HYDRAM.

Il a fçû empêcher que la fecondité de ce Monftre ne crût par fes défaites, & ne fe rétablit par fes ruïnes.

C'eft une allufion à la Fable de ce Monftre à qui il renaiffoit deux têtes quand on en avoit coupé une ; & cette allufion veut marquer que le Roy Guillaume a empêché la Rebellion de fe fomenter; & le nombre des Rebelles de s'accroiftre.

La Troifiéme.

Le Roy en Bufte avec une Couronne de Laurier; les Armes d'Angleterre d'où fortent de chaque côté deux Branches d'Oranger, pour figurer que ce Royaume fera foutenu, & deviendra plus fort & plus floriffant fous le regne vigoureux de ce Grand Prince. On voit fur fa Tête une fplendeur de Rayons, pour figurer la pureté de fon zele dans le maintien de la vraye Religion, & la délivrance des oppreffez; autour on lit cette Infcription, qui eft celle que les Romains donnoient à leurs Generaux quand ils avoient merité l'honneur du triomphe, & vaincu l'ennemy dans une jufte guerre.

GUILLELMUS III. DEI GRATIA BRITANNIARUM IMPERATOR.

Guillaume III. par la Grace de Dieu Empereur de la Grand Bretagne.

GUILLAUME III.

REVERS

QUatre Hommes armez débout, qui repréſentent l'Angleterre, l'Ecoſſe, l'Irlande & la Hollande, comme il paroit par leurs Ecuſſons; ces Hommes défendent un Oranger ſous lequel ils ſont placez, c'eſt le Prince d'Orange Roy d'Angleterre, au deſſous d'eux l'Irlande paroit reduite, & la France troublée & en deſordre à cette occaſion. De l'autre côté, le Papiſme en fuite; & dans le lointain la Flotte en Mer. Tout cela pour marquer l'expedition de ce Prince dans ce Royaume d'Irlande.

Dans l'Exergue

CAUSA DEI EST.
C'eſt la Cauſe de Dieu.

Le repos & l'inaction eſt la proprieté des choſes mortes; & jamais les Philoſophes Cartheſiens ne viendront à bout, malgré tous leurs beaux diſcours, de perſuader aux perſonnes ſenſées, que les Eſtres créez, n'agiſſent point. Ce Paradoxe plus ſot & plus dangereux que la raiſon pareſſeuſe, contre qui l'Antiquité s'eſt tant ſoûlevée, choque trop nos lumieres, & tous les principes de nos connoiſſances, pour durer long-temps; la mode s'en perdra bien-tôt, & l'on reconnoîtra plûtôt, que n'y ayant rien d'inutile au monde, il n'y a rien auſſi qui n'agiſſe à ſa maniere, & que les êtres les plus vils & les plus negligez pour leur foible pouvoir, en ont pourtant reçû quelque meſure, qui tient ſon rang comme les autres dans l'ordre des Cauſes. Car comme Dieu n'a rien fait qui ne tendit à quelque fin plus ou moins noble, on peut dire qu'il n'a rien laiſſé dans une pareſſe abſoluë; mais qu'il a diſtribué aux Eſtres les forces d'agir ſelon la proportion de leur excellence naturelle, & l'exigence des fins pour leſquelles il les a créez. Ainſi plus les choſes ſont divines & excellentes, plus elles ont de force & de capacité pour agir, & plus on remarque qu'elles ſe plaiſent dans le mouvement & dans le travail. Sur ce principe certain par l'exemple des Cieux, & de Dieu même, qui ſont, les Cieux dans un mouvement perpetuel, & Dieu dans l'exercice d'un travail continuel, & une operation qui dure dés l'éternité ſans le laſſer, quelle idée nous formerons nous de la Grandeur & de la Dignité du ROY GUILLAUME? Semblable au Soleil qui ayant parcouru, éclairé, & vivifié tout nôtre Hemiſphere, ne ſe repoſe point pour ſe coucher, mais continuë ſa courſe majeſtueuſe, & va porter par ſa lumiere & par ſa chaleur la vie & la joye dans un autre Monde, ce Grand & Genereux Prince, ſuffiſant pour pluſieurs Royaumes, & capable comme le Soleil de répandre ſes Rayons & ſon jour ſur des Eſtats

divers & feparez, aprés avoir rétabli l'Irlande par ſes grands travaux, ne revient point en Angleterre pour y refter oifeux & dans le repos; mais toûjours agiſſant & dans l'exercice, il pourſuit ſon grand but qui eſt de garantir l'Europe de la fervitude, ſans que ni la douceur du repos, ni la laſſitude du travail, puiſſent arrêter ce grand Cœur dans cette noble Courſe. D'abord pour achever de reduire l'Irlande, il y envoya un renfort de Troupes ſous le Commandement du Comte de Marleboroug, qui ſecondé par les Troupes Danoiſes commandées par le Prince de Wirtemberg prit Corke & Kinſale, aprés une attaque memorable & vigoureuſe, livrée par un foſſé plein d'eau à la premiere de ces Villes, où le brave Duc de Grafton fut bleſſé à mort: puis ayant Aſſemblé le Parlement d'Angleterre le 10. d'Octobre, il repréſenta à cette Auguſte Aſſemblée, ,, qu'il venoit de faire tous ſes efforts pour mettre l'Irlande dans un
,, tel eſtat qu'elle ne leur fut plus deſormais à charge; que Dieu avoit beni ſes
,, deſſeins d'un aſſez bon ſuccez, & que rien n'avoit empêché l'entiere redu-
,, ction de ce Royaume, que le manque de ce qu'il falloit au delà des fonds
,, aſſignez, & le rétardement des ſommes que ces fonds devoient produire: qu'il
,, falloit remedier à ce défaut par un ſecours d'argent plus prompt & plus liberal, &
,, que s'ils vouloient concourir avec luy, pour établir de plus en plus la Gloire &
,, la veritable Grandeur de la Nation Angloiſe, il eſtoit néceſſaire de pouſſer cette
,, guerre avec vigueur, & de mettre les Forces de Terre & de Mer en un tel eſtat,
,, que la Nation ne fut plus expoſée à l'inſulte des François, comme elle l'avoit
,, été la Campagne derniere: qu'ayant veu & appris avec une ſatisfaction extre-
,, me l'affection de ſon Peuple & de ſes Soldats, dans la promptitude du ſecours
,, qui s'eſtoit trouvé ſur les Côtes, quand la Flotte de France y avoit paru, & dans
,, le zele que l'Armée, quoy que mal payée, avoit fait paroître pour ſon ſervice,
,, & pour les Intérêts de la Religion Proteſtante, il avoit lieu d'eſperer que le
,, Parlement n'en auroit pas moins. Qu'au reſte il eſtoit marry que dans une ſatis-
,, faction auſſi generale que celle qu'il avoit reçuë de la part de ſon Peuple, & de
,, ſon Armée, & qu'il avoit ſujet de leur témoigner, il eut à ſe plaindre de la
,, mauvaiſe conduite de la Flotte contre celle de France; mais qu'il ne pouvoit
,, laiſſer paſſer cet Article ſans en tirer raiſon; ni diſſimuler qu'il ne ſeroit pas con-
,, tent qu'on n'euſt fait une punition exemplaire de ceux qui ſe trouveroient cou-
,, pables ſelon les Loix. A cela le Parlement répondit par des Adreſſes pleines de reſpect, & de remerciment, où l'on témoignoit à ſa Majeſté, ,, Combien
,, tous ſes Sujets perſuadez qu'aprés Dieu, ils eſtoient redevables à ſa Valeur,
,, & à ſa bonne Conduite des Victoires glorieuſes qu'Elle venoit de rempor-
,, ter ſur l'Ennemy declaré de leur Religion, & de leurs Loix, eſtoient ſenſi-
,, bles à l'amour qu'Elle leur avoit fait paroître, en expoſant ſa Perſonne ſacrée
,, à d'auſſi grands perils, que ceux qu'Elle avoit courus dans l'expedition d'Ir-
,, lande: qu'on continueroit à prier Dieu de vouloir proteger & conſerver
,, toûjours ſa Perſonne ſacrée, de la ſeureté de laquelle ils eſtoient perſuadez que
,, dépendoit la tranquilité publique; qu'au reſte on avoit lieu d'eſperer, que cette
,, Grandeur d'Ame Extraordinaire, cette Conduite ſi ſage, & ce Courage intre-
,, pide, qui rendoient ſa Majeſté l'eſtime & l'admiration de toute la terre, & meſme
,, de ſes Ennemis, réüniroient les cœurs de tous ſes vrays Sujets pour s'acquitter de
,, tous leurs devoirs envers ſa Perſonne ſacrée, & concourir avec Elle à achever
,, l'Ouvrage de l'affermiſſement du repos public que ſa Majeſté avoit ſi glorieuſe-
,, ment commencé & avancé; à quoy les deux Chambres aſſeuroient ſa Majeſté
,, qu'ils eſtoient prêts de contribuer de tout leur pouvoir, comme des Sujets fideles,
,, ſoûmis & obéïſſans.

Les affaires du dedans ayant été miſes en ſi bon état, le Roy réſolut auſſi-tôt de paſſer en Hollande, où le bien public l'appelloit. Jamais ces Peuples tranſis que

la

la Nature a placez fous les Poles, au milieu de la glace & des frimats, aprés avoir langui pendant plufieurs mois dans les tenebres & dans la froidure, n'ont attendu plus impatiemment le retour du Soleil pour être réjouis par fa lumiere, & vivifiez par fa chaleur, que le Peuple Hollandois attendoit ce Prince. Comme on languit d'ordinaire aprés ce qu'on aime, & que d'ailleurs on eftoit accoûtumé à voir profperer les affaires publiques, quand il avoit pris foin de les ménager, on réjettoit fur fon abfence, comme fur une Eclipfe fatale, la caufe de tous les malheurs que l'on avoit effuyez, comme le mauvais fuccez du Combat Naval, la défaite de Fleury, & le peril eminent où la Flandre, & toutes les Provinces-Unies avoient été, d'une invafion de la part des François aprés cette défaite ; & l'on fe perfuadoit fi fort qu'il n'y avoit que fon retour au deçà de la Mer, qui pût ramener le bonheur & les bons fuccez ; faire tête à l'Ennemy, difpofer les Alliez à s'unir, & à agir de concert comme il falloit ; & mettre en un mot les affaires publiques dans une fituation de profperité & de feureté ; que malgré le bon fens, & l'experience confommée du Prince de Waldeck dans le métier de la Guerre, l'on n'avoit plus aucune confiance en luy ; le Peuple croyant & criant tout haut que c'eftoit fait du falut public fi le Grand Prince d'Orange ne fe mettoit luy mefme à la tefte des Troupes. Le Roy informé de l'Eftat des chofes & réfolu de fatisfaire fans aucun delay, aux defirs d'un Peuple fi fort affectionné à fa Perfonne, & au Bien Public, partit de Londres le 16. de Janvier, dans les plus grandes rigueurs de l'Hiver, & au milieu des perils d'une navigation penible & dangereufe ; plufieurs grands Seigneurs de la Cour, comme l'Evêque de Londres, les Ducs de Nortfolck & d'Ormont, les Comtes de Devonshire, de Dorfet, de Portland, & plufieurs autres tant Ecclefiaftiques que Seculiers, accompagnerent fa Majefté dans ce terrible voyage, & furent les témoins des dangers prodigieux qu'Elle y courut. La Flotte qui devoit luy fervir d'efcorte n'eftoit compofée que de douze grands Vaiffeaux, & de fept Yachts, à quoy s'eftoient joints par occafion plufieurs Bâtimens pour paffer en Hollande en plus grande feureté. Aprés une navigation incommode, Elle eftoit arrivée le trentiéme à la vûë de nos Côtes à la Hauteur de l'Ifle de Goërée, & chacun commençoit à fe réjoüir de fe voir fur le point d'arriver au Port ; lors qu'un fpectacle terrible faifit les efprits, & tranfit les cœurs des plus réfolus. Il avoit fait, & faifoit encore un froid fi rude que tous les rivages de la Mer eftoient glacez, & ne préfentoient par tout au lieu de Port que d'horribles montagnes de Glace, qui s'accummulans & s'avançans bien loin dans la Mer, fembloient ôter tout moyen de prendre terre. On ne voyoit nul Port, nulle entrée libre & ouverte, nulle voye que le froid euft épargnée ; nul moyen d'avancer avec feureté, la Glace avoit élevé par tout d'horribles écueils : au milieu defquels il falloit voguer, fi l'on vouloit aborder à terre, & le peril qu'il y avoit à naviger de la forte eftoit d'autant plus grand, qu'un effroyable brouillard empêchoit de le voir, pendant que la Flotte épouvantée fremiffoit attendant fes ordres, & apprehendant prefque également d'avoir à retourner dans un fi grand froid, ou à avancer au milieu de tant de perils, le Roy qui n'aime point la Mer, & que la neceffité des affaires publiques appelloit au Port, fort de fon Vaiffeau, & s'eftant mis dans une Chaloupe, ordonne au Matélot de le mettre à terre. Le Matélot fremit à cet ordre terrible qui l'oblige à conduire une Perfonne fi chere à travers de mille morts, & le rend comme refponfable du falut & de la fortune de toute l'Europe ; tout ce qu'il y avoit de Mylords auprés de fa Majefté l'environnent, tâchent à la diffuader de fon deffein, & luy réprefentent les prodigieux dangers où elle alloit expofer fa Perfonne facrée ; mais rien n'émût ce grand Cœur, qui toûjours occupé de fes grands deffeins, prefere le Bien Public à la confervation de fa propre vie, & ordonne au Matélot de mettre à la Voile ; alors la Flotte abandonna son dépost, & peu de momens aprés le perdit de vûë. Cependant la nuit vint; & sa Majesté demeura exposée pendant dix-huit heures aux injures de l'air, au froid, à la merci de la Mer, & des Corsaires : il faisoit alors un froid horrible ; & le Roy n'estoit couvert que de son manteau : d'ailleurs la Mer estoit agitée, & de temps en temps il s'élevoit des Vagues qui s'estant brisées & éparpillées dans l'air, rétomboient dans la Chaloupe, & moüilloient tous ceux qui estoient dedans, comme une pluye de glace qui faisoit roidir leurs habits en les penetrant. Il n'y avoit point d'abry contre cette insulte, non plus que contre le froid, & la malignité du broüillard qui empoisonnoit le Cerveau & les Poulmons, & glaçoit les cheveux & le visage. Transi de froid avec toute sa troupe, & fatigué de la Mer, le Roy soûtenoit les autres par son courage, & se préparoit à souffrir encore plus qu'il n'avoit fait, lors que la Chaloupe s'estant trouvée prés de terre à l'Isle de Goërée sur le point du jour, sa Majesté résolut de s'y aller chauffer, & se fit mettre à terre avec toutes ses gens. La premiere retraite que cette noble troupe rencontra contre l'extrême froid qu'il faisoit, fut une chetive Cabane de Pescheur dans laquelle le Roy entra, & fut regalé avec toute sa Cour par le Paysan, de son feu & d'un bon accueil qui étoit un témoignage de son zele : ce fut là que le Principal Magistrat de l'Isle vint faire compliment à sa Majesté, & luy offrir sa maison comme un meilleur giste : mais les desseins du Roy l'appelloient ailleurs. Aprés avoir changé d'habits, il remonta en diligence sur le mesme chariot qui l'avoit amené à ce fameux Hôtel, & se fit reconduire au bord de la Mer pour se rembarquer, & arriver en terre ferme s'il estoit possible. Cependant les bords de la Mer estoient glacez, & la Chaloupe n'ayant pû approcher du rivage ; le Roy ne pouvoit s'y rendre, qu'en passant par un assez long espace, où les Flots de la Mer s'entremêlans avec les glaçons divisez, couroient çà & là, & en poussoient avec eux des monceaux horribles ; ce qui exposant sa Majesté au risque inévitable de se moüiller de nouveau, & mesme au peril d'être enterré tout vif au milieu des glaces, deux Matélots l'ayant pris sur leurs bras le porterent dans la Chaloupe, & sa suite fit du mieux qu'elle pût pour y aborder. Alors on recommença à lutter de nouveau contre les vagues, & le froid; tant qu'enfin aprés bien des perils le Roy que la Protection de Dieu environnoit, prit terre ferme, & vint mettre pied à terre, en un lieu appellé *Orangie-Polder*. Ainsi finit ce terrible Voyage. Le bruit de l'arrivée du Roy s'estant répandu, plusieurs personnes de haute consideration, comme les Députez de Messieurs les Estats, le Comte de Berka Envoyé extraordinaire de l'Empereur, Monsieur Colonna Ambassadeur d'Espagne, le Prince de Nassau Gouverneur de Frise, le Prince de Nassau Sarbruc, & le Comte de Horn vinrent faire compliment à sa Majesté, & l'accompagnerent à Hoonslaerdick, où elle jugea à propos de s'aller reposer quelques heures. Cependant on faisoit à la Haye des préparatifs magnifiques pour l'entrée & la reception de ce Grand Monarque, & l'on se flattoit qu'il resteroit assez dans cette Maison Royale, pour donner le loisir d'arranger toutes choses selon le projet magnifique que l'on avoit fait; mais le Roy qui méprise cette sorte d'honneurs que la flatterie des hommes rend équivoques, & qui content d'agir & de meriter, ne cherche point d'autre gloire que celle de bien faire ; partit le mesme jour avec toute sa suite, & arriva à la Haye sur les six heures du soir, à la grande surprise des Hollandois, qui ne l'attendoient que dans quelques jours, & qui ne pûrent alors témoigner à sa Majesté la satisfaction qu'ils avoient de revoir au milieu d'eux sa Personne sacrée, que par leurs larmes de joye, leurs benedictions & acclamations, la décharge du Canon, & le son des Cloches. On a frappé cette Medaille pour ce grand sujet.

GUILLAUME III.

Le Roy en Buste avec une Couronne de Laurier; autour est cette Inscription.

GUILLELMUS III. DEI GRATIA BRITANNIÆ REX, ARAUSIONENSIUM PRINCEPS, BELGII GUBERNATOR.

Guillaume III. par la Grace de Dieu Roy de la Grand Bretagne, Prince d'Orange, & Gouverneur de Hollande & de West-frise.

REVERS

UNe Flotte qui arrive au Port de la Brille, ce que l'on voit dans la perspective. A côté droit paroît un petit bout du lieu appellé *Orangie-Polder*; un Soleil qui sort du sein de la Mer, & ces mots autour.

RECREO DUM REDEO.
Je réjoüis lors que je retourne.

Paroles qui signifient que le retour du Roy en Hollande est semblable au retour du Soleil, qui réjoüit la terre, & la vivifie quand il remonte tous les jours, ou à son lever sur nôtre Horizon, ou qu'il semble se rapprocher de nous selon l'erreur populaire, quand il entre dans les signes ascendans aprés le Solstice d'Hiver.

Jamais on n'a veu une joye plus universelle que celle que le retour du Roy causa en Hollande. Depuis que la France avoit tâché de répandre le bruit de sa mort, & fait les extravagances que nous avons veu, il estoit resté dans les foibles esprits, qui sont naturellement méfians & soupçonneux, je ne sçay quel doute sur cela que toutes les nouvelles du contraire n'avoient pû ôter, & que les Emissaires de la Cour de France fortifioient tant qu'ils pouvoient par des discours puerils à la verité, mais qui ne laissoient pas de faire impression sur le menu Peuple; disans qu'on leur cachoit cette mort pour les tromper, & que ce que l'on promenoit en Angleterre & ailleurs sous le nom du Roy, n'estoit qu'une figure de cire; mais l'experience de la vûë confondit la malice, & guerit le doute: la Cour fut ouverte aux incrudules; ils vinrent, ils virent, & se réjoüirent d'avoir veu en vie le Pere

de

de la Patrie, & le Liberateur de l'Europe. Cependant le Peuple se plaignoit, & murmuroit en quelque sorte, de ce que la Reception que l'on avoit faite au Roy n'avoit pas été assez éclattante, & assez magnifique pour témoigner leur affection pour sa Personne, leur zele pour ses Intérêts, & la haute admiration dans laquelle ils estoient, pour ses Vertus Royales & Heroïques. On disoit que ce seroit manquer au respect, & à la reconnoissance düe à ce Grand Prince que d'en user de la sorte ; que si la flatterie dressoit des Arcs de Triomphe, & érigeoit des Statuës & de superbes Trophées à l'Ambition, & à la Prosperité des Rois, que la seule fortune rendoit heureux, il estoit bien juste que la Vertu d'un Prince, à qui l'on devoit aprés Dieu, le repos public & la tranquilité dont on joüissoit, reçût le mesme témoignage de leur reconnoissance & de leur zele ; que le Peuple Hollandois n'avoit jamais manqué d'honorer ses Heros comme il appartient ; & qu'enfin si l'on negligeoit de rendre les honneurs dûs à ce Grand Roy, les Delices & la Gloire de la Patrie ; cette negligence les accuseroit envers toute la Terre d'avoir laschement degeneré, & priveroit la Nation de la glorieuse reputation qu'elle s'est acquise, d'être aussi genereuse & magnifique dans ses Actes publics, qu'elle est simple, épargnante & bonne œconome dans son particulier. C'est ce qui obligea Messieurs les Estats à supplier instamment, & par plusieurs fois sa Majesté, de vouloir faire à la Haye une Entrée solemnelle, qui leur donnât le plaisir de luy rendre les honneurs publics qui luy estoient dûs, & au Peuple la satisfaction qu'il auroit de la voir entrer dans la Patrie, & au milieu d'eux en Roy triomphant, & de luy témoigner publiquement leurs profonds Hommages. A quoy le Roy s'opposa toûjours, disant qu'il estoit trés obligé à leurs HAUTES-PUISSANCES de l'honneur qu'ils vouloient luy faire, & trés satisfait des marques d'affection que le Peuple luy avoit donné ; sans que pour l'asseurer de leur zele commun, & de leur attachement pour sa Personne, il fut besoin d'une Ceremonie d'éclat, qui choquât leur devoir, & sa Modestie. Mais comme il apprit que l'on avoit fait des dépenses & des préparatifs considerables pour cela ; & que le Peuple le desiroit avec un empressement si grand & si general, qu'il estoit arrivé à la Haye, & arrivoit tous les jours une incroyable multitude de personnes, qui venoient, non des Villes & des lieux voisins seulement, mais des extremitez mesme de la Republique, pour assister à cet agreable Spectacle, sa Majesté importunée se laissa fléchir, & consentit qu'Elle iroit disner à une Maison de Campagne, qui n'est qu'à un quart d'heure de la Haye ; & qu'à son retour, il rentreroit par la porte des Champs, au milieu des Bourgeois qu'il verroit sous les Armes de trés bon œil. Ce fut le 5. de Février que le Roy contenta les desirs du Peuple, aprés avoir reçû avec toute la Cour un Regal splendide & magnifique à la Maison des Champs de Monsieur de Benting Comte de Portland, le fidele Compagnon de sa Personne & de ses Travaux, dans l'une & dans l'autre fortune, dés sa plus tendre jeunesse, & de qui l'on peut dire, qu'il est à ce Grand Prince ce que Parmenion estoit à Alexandre le Grand, son Favory, son Intime Amy, & le Confident de tous ses secrets. Le Roy qui estoit dans son Carrosse, ne se fit accompagner, que de quarante autres, de ses Gardes, & de cent Suisses, Cortege plus considerable par le choix, & la qualité des Personnes, que magnifique par le nombre & par les livrées, & tel que sa Majesté le desire. Il estoit environ quatre heures du soir quand le Roy entra dans la Haye en cet équipage. Toute la Bourgeoisie s'estoit mise sous les Armes en habits fort lestes & fort magnifiques, & l'on avoit érigé trois Arcs de Triomphe, où tous les Faits Heroïques & les principales Actions de sa Majesté estoient représentées, par des Emblêmes, des Devises, & de belles Inscriptions, qui estant de l'Invention & de la Structure de Monsieur Romain de Hooge, l'un des premiers esprits de nôtre siecle pour ces sortes de choses, aussi bien que pour les Desseins de Peinture, de Graveure & d'Architecture, ne pouvoient manquer de plaire, comme elles ont fait, aux gens de bon goust ; jusques-là

que

qu'on a jugé que tout ce qu'on a fait de plus magnifique pour le Roy de France dans de femblables occafions n'en approchoit point, foit pour la délicateffe de l'Invention, & du Deffein, foit pour la beauté & la jufte application des Devifes.

Dés que fa Majefté vint à paroître ce ne fut que cris de joye, que benedictions & qu'acclamations. Chacun crioit, *vive le Roy*, & le difoit de bon cœur, fans contrainte & fans flaterie: toutes ces voix de benediction & d'applaudiffement, dont les ruës de la Haye retentiffoient, partoient fans doute de l'abondance du cœur ; & d'un cœur rempli de fatisfaction & de joye. Le foir eftant venu, on alluma auprés du Palais du Roy, un fort beau feu d'artifice qui furprit & divertit la Cour agreablement, auffi bien qu'une grande foule d'autres fpectateurs, qui s'eftoient là affemblez. On voyoit briller dans la plûpart des ruës plufieurs belles & curieufes Illuminations, entre lefquelles celle de M. Schuylembourg Seigneur de Ducquembourg, fe fit fur tout remarquer par l'induftrie du travail qui la faifoit admirer, & par la beauté de fes Devifes. * Ce n'eftoit par tout que Banquets & Feftins de réjoüiffance, où la fanté du Roy & celle de la Reine eftoient faluées au bruit du Canon & de la Moufqueterie ; en un mot l'on n'oublia rien de ce qui peut rendre celebres ces fortes de Feftes.

Au refte comme il y a deux chofes qui relevent la Gloire des Grands Princes, la qualité, le merite, & le nombre des Courtifans, & la magnificence des Trophées, & des Arcs de Triomphe qu'on érige en leur honneur, on a trouvé à propos de mettre icy pour la fatisfaction des curieux, les noms des Perfonnes les plus diftinguées qui vinrent trouver ce Monarque à la Haye aprés fon Voyage, & de donner enfuite une exacte explication enrichie de figures, des trois Arcs Triomphaux qui luy avoient été erigez.

Quant au premier de ces deux articles, on trouvera peut-être mauvais que nous fatiguions icy le Lecteur d'une legende de noms feche & fterile, pendant que nous negligeons tant de grandes & belles chofes qui peuvent fervir d'ornement à l'Hiftoire du Roy. Mais outre que les goufts font differens, & qu'il faut tâcher de complaire à tous autant qu'on le peut, c'eft affeurement une fingularité qui merite d'être remarquée dans l'Hiftoire du Roy, que le grand nombre de Perfonnes illuftres, qui font venuës en fi peu de temps de tous les endroits de l'Europe pour complimenter fa Majefté : puis qu'on a veu paroître dans la Cour de ce Monarque, prés de 40. Princes, un nombre proportionné de Barons, Comtes, Mylords, Generaux d'Armée, & Ambaffadeurs des Têtes couronnées, & d'autres Princes Souverains. Il y a peu de Princes qui puffent fe vanter d'avoir reçû un honneur pareil ; fur tout fi l'on confidere que cet honneur avoit fon fondement, non dans la fortune ou dans l'ambition, mais dans la vertu & le merite de ce Prince, & que les vifites qu'on luy rendoit, n'eftoient ni des Hommages forcez, ni des honneurs recherchez, ni des Ambaffades mendiées, comme on en a veu, mais un accueil libre & volontaire, de la part de prefque tous les Potentats de l'Europe, Empereur Roys, Princes, Eftats Souverains, Republiques, & particulierement des Alliez, qui regardans ce Grand Prince comme leur bras droit, & le premier mobile de leur Confederation contre la France, venoient pour le confulter touchant les affaires de la Guerre, & pour prendre avec luy de juftes mefures pour repouffer l'Ennemy commun ; & rétablir la feureté publique fur des fondemens folides. Voicy les

---

* *Nous ferons voir les Planches du Feu d'artifice dans la fuite de cet Ouvrage avec l'Illumination de M. Schuylenbourg, avec leur explication.*

les Noms de ces Princes sans s'attacher à donner à chacun le rang qu'il merite. L'Electeur de Baviere, l'Electeur de Brandebourg, le Duc de Lunebourg-Zeel, le Duc de Brunswick Wolfenbuttel, le Prince Christian Loüis de Brandebourg, le Landgrave de Hesse-Cassel, le Prince de Waldeck, le Prince de Nassau Gouverneur de Frise, le Prince de Nassau Sarbrug Gouverneur de Boisleduc, le Prince de Nassau Dielembourg, le Prince de Nassau Idstein, le Duc Administrateur de Wirtemberg, les deux Princes d'Anspach, le Landgrave de Hesse d'Armstad, le Prince son Frere, le Duc de Saxe Eysenach, le Prince Philippe Palatin, le Duc de Zulsbach, le Prince de Wirtemberg Nieustad, le Prince de Wirtemberg & le Prince son Frere, le Duc de Courland & le Prince son Frere, le Prince d'Anhalt Zerborst, le Landgrave de Homburg, trois Princes de Holstein Beck, le Duc de Holstein, le Prince de Commercy, le Prince Palatin de Birkenfelt &c. ausquels il faut ajoûter la Princesse de Nassau Gouvernante de Frise, la Princesse Radzevil, la Comtesse de Soissons, & la Princesse de Saxe Eysenach & autres Princesses illustres.

Suivent les Mylords Anglois, Comtes, Barons, Generaux d'Armée, & autres Seigneurs considerables qui composoient aussi cette Cour Illustre; Mylord Conton Evêque de Londres, le Duc de Northfolk, le Duc d'Ormond, Mylord Nottingham, Mylord Dorset, Mylord Devonshire, Mylord Excés, Mylord Sharborough, Mylord Selekirch, Mylord Dramlendrits, Mylord Dursley Envoyé extraordinaire d'Angleterre à la Cour des Estats Generaux, Mylord Montmouth, Mylord Portland, Mylord Duc de Schomberg, le Comte Maynard son Frere, M. Douwerke, &c. Les Comtes de Horne, d'Erbach, de Tirimont, de Broüay, de Gryal, d'Arco, de Rivera, de Sanfra, de Lippe, d'Espense, de Fugger, de Denhof, de Carelson, avec les Barons de Pallant & de Span, le Rhingrave & son Frere, les Marquis de Castelmoncayo, & Castanaga Gouverneur des Païs-bas Espagnols, & les Generaux Chauvet, d'Elwicht, Barfus, d'Autel Palfy, &c. car il seroit trop long de les nommer tous.

Voicy enfin les Noms des Ambassadeurs & autres Ministres de l'Empereur, des Roys, Princes, Estats Souverains, & Republiques qui estoient alors à la Haye. De la part de l'Empereur le Comte de Windisgrats, le Comte de Berka, & le Chevalier Campricht; du Roy d'Espagne, Dom-Emanuel Colomna; du Roy de Dannemarck, le Comte de Rebenklan, & M. Centhe; du Roy de Suede, le Comte d'Oxienstern; du Roy de Pologne, M. Moreau, de l'Electeur de Baviere, le Baron de Boomgardem & M. Prielmeyer; de l'Electeur de Brandebourg Mrs. van Dieft, & Smettau; de l'Electeur de Saxe M. Haxhansem; de l'Electeur de Treves, le Baron de Leyen & Monsieur Champagne; de l'Electeur de Mayence Mrs. Talberg & Meyers; de l'Electeur de Cologne, le General & Baron Berusaw, & M. Soëlmaaker; de l'Electeur Palatin M. Hetermans; de la part du Duc de Savoye le Comte de Pielat & le President de la Tour; du Duc de Lunebourg-Zeel, M. Zieger; de l'Evêque de Munster, M. de Nort, du Landgrave de Hesse-Cassel, le Baron Gorts & M. Keppelaar; du Duc de Brunswick Wolfenbuttel, le Baron Crosek; du Duc de Hanover M. Klekk; du Prince de Holstein Gottorp M. Tourken, & du Prince de Liege enfin, le Conseiller Mean, qui s'est rendu Celebre par son bel esprit, & par l'attachement qu'il a toûjours eu pour le bon party dans cette derniere Guerre.

Avant que d'entrer dans l'explication de la Magnificence qu'on fit à la Haye à l'entrée du Roy Guillaume III, nous ferons son Portait en racourci, ne faisant que toucher les endroits les plus remarquables de la vie de ce Prince, depuis sa Naissance jusqu'à présent.

La

GUILLAUME III.

La mort du Prince Guillaume II., qui ne laiſſa pour toute eſperance de Succeſſeur que la Princeſſe groſſe, avoit mis ſa Patrie dans une grande conſternation, & cauſé une affliction extrême à la Race Illuſtre de Naſſau, ſi fertile en Heros, en Princes & en Empereurs. Mais la Naiſſance du Prince Guillaume, le III. de ce Nom des Princes d'Orange, (& aujourd'huy des Rois de la Grand Bretagne) donna bien de la conſolation à ſes Parens, & fit renaître la joye dans le ſein de ſa Patrie, qui fut bien aiſe d'avoir recouvert en luy un Soûtien pour la Republique.

Ce Prince donna dés ſa Jeuneſſe des préſages de ſa future Grandeur, en donnant de beaux exemples de Vertu, de Patience, de Courage, de Prudence, & d'une Conduite ſinguliere. Il ne manqua pas d'occaſion d'exercer ces Vertus. Les traverſes qu'il eut à eſſuyer de la part de ſes Ennemis, & les piéges qu'ils luy tendoient inceſſamment, ne luy en fournirent que trop. L'envie qu'ils luy portoient étoit ſi grande qu'ils faiſoient tous leurs efforts pour le perdre. Et la Republique déchirée par leurs factions à ſon occaſion, couroit riſque d'être entierement ruïnée.

Meſſieurs les Etats, & le Peuple, ayant enfin réconnu le Merite de ſon Alteſſe, la malice de ſes Ennemis, & le danger que couroit la Republique, éleverent ce Prince au Gouvernement des Provinces-Unies. Il ne fut pas plûtôt élevé à cette Dignité, qu'il avoit ſi bien meritée, que ſes Ennemis s'évanoüirent. Les affaires de Mer & de Terre, qui étoit en fort mauvais état furent bien-tôt rétablies. Et la Gloire de les avoir miſes en bon état, auſſi bien que celle d'avoir affermi la Liberté & la Religion dans la Patrie, apartient à luy ſeul, comme avoir luy en d'autres occaſions, à ſes Ancêtres d'heureuſe & de glorieuſe Memoire.

Aprés avoir ainſi fait éclater ſon Merite par la gloire de ſes Actions, il ſe maria avec une Princeſſe du même Sang Royal que luy, doüée d'une Sageſſe conſommée, & d'une grande Vertu. Il continua aprés cela à ſe ſignaler par des Actions qui ſurprirent, & qui embaraſſerent ſi fort la Cour de France, qui ſe croyoit déja la Maîtreſſe de ces Etats, qu'elle fut obligée d'abandonner ſes Conquêtes plus promptement qu'elle ne les avoit faites. On avoit déja publié ſes Victoires dans toute l'Europe, mais on avoit eu le ſoin de cacher la neceſſité où elle avoit été d'abandonner ce qu'elle avoit déja conquis dans ces Provinces, & de faire la Paix.

Le Prince fit enſuite de trés belles Alliances, & trés avantageuſes pour l'Etat. Et en cela comme dans toute ſa conduite, il s'eſt fait reconnoître pour le veritable Defenſeur de la Patrie, & le Protecteur des oppreſſez.

Enfin il paſſa la Mer, & delivra la Grand Bretagne du Joug que le Roy Jacques II. luy avoit impoſé, en ſuivant les pernicieux Conſeils des Peres Jeſuites. Il obligea ce Roy à ſe ſauver par deux fois. Et dans ſa ſeconde fuite Jaques II. a veu ſes eſperances s'évanoüir à meſure qu'il voyoit augmenter ſa honte. En fuyant devant ſon Vainqueur il a fait voir que ſi la Naiſſance l'avoit fait Maître de trois grands Royaumes, le Merite & la Valeur les ont donnez au Prince d'Orange, qui les poſſede préſentement. Et ce Prince aprés avoir rétabli les affaires dans ces trois Royaumes, il revint dans ſa Patrie, où il fut reçû avec une joye publique, comme nous allons le faire voir.

On érigea en ſon Honneur des Pyramides, des Trophées, des Arcs Triomphaux, & de Feux d'artifice. Surquoy nous avons deux choſes à faire voir. I. Nous vous repréſenterons les Medailles que l'on a frappées à l'égard d'un chacun de ces Ouvrages. II. Nous décrirons tous ces Ouvrages magnifiques ſelon leurs diverſes Faces dans le même ordre où on les a vûs. Ce qui ſera répreſenté par des Figures gravées ſur autant de Planches, c'eſt-à-dire les deux Faces de chaque Arc de Triomphe, pour la ſatisfaction des Curieux, qui auront le tout complet.

Explication de la premiere Planche où est répresentée la place de la Porte de la Haye, qui régarde vers le grand Chemin.

LE premier Ouvrage que la magnificence du Peuple Hollandois érigea à la Gloire du Roy dans cette Conjoncture, estoit situé à la Porte de la Haye, par laquelle sa Majesté devoit entrer; c'est celle que l'on nomme la Porte des Champs. Or pour commencer par la partie de cette Porte qui regarde vers le grand Chemin, on l'avoit ornée de la maniere qui suit. La Porte paroissoit comme si elle estoit bâtie de Pierre de Dinant bleuâtre; il y avoit deux Colomnes cizelées, qui avoient chacune un Frontispice sur lequel paroissoient les Figures suivantes. La premiere & la plus élevée estoit une figure Militaire, qui représentoit le Roy. Elle estoit située sur un Pied'estal assez haut; armée d'un Casque à la Romaine, avec des Panaches sur la Creste & quantité de Lauriers; d'un visage fier & Royal, revestuë d'une Robe de Dictateur, & faite à peu prés comme l'estoit le *Sagum* des Anciens Romains; tenant d'une de ses mains le Bâton du Gouvernement des Provinces-Unies que sa Majesté a manié, & manie encore si glorieusement aujourd'huy pour la Protection de sa chere Patrie; & de l'autre l'Estendart Royal, sur lequel on voit le Chiffre du Grand William couronné du Diademe de la Grand Bretagne, avec tous les autres accoûtremens des Heros, la Cotte de Mailles, le Corsellet fait d'écailles Marines, &c.

Sous cette premiere figure il y en avoit deux autres; c'estoit deux Filles assises aux deux côtez du Pied'estal. L'une estoit la Figure de la Joye publique, qui paroissoit à la Porte pour recevoir ce Monarque; ce qu'elle marquoit par son air jeune & enjoüé; sa chevelure ajustée & comme fleurie: ses Guirlandes de fleurs; le Tambour de Basque qu'elle frape de ses doigts, & tous les Instrumens de Musique qu'elle a à ses côtez; pour marquer tous les divers moyens dont on se sert dans ces Conjonctures pour témoigner une Joye publique; le Theorbe y est par exemple, la Viole de Gambe, & les Violons, pour figurer la réjoüissance commune & publique, la Lyre d'Apollon pour marquer les Harangues, les Poësies, les Inscriptions, les Devises, & autres productions des beaux Esprits; la Robe de Musique pour figurer les Opera, les Comedies, & autres pieces Comiques & divertissantes; le Sifflet de Pan & la Flûte des Bergers, pour marquer les transports, tant de la Populace, que des Paysans dans cette Feste celebre.

Pour ce qui est de l'autre fille, elle estoit la Figure de l'obligation publique que l'on a au Roy, laquelle paroît aussi sur la Porte pour se faire voir à luy & à toute la terre: ce qui se peut reconnoître en general par la posture de cette fille, qui est assise d'un air assez negligé pour marquer la seureté publique; elle porte la main sur la Poitrine, comme une personne qui fait un Serment de fidelité, pour figurer par là que ce que l'on fait icy à l'honneur du Prince, est une sincere expression du zele, de la reconnoissance, & de la veneration extrême que l'on a pour luy; & en particulier elle a pour ornement autour de soy de certains indices qui marquent tous les divers ordres des Personnes de l'Estat qui ont de l'obligation au Roy, comme s'ils estoient unis & recapitulez en elle seule. Elle a par exemple sur sa tête une Mitre, pour figurer les gens d'Eglise; une Robe de Senateur pour marquer les Estats eux-mêmes: le Corps armé, pour représenter les Militaires; les Fasces & les Haches Consulaires pour désigner les Magistrats & les Villes libres; le Caducée, pour noter les Marchands, & la Corne d'abondance aprés tout cela, pour figurer le fondement de l'obligation publique, qui consiste principalement dans l'abondance, que la Liberté asseurée, rétabli & protegée par le retour du Prince, a procuré à tous ces ordres de personnes & de conditions qui s'y rencontrent. Au reste elle brise le Serpent de l'Envie & de la Jalousie, pour figurer que ceux qui souffloient la discorde, & qui étoient ci-devant les Ennemis secrets, ou declarez de la Gloire du Roy, sont confondus.

Entre ces deux figures il y a un rond en bas relief, où l'heureuse arrivée du Roy en Hollande est représentée, avec les marques des perils qu'il avoit courus sur Mer, & on lit dans le bas relief.

Io TRIOMPHE, qui est le cry de joye que les Romains poussoient dans la Ceremonie du Triomphe qu'ils accordoient à leurs Dictateurs, quand ils rentroient dans la Ville aprés leurs Victoires.

Sur le Frontispice on voit Scevola, qui n'épargna ni ses soins, ni son corps, ni mêmes ses trésors, pour le bien commun de la Patrie; ce qui a un merveilleux rapport avec le Roy Guillaume III.

GUILLAUME III.

Seconde Face de la Porte de la Haye, avec son Explication.

POur ce qui eſt de l'autre partie de la Porte qui regarde du côté de la Haye, on y voyoit paroitre toutes les dépoüilles, tant anciennes que modernes, que l'Illuſtre Maiſon de Naſſau à remportées ſur tous les ennemis de la Republique, depuis prés d'un ſiecle. Ces Trophées eſtoient ſuſpenduës à un grand & vieux Cheſne ſec; il y avoit un Caſque Leonin, reveſtu d'un côté d'une peau, qui eſt du Lion de Naſſau. Un Etendart orné des Roſes d'Angleterre; la Maſſuë d'Hercule, les Flambeaux des Incendiaires, Tymbales, Tambours, Arcs, Flêches, Canons, Mortiers, Trompettes, Caſques, Pavillons, Enſeignes, Etendarts, Mouſquets, Piques, Halebardes, Javelots, Eſpées, Sabres, Bombes & Grenades, &c. le tout autour de deux Roües, de l'une deſquelles on voyoit ſortir un Olivier, & de l'autre un Laurier, qui portoient chacun ſon Inſcription. Celle du Laurier, eſtoit ces mots.

MEA BELLI PRÆMIA MERCES.

Je ſuis la Recompenſe de la Gloire Militaire.

Et celle de l'Olivier.

MIHI CERTA GLORIA PACIS.

C'eſt moy qui ay la gloire d'une Paix aſſeurée.

Sur le devant de cette Porte il y avoit trois Couronnes de Chêne & de Laurier, & les Trompettes de la Renommée; on y liſoit auſſi cette Inſcription.

OB CIVES SERVATOS, OB HOSTES FUGATOS.

Pour avoir ſauvé les Citoyens, & chaſſé les Ennemis.

A côté paroiſſoient les meſmes Ornemens, avec ces paroles.

RESTAURATIS PROVINCIIS, ET LIBERATIS REGNIS.

Pour avoir rétabli les Provinces & delivré les Royaumes.

Et deux Vaſes, dans l'un deſquels eſtoit planté un Roſier; & dans l'autre un Oranger chargé de Trophées.

Reception du Roy Guillaume III. à la Porte de la Haye.

LE Roy fut reçû à cette Porte par le Corps de la Magistrature, & complimenté par Monsieur Heinsius leur Pensionaire. Aprés que le Compliment fut fait, la personne qu'on avoit postée pour en donner avis à la Ville, en donna le signal par deux fusées qui parurent en l'air, l'Artillerie du Vyverberg, y répondit par la décharge de 30. pieces de Canon; & toutes les Cloches carillonerent pendant toute sa Marche.

Nous représenterons icy cette Marche, & nous en ferons la description le plus brievément qu'il nous sera possible. Elle commença par quarante Gentils-hommes, qui montoient tous de trés beaux chevaux, qui sembloient être orgueilleux de se trouver dans un tel Cortege. Ceux qui les montoient avoient tous d'habits magnifiques, & fort bon air. Ils marchoient à la tête de tous. Ils étoient suivis des Compagnies des Gardes du Corps du Roy, qui alloient devant les deux Carrosses, où étoient ses Gentils-hommes. Aprés cela suivoit vingt ou trente Valets de pied magnifiquement vêtus. Tout cela alloit devant le Carrosse de sa Majesté attelé de six beaux chevaux blancs. Aux deux côtez du Carrosse marchoient dix-huit Suisses avec leurs Halebardes, tous bien lestes. Aprés cela venoient huit Trompettes du Roy qui joüoient perpetuellement de leurs Trompettes. Seize Gardes du Corps du Roy marchoient ensuite deux à deux; aprés cela les Carrosses de tous les Mylords, & autres personnes qualifiées qui suivoient, & passoient entre les deux hayes.

Le Roy estoit suivi de trente ou quarante Carrosses, la plûpart attelez à six chevaux. Celuy de l'Evêque de Londres estoit fort magnifique aussi bien que celuy du Duc de Northfolk, du Mylord Devonshire & de plusieurs autres Seigneurs Anglois & Hollandois qui marchoient suivant leur rang & leur qualité. Avec tout ce Cortege le Roy alla au Palais au milieu de la Bourgeoisie, qui estoit fort leste, & qui le suivoit en bon ordre à mesure qu'il passoit devant elle, & se rangea en Bataille sur la place du Buyten-Hof, & fit trois décharges consecutives; aprés quoy elle se retira dans le même ordre, pour réconduire les Drapeaux; & ensuite chacun s'en retourna chez soy.

Le Carillonnement, les décharges du Canon, & la Mousqueterie ne cesserent que lorsqu'on alluma le feu. Voilà ce qui regarde la Marche.

Nous reprendrons maintenant nôtre discours que nous avions laissé pour faire cette description, afin d'achever l'Explication de nos Ouvrages. Et pour cet effet nous allons vous représenter la Maison de Ville de la Haye.

Expli-

GUILLAUME III.

Explication de la troisiéme Planche, où est réprésentée la Décoration de la Maison de Ville de la Haye, & la Magnificence de son Festin.

Dans cette troisiéme Planche on voit la Figure de la Décoration de la Maison de Ville de la Haye. Comme ce beau & fameux Village a entre autres prérogatives la gloire d'avoir été le Berceau du Roy, Messieurs les Estats, les Bourguemaistres, les Eschevins & autres Personnes qui y ont l'honneur de la Magistrature, firent éclater dans cette Feste leur Magnificence en plusieurs manieres, & y témoignerent leur zele pour la Gloire d'un Compatriote si Illustre. Il y eut entre autres choses un superbe & magnifique Festin, où on salua plusieurs fois la santé du Roy au bruit du Canon ; & on celebra sa Grandeur avec beaucoup d'esprit & de melodie, dans une espece d'Opera qu'un bel Esprit avoit composé. D'ailleurs la Maison de Ville avoit elle même au dehors un certain air, qui répondoit parfaitement bien à la joye qu'on avoit dessein d'y solemniser. La Décoration paroissoit fort galante à tous ceux qui la consideroit. Elle estoit ornée de Festons de fleurs depuis le Portique jusqu'au Frontispice en maniere d'Architecture. On avoit placé aux fenestres plusieurs riches Tableaux, d'une nouvelle invention, tous ornez de Festons de fleurs. L'Oranger y dominoit par dessus tout. Ces Tableaux étoient Diaphanes, & faisoient un trés bel aspect.

De plus du côté où la Maison de Ville fait face à la grande Eglise, l'on avoit erigé en l'honneur du Roy une trés belle Pyramide faite en forme d'une Couronne d'Église, ou de Lampe, de cinq rangs de hauteur de gros Flambeaux, avec plusieurs Trophées, Figures & représentations Historiques. Mais ce qui arrêta sur tout les yeux & l'admiration des Spectateurs, furent sept Tableaux vernis, qu'on vit paroître sur le soir avec beaucoup plus d'éclat qu'ils n'avoient paru pendant le jour, par le moyen de la grande lumiere qu'on avoit ajustée adroitement par dedans, & qui rejaillissoit au dehors au travers des Tableaux.

Le premier représentoit le Roy avec ses Habits Royaux, sa Couronne, son Sceptre, & les Ornemens de l'Ordre de la Jarretiere, & toutes les marques de la Royauté.

Le Second la Reine qui avoit de même tous les Habits, Ornemens, & marques Symboliques de la Royauté. Ces deux Portraits estoient à l'entour richement ornez de Festons de toute sorte de belles fleurs.

Le troisiéme le Lion de Nassau, montrant fierement ses dents, rugissant, chassant, & donnant l'épouvante aux bêtes terribles qu'on voyoit fuir précipitamment, comme les Leopards, les Loups, les Ours, les Renards, les Tigres, le Crapaut même a été contraint de sortir de son bourbier avec précipitation pour la peur qu'il avoit de luy. Mais au contraire ce Lion accorde la Protection aux Animaux paisibles qu'on voit paître dans les Champs sans émotion ; avec ces paroles autour du Tableau.

PLACIDUM VENERANTUR, ET HORRENT INFESTUM.

Les Paisibles le reverent, ceux qui veulent nuire le craignent.

Le quatriéme une grande Licorne donnant de sa corne en terre, & chassant du Païs par sa force, & par son odeur tous les animaux veneneux, comme les Crapaux, qui sont les anciennes Armes de France, les Serpens, les Couleuvres, & autres Insectes, qui sont dans le style des Reformez, l'Emblême des Prêtres, des Moines, & principalement des Jesuïtes. Autour on lisoit.

NIL PASSA VENENI.
Elle ne souffre point de venin.

Le cinquiéme une Cigogne qui est assise sur son nid, & qui voyant le lever du Soleil, se leve, & étend ses Aîles pour s'en réjoüir. Au bas on lit.

RECREATUR AB ORTU.
Elle se réjoüit de son lever.

C'est pour marquer que ce n'est pas seulement d'aujourd'huy que la Haye, qui a la Cicogne pour ses Armes, & qui a eu l'honneur de voir naître ce grand Conquerant au milieu d'elle, se réjoüit de la présence de ce Monarque, mais qu'elle a eu aussi bien de la joye de l'avoir veu même dés sa Naissance.

Le sixiéme un Globe celeste represéntant la Maison de Ville de la Haye, & le Gouvernement des Estats; il y a un Atlas qui est la Figure du Roy qui soûtient le Monde sur ses épaules; & on lit dessus cette Inscription.

IN TE DOMUS INCLINATA RECUMBIT.
Vous soûtenez le grand poids de nôtre Bâtiment qui panche.

Le septiéme enfin encore une Cigogne qui témoigne les transports de sa joye par le battement de ses Aîles, & le mouvement de son Bec, lors qu'elle voit sortir du sein des nuages le même Soleil qu'elle avoit veu comme naître à son lever, & qui avoit disparu. Dans cette Figure le Mouvement de cet Oiseau, qui est appellé l'oiseau de la Liberté, donne à entendre combien le retour du Roy au deçà de la Mer donnoit de la joye à toute la Hollande, dont il venoit dissiper les craintes, & affermir l'union & la Liberté. Autour ces paroles.

VIDIT ET EXULTAVIT.
Elle l'a veu & s'en est réjoüie.

GUILLAUME III. 171

Explication du premier Arc de Triomphe, de ses Devises & de ses Inscriptions. Face premiere, quatriéme Planche.

VEnons maintenant aux Arcs Triomphaux. Bien que je laisse à ceux qui ont dessein de donner un Livre au public sur ces Ouvrages, le soin de les décrire, & de les expliquer exactement en détail, ne m'étant proposé que de faire simplement une Histoire Metallique, je ne laisseray pourtant pas, pour la satisfaction des curieux, de joindre icy ces beaux Monumens qui ont été erigez en l'honneur du Roy. Je ne ferai qu'expliquer les Devises & les Inscriptions comme elles ont esté sur les Arcs; & sans entrer dans le détail des Figures, je me contenterai d'en donner une idée generale, & de rapporter les Medailles qui ont esté frappées pour dépeindre ces Monumens à perpetuité.

Voicy la premiere Medaille qui a esté frappée pour marquer l'honneur du Triomphe que le Roy a receû à la Haye.

On voit d'un côté le Roy dans une Chaloupe, revenant d'Irlande Victorieux & couvert de Lauriers. Il est reçû avec joye par la Hollande, qui paroît icy sous la figure d'une Femme armée de pied en cap, s'appuyant de la gauche sur son Escu, où est le faisceau des Provinces-Unies, & donnant la droite à sa Majesté Britannique. Le Lion Batave est derriere elle, & l'on voit dans la Chaloupe à côté du Roy une Figure de Femme pour représenter l'Irlande. Le Roy tient un Etendart, sur lequel il y a une Figure où est cette Inscription PRO CHRISTO, pour désigner qu'il ne fait pas simplement la guerre pour rendre la Paix à l'Europe, mais que c'est aussi pour maintenir la vraye Religion. Autour on lit ces mots.

UNUS PUGNANDO RESTITUIT REM.
C'est Luy seul qui en combattant a rétabli heureusement les affaires publiques.

GUILLAUME III.

REVERS.

On voit la Figure d'un Arc de Triomphe fort magnifique, enrichi de Trophées, d'Etendarts, d'Obelisques & de Statuës, avec cette Inscription.

PIO, AUGUSTO GUILLELMO III. BRITANNIARUM REGI, BELGARUM GUBERNATORI HAGA LÆTA POSUIT REDUCI, M. DC. XCI.

La Haye pleine de réjoüissance a fait dresser cet Arc pour honorer le retour de Guillaume III. Roy de la Grand Bretagne, & Gouverneur de Hollande & Vriesland, mille six cens nonante un.

On a frappé cette Medaille, qui est representée sur cette premiere Face de l'Arc de Triomphe du Marché. D'un côté on voit la Porte des Champs, par laquelle le Roy fit son entrée publique à la Haye, avec la Joye & l'Obligation publique, representées par deux Femmes, & les autres Ornemens dont nous avons parlé. Autour est cette Inscription.

SOCIORUM LIBERATORI GUILLELMO REGI PATRI, PATRIÆ.

Au Roy Guillaume Liberateur des Alliez Pere de la Patrie.

Dans l'Exergue

IO TRIUMPHE.

REVERS.

La partie de l'Arc de Triomphe qui est au bas de la Medaille, où sont ces mots.

REGI.

Au Roy.

Dans l'Exergue

ARCUS TRIUMPHALIS A PARTE POSTICA, M. DC. XCI.

La partie de derriere de l'Arc de Triomphe, mille six cens nonante un.

Voicy l'Arc qui eſtoit dreſſé ſur le Marché, avec ſon explication. Cét Arc avoit deux Faces, l'une regardoit du côté du Marché, & l'autre du côté de la ruë. La premiere Face, eſtoit un Ouvrage d'Architecture, comme il eſt repréſenté dans cette quatriéme Planche. Il étoit élevé à trois eſtages ſur pluſieurs Colomnes. On voyoit ſur la Porte les Armes de la Haye, aprés ce Grand Heros conduit & reçû dans le Temple de la Gloire; puis un Globe avec le Cheval Pegaſe, & la Renommée avec des Aîles ſur le ſommet. A chaque eſtage de chaque côté, il y avoit des Trophées qui avoient du rapport à la Dignité, aux Victoires & aux Faits Heroïques de ſa Majeſté. Il y avoit auſſi deux Pyramides, ſur leſquelles étoient les Statuës du Roy Guillaume & de la Reine Marie. Un magnifique Amphitheatre étoit repréſenté au bas, enrichi d'Emblêmes, de Figures, & de repreſentations Symboliques, où étoient dépeintes les principales Actions de la vie du Roy. Cét Arc de Triomphe étoit le plus élevé, & peint avec beaucoup d'induſtrie. Il y a avoit de fort beaux Tableaux, entre autres ceux qui étoient au deſſus du Portique dans leſquels la Joye étoit peinte. Ils étoient Diaphanes, afin que par cét artifice ils pûſſent ſervir le jour & la nuit, car ſur le ſoir on allumoit une grande lumiere qui faiſoit paroître la nuit ce qu'on y avoit veu le jour. Cela faiſoit une perſpective bien agreable. On y avoit peint de chaque côté les Armes de l'Empereur Adolphe, ſorti de la Famille de Naſſau, partagées en huit parties. Voilà la deſcription de la partie du Hoogſtraat. Sur la Baſe de l'Arc on liſoit cette Inſcription.

FORTISSIMO IMPERATORI, CAUTISSIMO GUBERNATORI, DICATO TROPHÆIS ET VICTORIIS.

Au plus Brave des Generaux, au plus Prudent des Gouverneurs deſtiné aux Victoires & aux Triomphes.

GUILLAUME III

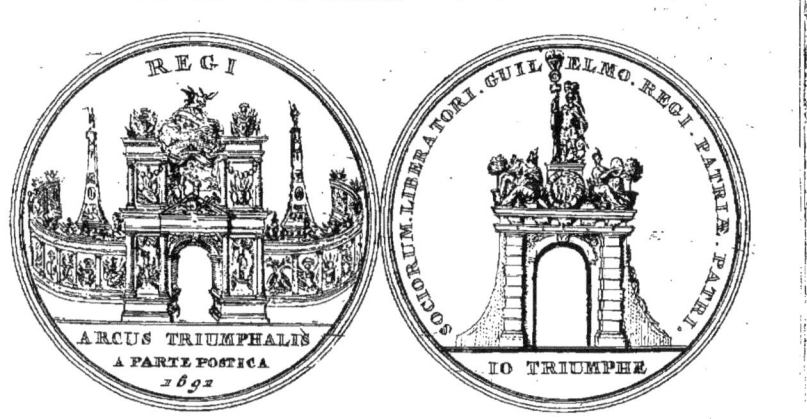

Explication de la seconde Face du premier Arc qui regardoit du côté du Marché. Cinquiéme Planche.

L'Autre Aspect du premier Arc de Triomphe, estoit à peu aprés le même que le précédent. On voyoit le fonds à trois estages élevé sur huit Colomnes peintes, avec deux belles Pyramides aux deux côtez, & un Amphitheatre magnifique, le tout enrichi de plusieurs Figures & representations Emblêmatiques, où on avoit dépeint la suite de l'Histoire de ce Monarque, & les Actions Heroïques des Glorieux Princes d'Orange ses Predecesseurs, leur Affection pour le Peuple, & l'Amour que le Peuple avoit pour Eux, leur zele pour la Liberté des Estats, les grands Travaux qu'ils ont soutenus pour la recouvrer, & l'affermir dans cette florissante Republique, qui est à présent la Terreur de ses Voisins. Leurs Combats, leurs Alliances, leurs Victoires remportées sur Terre & sur Mer, leur Constance à l'épreuve des mauvais succés, leurs Triomphes, & leurs Conquêtes, tout cela étoit fort bien réprésenté par les Inscriptions dont presque chaque Figure estoit chargée. On lisoit par exemple sur le fonds de l'Arc ces paroles, qui doivent être jointes à l'Inscription de la partie de derriere de l'Arc que nous avons veu, FORTISSIMO IMPERATORI, &c. Avant que de proposer les Devises de cét Arc nous expliquerons la Medaille qui a été frappée sur ce sujet, qui est gravée sur la même Planche de la seconde Face. Vous voyez le Roy en Buste avec cette Inscription.

GUILLELMUS III. DEI GRATIA MAGNÆ BRITANNIÆ, FRANCIÆ ET HIBERNIÆ REX.

Guillaume III. par la Grace de Dieu, Roy de la Grand Bretagne, de France & d'Irlande.

REVERS.

La partie de l'Arc de Triomphe que nous avons veu, & ces mots autour.

REGI GUILLELMO, ET ATAVIS PRINCIPIBUS.

Au Roy Guillaume, & aux Princes ses Ancêtres.

Dans l'Exergue

TRIUMPHOS REGIOS ET PATRIOS, VIRTUTIS ET CONSTANTIÆ EXEMPLA CLARISSIMA COSS. HAGIENSES IN FORO POSUERE M. S.

Les Senateurs de la Haye ont fait dresser cét Arc sur le Marché, où sont representez les Triomphes du Roy & de ses Ancêtres, Illustres Exemples de Constance & de Vertu.

Voicy

GUILLAUME.

Voicy les Devises de l'Arc. La premiere estoit au dessus des Colomnes, & de la Porte, en ces mots.

GUILLELMO III. POSTHUMO CÆ. DA. NOBILIUM PRIMO, DUCUM MAXIMO.

Guillaume III. Posthume, donné du Ciel, le premier des Nobles, & le plus Grand des Capitaines.

Sur la Pyramide du Roy, au dessous des Festons, qui étoient au dessous de luy étoit representé son Chiffre, & dessous ces mots.

UNIIT ET TENUIT.
Il a reüni & possedé.

Plus bas, un trés beau bas Relief en Ovale, & dessous cette autre Inscription.

RESTITUTIS SUIS, SERVATIS SOCIIS.
Ayant rétabli ses Sujets, & sauvé les Alliez.

Plus bas encore un bas Relief, sur lequel étoit peint un Oranger, ensuite plusieurs Ecussons de plusieurs sortes d'Armes qui terrassoient un Soleil. Cette Pyramide étoit soûtenuë par deux Lions, couchez sur un Pied'estal, sur lequel il y avoit aussi un autre bas Relief, qui convenoit fort bien à cette Devise.

HANC ACCIPE MAGNE CORONAM.
Grand Prince recevez cette Couronne.

Cette Pyramide avoit quatre Faces. Deux Faces étoient garnies de verdure de toutes parts avec des Festons, qui faisoient une trés belle Décoration. Au dessus étoit, comme nous vous avons dit, la Statuë du Roy d'une grandeur naturelle avec les Habillemens Royaux. De l'autre côté il y avoit aussi une Pyramide, sur laquelle étoit la Statuë de la Reine avec tous ses Ornemens. Il y avoit trois sortes de peinture, des Devises, des Trophées avec le Chiffre de la Reine environné de trés beaux Festons de fleurs comme celuy de ce Grand Monarque. Cette Pyramide étoit aussi ornée de trés belles Inscriptions, & les deux autres Faces étoient couvertes de verdure avec des Festons. Au dessous des Festons & du Chiffre de la Reine ces mots.

REPRIMIT ET REFICIT.
Elle arrête, & rétablit.

Au dessous un bas Relief en Ovale comme celuy du Roy, & plus bas ces autres paroles.

CLASSIBUS RESTITUTIS, CONJURATIS DISSIPATIS.
Ayant rétabli les Flottes, & dissipé les Conjurez.

De même que dans l'autre, deux Lions couchez sur un Pied'estal avec un bas Relief qui avoit du rapport à l'Inscription.

THURE TUO REDOLENT ARÆ.
Les Autels fument de vôtre encens.

Sur l'Amphitheatre qui accompagnoit l'Arc on lisoit les Inscriptions suivantes.

PATIENTIA LÆSA FUROR FIT.
La Patience irritée se change en fureur.

RES POSCIT OPEM, ET CONSPIRAT AMICE.
Les affaires demandent du secours, & il accourt volontiers.

PATRIÆ LIBERATORI.
Au Liberateur de la Patrie.

PER TELA, PER UNDAS.
La terreur des Armes, & les perils de la Mer ne l'arrêtent point.

AUDENTES DEUS IPSE JUVAT.
Dieu favorise les Braves, & aide volontiers les gens de cœur.

REPETENDA QUIESCUNT ARMA VIRUM.
Les Armes qu'on reprendra bien-tôt sont en repos.

NON UNO VIRTUS CONTENTA TRIUMPHO.
Sa Vertu merite bien plus d'un Triomphe.

GLORIÆ VINDICI.
Au Vengeur de la Gloire.

CÆSORUM REPLEBANT FUNERA CAMPOS.
La Campagne fut toute couverte de morts.

CRESCUNT, NUMERO CRESCENTE, TROPHÆA.
Ses Victoires augmentent à mesure que le nombre croit.

TANTAS DEDIT UNIO VIRES.
Cette grande force est venuë de l'union.

AQUILAS ET MOENIA CEPIT.
Il a pris des Etendarts & des Villes.

LIBERTATIS ASSERTORI.
Au Défenseur de la Liberté.

CELSAS SUPERAT VIRTUTE CARINAS.
Sa Vertu est d'une élevation qui surpasse la hauteur des plus grands Vaisseaux.

ULTRA GARAMANTAS ET INDOS.
Au delà des Garamantes & des Indiens.

PUBLICÆ FELICITATIS STATORI.
A celuy qui affermit la félicité publique.

DEOS IN PRÆLIA CONFERT.
Dieu l'accompagne dans les Combats.

FORTIS PROMISSA JUVENTÆ.
Les Presages d'une Jeunesse Heroïque.

GUILLAUME III.

Explication de la premiere Planche du second Arc de Triomphe qu'on avoit erigé sur la Plaine, sçavoir celuy qui regardoit du côté du Hooghstraat. Sixiéme Planche.

CEt Arc avoit deux Faces, l'une qui régardoit vers le Hoogstraat, & l'autre du côté du Vivier. Dans la premiere étoit répresenté un Ouvrage à deux estages, partie à l'Antique, & partie à la Moderne, soûtenu sur quatre Colomnes, & enrichi de plusieurs beaux bas Reliefs Historiques pour represeter la Gloire du Roy. Dans la partie superieure on voyoit comme deux Colomnes environnées de Trophées, d'Etendarts, de Drapeaux, de Casques, & autres Instrumens de guerre. Il y avoit aussi deux autres Colomnes de pareille structure, qui paroissoient à l'autre Face, & appuyoient deux grands Arcs de Laurier, qui se coupant à plomb vers le sommet, soûtenoient une Couronne traversée de quatre Sceptres, qui désignoient les quatre Royaumes qui composent l'Empire de la Grand Bretagne. Directement sous cette Couronne paroissoit sur un Pied'estal la Figure de ce Grand Conquerant à Cheval, avec le Bâton de Commandement à la main, & cette Inscription.

REGI,

SOLOQUE, SALOQUE

ANTIQUIS PRIORI, HEROIBUS

MAJORI SCEPTRIS, EXERCITIBUS, CLASSIBUS,

VOTIS.

Au Roy plus Grand par Terre & par Mer que tous les Heros de l'Antiquité, par le Nombre de ses Sceptres, de ses Armées, de ses Flottes, & par les vœux publics.

Au bas du Pied'estal étoient les Armes de la Grand Bretagne accompagnées de tous les Ornemens de guerre, & aux deux côtez des Armes cette Inscription.

HAGA

GUILLAUME III.

HAGA POSUIT CONSULUM
DECRETO.

La Haye l'a fait dreſſer par ordre des Magiſtrats.

Aux deux côtez de la Statuë du Roy il y avoit deux grands & beaux bas Reliefs, qui repreſentoient les Actions de ce Grand Heros, l'un celles par leſquelles il s'eſt ſignalé ſur terre, & l'autre celles par leſquelles il a acquis de la Gloire ſur Mer. Il eſtoit orné de toute ſorte d'Inſtrumens de guerre, comme de Drapeaux, de Caſques, de Cuiraſſes, &c. Plus bas encore eſtoient les Armes de la Haye au deſſus de la Porte, & les deux côtez de la Porte eſtoient enrichis de quatre beaux bas Reliefs avec les Armes d'Ecoſſe & d'Angleterre. L'Inſcription que nous avons rapportée ci-devant ſe rapporte parfaitement bien à ces Figures.

On a frappé ſur cette premiere Face la Medaille ſuivante, qui eſt gravée ſur la même Planche. D'un côté le Roy paroit en Buſte avec cette Inſcription.

GUILLELMUS III. DEI GRATIA MA-
GNÆ BRITANNIÆ, FRANCIÆ ET
HIBERNIÆ REX.

Guillaume III. par la Grace de Dieu, Roy de la Grand Bretagne,
de France & d'Irlande.

REVERS.

La Face de l'Arc de Triomphe que nous avons veu, avec ces paroles.

MAGNO REGI GUILLELMO TERTIO
VICTORI REDUCI.

Au Grand Roy Guillaume III. revenant Victorieux dans ſa
Patrie.

Dans l'Exergue

HAGA CUR. INCUNAB. GLOR. CONSECRAVIT COSS. DECRETO.

La Haye qui a l'honneur d'avoir esté le Berceau du plus Glorieux de tous les Princes luy a dressé cet Arc par ordre des Senateurs.

Explication de la seconde Face du second Arc de Triomphe qu'on avoit erigé sur la Plaine, sçavoir la Face qui régardoit le Vivier.

L'Autre Face du second Arc de Triomphe régardoit le Vivier, & elle avoit à peu prés la même forme d'Architecture, & les mêmes Décorations que la précédente. On voyoit encore au sommet la Couronne Britannique traversée des quatres Sceptres dont nous avons déja parlé; deux grands Arcs de Laurier qui soûtenoient cette Couronne, deux Colomnes enrichies de Figures & de Trophées d'Armes, qui appuyoient ces deux Arcs, le Roy à Cheval & veu par derriere, avec le Chiffre du grand William; directement sous le Pied'estal des bas Reliefs Historiques accompagnez de trés belles Devises, & Inscriptions.

ERIPE RAPTORI MISERAM, MEA JURA TUERE.

Delivrez moi de l'Usurpateur qui m'a renduë malheureuse, & defendez mes Droits.

NUNQUAM RETRO.
Il ne recule jamais.

TRIUMPHANTI
IN REPRIMENDA TYRANNIDE
AC RESTITUENDA SECULI
FELICITATE AUGUSTO, ARMATO,
PARATO, RECEPTO.

Par tout Triomphant dans la suppression de la Tyrannie & le rétablissement du bonheur du siecle, magnifiquement orné, bien armé, prompt, & bien reçû.

HAGA

GUILLAUME III.

HAGA POSUIT CONSULUM DECRETO.

La Haye l'a fait dreſſer par ordre des Magiſtrats.

Les paroles de la Deviſe ſuivante doivent être jointes à celles de l'Inſcription précédente, comme nous l'avons dit, qu'on a placé à peu prés ſous les Figures auſquelles elles ont du rapport, comme il eſt aiſé de le remarquer. Il y avoit auſſi aux deux côtez quatre Décorations de bas Reliefs Hiſtoriques, avec les Armes de France & d'Irlande, pour achever les quatre fleurons de la Couronne de la Grand Bretagne. Si on veut raſſembler toutes les paroles qui ſe liſoient par tout ſur les deux Faces de cet Arc, on trouvera qu'elles formoient cette Inſcription.

REGI

SOLOQUE SALOQUE

TRIUMPHANTI, IN REPRIMENDA

TYRANNIDE, AC RESTITUENDA

SECULI FELICITATE, ANTIQUIS

PRIORI, HEROIBUS MAJORI,

SCEPTRIS AUGUSTO, EXERCITIBUS

ARMATO, CLASSIBUS PARATO,

VOTIS RECEPTO, HAGA POSUIT

COSS. DECRETO.

La Haye par ordre des Magiſtrats a fait ériger cet Arc de Triomphe en l'honneur du Roy, triomphant ſur Terre & ſur Mer, dans la ſuppreſſion de la Tyrannie, & le rétabliſſement du bonheur du ſiecle, plus Glorieux qu'aucun des Anciens, plus Grand que les Heros, Auguſte par ſes Couronnes, Puiſſant par ſes Armées, prêt aux grandes choſes par ſes Flottes nombreuſes & bien équippées, garanti, recouvré, arrivé en Hollande par l'efficace des vœux que tous les gens de bien font pour luy.

On a frappé ſur cette Face la Medaille ſuivante qui eſt gravée auſſi ſur la Planche de cette Face. D'un côté vous voyez le Roy en Buſte avec une Couronne de Laurier, & cette Inſcription autour.

WILHELMUS TERTIUS DEI GRATIA MAGNÆ BRITAN-
NIÆ, FRANCIÆ ET HIBERNIÆ REX, FIDEI
DEFENSOR.

Guillaume III. par la Grace de Dieu, Roy de la Grand Bretagne, de France & d'Irlande, Défenseur de la Foy.

REVERS.

Vous voyez la seconde Face de l'Arc de Triomphe dont nous venons de vous donner l'explication, avec cette Inscription autour.

SALVO GUILLELMO
EX MARI, REGI
BRITANNIARUM TERTIO, PATRI
PATRIÆ, OPTIMO PRINCIPI.

Dans l'Exergue

HAGA POSUIT, COSS. DECRETO.
M. DC. LXXXXI.

Les Magistrats de la Haye ont fait ériger cet Arc en l'honneur de Guillaume III. Roy de la Grand Bretagne, le Pere de la Patrie, le Meilleur de tous les Princes, apres qu'il fut delivré des perils de la Mer l'an mille six cens nonante un.

Explication de la premiere Face du troisiéme Arc de Triomphe qui fut érigé auprés de la Cour, sçavoir celle qui regardoit le Buytenhof. Huitiéme Planche.

LE troisiéme Arc de Triomphe fut érigé auprés de la Cour. C'estoit un Ouvrage trés magnifique, tant pour l'Ordonnance de l'Architecture, que pour la beauté des Figures, des Inscriptions & des Devises qui y étoient representées. Il avoit deux Faces. Vous voyez la premiere dans cette huitiéme Planche, sçavoir celle qui regardoit du côté du Buytenhof. Sur une Porte ronde, & fort haute, on voyoit un grand Dome, au sommet duquel il y avoit un Pied'estal, sur lequel étoit la Figure du Roy à Cheval, tout doré, avec deux Figures aux deux côtez, qui réprésentoient les Nations que sa Majesté a subjuguées; & cette Inscription au bas.

POPULI SALUS.

Le Salut du Peuple.

Directement sur la Porte on voyoit les Armes de Hollande, deux Figures de la Renommée aux côtez avec deux Trompettes; & cette Inscription autour du Dome.

PIO, FELICI, INCLYTO, GUILLELMO TERTIO, TRIUMPHANTI, PATRIÆ PATRI, CURIÆ PROCERES POSUERE RESTAURATO BELGIO FOEDERATO, LIBERATA ANGLIA, SERVATA SCOTIA, PACATA HIBERNIA, REDUCI, DIE XXXI. JAN. M. DC. XCI.

Les Etats de Hollande ont fait dresser cet Arc de Triomphe en l'honneur du Roy Guillaume III. Pieux, Heureux, Brave, Triomphant, Pere de la Patrie, à son retour dans ce Païs, aprés avoir affermi la Liberté des Provinces-Unies, délivré l'Angleterre, conservé l'Ecosse, & appaisé les troubles d'Irlande.

Aux deux côtez de la Porte il y avoit deux pans d'édifice soûtenu sur des Colomnes, & percé de deux Portiques, sur lesquels on avoit mis l'Escu de la Grand Bretagne magnifiquement orné. Sur le haut il y avoit de belles Statuës, & au bas de fort beaux bas Reliefs Historiques, avec ces belles Inscriptions qui renferment presque toute l'Histoire du Roy, qu'on lisoit aux deux côtez de l'Arc tout à l'entour.

LU-

GUILLAUME III.

LUGENTE PATRIA, MOERENTE EUROPA, AFFLICTA ANTIQUISSIMA NASSAVIORUM STIRPE HEROUM, PRINCIPUM, IMPERATORUM FECUNDA.

Pendant que la Patrie étoit en dueil, l'Europe defolée, & la Race trés Ancienne des Naffau, fi fertile en Heros, en Princes, & en Empereurs dans une grande affliction.

GUILLELMUM POSTHUMUM BRITANNORUM, ARAUSIONENSIUM TERTIUM, PATRIÆ SPEM, REIPUBLICÆ PALLADIUM.

Guillaume III. de ce Nom des Rois de la Grand Bretagne, & des Princes d'Orange, l'Esperance de sa Patrie, & le Soûtien de la Republique, né aprés la mort de son Pere.

FATUM EUROPÆ FAVENS DEDIT DE CÆLO, FUTURAM PORTENDENS MAJESTATEM, ADMODUM PUERUM EXEMPLAR CONSTITUIT.

Par un Destin favorable à l'Europe fut donné du Ciel comme un present, & pour presager la Grandeur à laquelle il avoit dessein de l'élever, il le rendit dés sa Jeunesse un Exemple Illustre des plus grandes Vertus.

QUI JUVENTUTE STRENUE TRANSACTA, PATRIA FUNESTIS JACTATA BELLIS AC DISSIDIIS.

Aprés avoir passé sa Jeunesse en homme de cœur, sa Patrie se trouvant agitee de guerres funestes, & déchirée par des Divisions intestines trés dangereuses.

IN TANTO RERUM DISCRIMINE NUTANTIS BELGII, QUA MARI, QUA TERRA, ADMOTUS, IN PRISTINUM DECUS GUBERNACULI, GLORIAM, ARAS, ET FOCOS ASSERUIT.

Dans ce grand peril où se trouvoit la Republique, il fut élevé à la Charge de Gouverneur General des sept Provinces, par Terre & par Mer, Dignité que ses Ancêtres avoit possedée, & il rétablit la Gloire, la Religion, & la Liberté de l'Etat qui etoit sur le panchant de sa ruine.

MERITIS FAMAM SUPERANTIBUS TROPHÆIS, PRINCIPI ATAVIS REGIBUS EDITÆ FELICIBUS JUNCTUS HYMENÆIS.

Aprés avoir merité par ses grands Exploits beaucoup plus de Trophées, que ne luy en dressoit la Renommée qui les publioit par tout, il fit un heureux Mariage avec une Princesse issuë du même Sang Royal que Luy.

POST MAXIMAS RES DOMI FORISQUE GESTAS, ARCTISSIMO
CUM PRINCIPIBUS ICTO FOEDERE, SUORUM VINDEX,
DEFENSOR OPPRESSORUM.

Enfin aprés s'être signalé par de belles Actions au dedans, & au dehors, il a fait une Alliance trés étroite avec les Princes de l'Empire, pour délivrer les Siens, & défendre ceux qu'on opprimoit.

MARE TRANSVECTUS LIBERAT BRITANNIAM, ET LATE DO-
MINANTIBUS ORNATUS SCEPTRIS, IN PATRIA PUBLICA
CUM LÆTITIA RECEPTUS EST.

Ayant passé la Mer, il a délivré la Grand Bretagne, & revenant dans sa Patrie avec la gloire de l'Empire, & la Dignité de Roy sur plusieurs Royaumes d'une grande étendue, il y est reçû avec une joye publique qu'on ne sçauroit exprimer.

Voicy une Medaille qu'on a frappée pour conserver la memoire de cette premiere Face du troisiéme Arc de Triomphe, gravée sur la même Planche de cette premiere Face. D'un côté on voit la Figure de cette Face avec cette Inscription.

HIC HEROUM HONOS.

C'est icy l'honneur des Heros.

Dans l'Exergue.

PIO, FELICI, INCLYTO, GUILLELMO III. TRIUMPHANTI, P.P.,
GUB. C. P. RESTAURATO BELGIO FOEDERATO, LIBERATA
ANGLIA, SERVATA SCOTIA, PACATA HIBERNIA,
REDUCI DIE XXXI. JAN. M. DC. XCI.

Les Etats de Hollande ont fait dresser cet Arc de Triomphe en l'honneur du Roy Guillaume III. Pieux, Heureux, Brave, Pere de la Patrie à son retour dans son Païs, aprés avoir affermi la Liberté des Provinces-Unies, délivré l'Angleterre, conservé l'Ecosse, & appaisé les troubles d'Irlande, mille six cens nonante un.

Quoy que cette Devise ait été déja expliquée auparavant, on n'a pas laissé de trouver à propos de la proposer encore icy, à cause qu'elle est sur cette Medaille.

REVERS.

On voit l'arrivée du Roy au Port Oranje. Une Chaloupe pleine de gens qui vont au devant de Luy, & dans le lointain la Flotte qui l'a conduit depuis l'Angleterre. Au dessus paroit une Banderole, où on lit cette Inscription.

SERVANDUS SERVATUS.

Celuy qui doit être conservé au Public pour l'affermissement de la Liberté, & pour rétablir le Repos des Peuples, est hors de danger.

Dans l'Exergue

DIE TOTO, NOCTEQUE IN SCAPHA FLUCTIBUS APPULIT IN
HOLLANDIAM DIE XXXI. JAN. M. DC. XCI.

Aprés avoir navigé dans une Chaloupe un jour & une nuit entiere, il est arrivé en Hollande poussé par les Flots, le trente un Janvier mille six cens nonante un.

GUILLAUME III.

Expli-

R. de Hooge fec.

Explication de la seconde Face du troisiéme Arc de Triomphe qui regardoit vers l'entrée de la Cour. Neuviéme Planche.

L'Autre Face du troisiéme Arc de Triomphe avoit un Aspect d'Architecture, & la Décoration en étoit à peu prés semblable à celle de la précédente, & la Perspective fort agreable. On voyoit comme dans la premiere sur le Sommet du Dome une Figure dorée, qui réprésentoit ce Grand Monarque à Cheval, avec cette Inscription sur le Pied'estal.

PROCERUM DECUS.

L'Honneur des Etats.

Sur la Porte étoient réprésentées les Armes de Hollande, & les deux Figures de la Renommée, & aux deux côtez le même Plan d'Architecture, avec les mêmes Décorations de Statuës, d'Arcades, de l'Escu d'Angleterre peint sur ces Arcades, & de bas Reliefs Historiques. Au reste, comme il y avoit autour de l'Arc des Inscriptions qui comprenoient toutes les grandes Actions de ce Grand Conquerant, comme nous l'avons déja veu, il y avoit aussi des Devises qui avoient un juste & merveilleux rapport avec elles. Cela ne pouvoit que plaire beaucoup, puisqu'elles étoient de l'invention de M. Romain, comme nous l'avons dit auparavant. Les voicy.

I. à sa Genealogie.
PRÆLUCET POSTHUMA PROLES.
Il est plus Glorieux que ses Ancêtres bien qu'il ne soit venu au monde qu'aprés leur mort.

II. A sa Naissance.
TENUES ORNANT DIADEMATA CUNÆ.
L'état humilié où il s'est trouvé en naissant, par les resolutions qu'on avoit extorquées contre sa Maison, donne du lustre à sa Couronne.

III. A son Education.
TENER ADVERSIS ENITITUR ALIS.
Dans ses plus tendres années il a résisté à l'adversité, & fait des efforts dignes d'un Homme de cœur, pour remonter à la Gloire de ses Ancêtres.

GUILLAUME III. 193

IV. A fa Jeuneſſe.
> CONTORTA TRIUMPHOS PORTEN-
> DIT.
> *Sa Lance pouſſée avec roideur, & chargée de Lauriers, prédit ſes Victoires.*

V. A ſon Elevation au Gouvernement.
> ALTER ERIT TIPHYS.
> *Il y aura deſormais un autre Tiphys au Timon de l'Etat.*

VI. A ſon Mariage.
> VIRUSQUE FUGANT, VIRESQUE REPELLUNT.
> *Ils chaſſent le Poiſon, & repouſſent la Violence.*

VII. A ſon Alliance avec les Princes.
> UNITI FORTIUS INSTANT.
> *Etant unis ils attaquent plus fortement.*

VIII. A ſon Expedition Britannique.
> PRÆMIA NON ÆQUANT.
> *La Recompenſe n'égale point ſa Vertu.*

Il y avoit ſur la Voute de la grande Porte.

Pour le Roy & la Reine.
> REFERT SATURNIA REGNA.
> *Elle rameine le ſiécle d'Or.*
>
> NOVA SCEPTRA PARAMUS.
> *Nous vous préparons de nouveaux Royaumes.*
>
> SUPERARE ET PARCERE VESTRUM EST.
> *C'eſt à vous de vaincre & de pardonner.*
>
> CÆTERA TRANSIBUNT.
> *Le reſte paſſera.*

Sur les grands Rondeaux, aux deux côtez, on liſoit ces Inſcriptions.

> ATTINGAT SOLIUM JOVIS.
> *Qu'il monte au Siege de Jupiter.*
>
> TRIUMPHET IN UNDIS.
> *Qu'il triomphe ſur les ondes.*

Bb ULTRA

ULTRA GARAMANTAS ET INDOS.
Au delà des Garamantes & des Indiens.

FORTIS PROMISSA JUVENTÆ.
Les préfages d'une Jeuneffe Heroïque.

DEOS IN PRÆLIA CONFERT.
Dieu l'accompagne dans les Combats.

REPETENDA QUIESCUNT ARMA VIRUM.
Les Armes qu'on reprendra bien-tôt font en repos.

Voicy la Medaille qu'on a frappée pour cette derniere Face, qui eft gravée fur la même Planche. D'un côté on voit ce grand Monarque en Bufte, avec cette Infcription autour.

GUILLELMUS TERTIUS DEI GRATIA MAGNÆ BRITANNIÆ, FRANCIÆ ET HIBERNIÆ REX.

Guillaume III. par la Grace de Dieu, Roy de la Grand Bretagne, de France & d'Irlande

REVERS.

La Face du dernier Arc de Triomphe qui regardoit du côté de la Cour, & cette Infcription autour.

GLORIÆ AUGUSTÆ INVICTI REGIS.

Dans l'Exergue.

RESTAURATO BELGIO, LIBERATA ANGLIA, SERVATA SCOTIA, ET HIBERNIA, DE BELLO CONSULENTIS CUM CENTUM PRINCIPIBUS, POSUERE PROCERES HOLLANDIÆ ANTE AULAM.

Les Eftats de Hollande ont érigé cet Arc de Triomphe devant la Cour, à la Gloire du Roy Invincible, lors qu'aprés avoir rétabli les Provinces-Unies, délivré l'Angleterre, fauvé l'Ecoffe & l'Irlande, il confultoit à la Haye avec cent Princes fur les affaires de la guerre qu'ils ont avec la France.

GUILLAUME III. 195

Explication de la premiere Face du Feu d'artifice qui avoit efté dreffé fur le Vivier, fçavoir celle qui regardoit du côté du Vyverberg. Dixiéme Planche.

CE Feu d'artifice étoit un Ouvrage curieux. C'eſtoit comme un édifice percé à jour de tous côtez. La premiere Face qui régardoit du côté du Vyverberg s'élevoit en Pyramide à pluſieurs Eſtages. On voyoit au premier Eſtage en bas des Arcades de Fuſées de differentes couleurs, d'orange, de blanc, & de bleu. Ce Theatre magnifique étoit en dedans tout environné de pluſieurs beaux Ouvrages à corne, & de pluſieurs Demi-Lunes. A chacun de ces Ouvrages il y avoit onze pots à feu qui jetterent une trés grande quantité de Feus d'artifice qui donnoient bien de plaiſir. Tous ces Ouvrages eſtoient accompagnez de ſix belles Pyramides fort hautes, & ornées de belles Deviſes & Inſcriptions. A l'extremité d'une ces Pyramides étoient les Armes de la Grand Bretagne, & à une autre celles de Hollande, & au deſſus ces paroles.

TRIUMPHET SEMPER AUGUSTUS.

Que cet Auguſte Monarque Triomphe toûjours.

On voyoit enſuite pluſieurs rangs de belles Fuſées, qui faiſoient comme une eſpece de Baluſtrade agreable ; & d'eſpace en eſpace pluſieurs petits bâtimens, ſur leſquels on avoit peint les Roſes d'Angleterre, les Lys de France, le Lion d'Ecoſſe, & la Harpe d'Irlande. Ces Loges étoient des Boëtes pleines de Fuſées, & d'autres Feus d'artifice, qui éclatoient vers le fonds. Il y avoit auſſi deux grandes Pyramides ſur leſquelles la Religion, le Negoce, la Paix, la Reformation de la Maiſon de Naſſau étoient repreſentées par diverſes Figures. Directement au fonds on voyoit la Figure d'un Chat, & un Pied'eſtal au deſſus avec une Figure humaine, puis le Chiffre couronné du Grand WILLIAM avec cette Inſcription.

REGI GUILLELMO PER GLACIEM, NUBILA ET SYRTES EX PELAGO REDUCI.

Au Roy Guillaume ſauvé de la Mer, & de retour en ſon Pays, aprés avoir eſſuyé les rigueurs de la Glace, des Brouillards, & les perils des Eſcueils.

Enfin une grande Banderole à l'Antique paroiſſoit au haut, avec la Figure du Bateau qui mit le Roy à terre. On y voit ce Grand Heros debout qui montre du doigt l'endroit où il faut deſcendre; un Payſan à cheval qui s'avance pour luy offrir ſa maiſon, & cette Inſcription.

QUID

GUILLAUME III.

QUID METUAS CÆSAREM VEHIS.
Ne crains rien, tu portes Cefar.

HINC SPESQUE SALUSQUE.
C'eſt delà que vient nôtre eſperance, & nôtre delivrance.

TUMULO VELOCIOR ALTO.
Il franchit les plus hauts lieux.

NUNQUAM FRACTA MALIS.
Jamais abbatuë par les traverſes.

TANDEM EXPECTATA REDIBIT.
Elle reviendra enfin ſelon nôtre attente.

UTRUMQUE SIMUL PRÆTERVOLAT ALTUM.
Il paſſe les deux Mers.

NECESSUM APPORTAT ET ABUNDE.
Il nous apporte toutes les choſes neceſſaires avec abondance.

INSCIA FERRE JUGUM.
Qui ne ſçait ce que c'eſt que d'être ſous le Joug.

DECUS PATRIÆ.
L'Honneur de la Patrie.

CONCORDIA RES PARVÆ CRESCUNT.
L'Union fait croître les plus petites choſes.

SERVA, NISI IN PRÆLIIS.
Qui ne ſçait obéïr que dans les Combats.

OBEDIENTIA ET VIRTUTE.
Par l'Obéïſſance & par la Vertu.

FIDE ET EXPERIENTIA.
Par la Foy & par l'Experience.

BENE PARET ET AUDET.
Qui ſçait bien obéïr, & entreprendre.

RUIT, QUI CUNCTA RUEBAT.

Celui qui ruinoit tout, est abatu.

CARUM VENERENTUR AMICI.

Que ses amis ayent toûjours de la Veneration pour celuy qui leur est cher.

OFFENSUM METUANT HOSTES.

Que les Ennemis redoutent celuy qu'ils ont offensé.

On a jugé à propos de perpetuer aussi la memoire de ce Feu par des Medailles. Voicy celle que l'on a frappée sur cette premiere Face de la Planche du Feu d'artifice. D'un côté on voit la Figure de ce Grand Monarque avec cette Inscription.

GUILLELMUS TERTIUS DEI GRATIA MAGNÆ BRITANNIÆ,
FRANCIÆ ET HIBERNIÆ REX.

*Guillaume III. par la Grace de Dieu, Roy de la Grand Bretagne, de France
& d'Irlande.*

REVERS.

La Figure de ce Feu au côté que nous avons veu, avec cette Inscription.

LÆTITIA NOCTURNA FAUSTISSIMO ADVENTUI
REGIS HAGÆ.

La Rejoüissance qu'on fit de nuit à la Haye à l'heureuse arrivée du Roy.

Dans l'Exergue

PIO, FELICI, AUGUSTO, GUILLELMO III. MAGNÆ
BRITANNIÆ REGI, BELGII GUBERNATORI
P. P. C. LUCEM HANC POSUERUNT
M. DC. XCI.

Les Estats ont fait dresser ce Feu d'artifice en l'honneur de Guillaume III. Pieux, Heureux, Auguste, Roy de la Grand Bretagne, & Gouverneur des Provinces-Unies, en 1691.

GUILLAUME III.

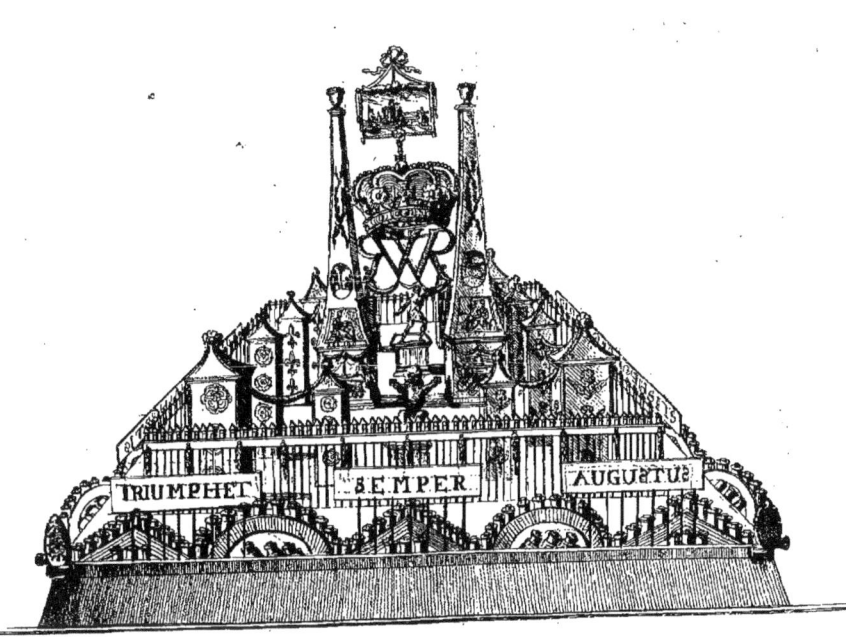

Expli-

Explication de la seconde Face du Feu d'artifice qui avoit esté dressé sur le Vivier, sçavoir la partie qui regardoit vers les fenestres de la Cour. Onziéme Planche.

ON voyoit au bas de cette Face du Feu d'artifice, de même qu'à la précédente, plusieurs compositions de Fusées rangées en Arcades, avec les Armes d'Angleterre, & de Hollande placées aux coins. Plus haut il y avoit encore une espece de Balustrade, dans laquelle il y avoit d'espace en espace plusieurs petites Loges remplies de Feus d'artifice, comme nous avons dit. On voyoit aussi toutes ces belles Pyramides. Au côté de celle qui estoit à gauche il y avoit un Pied d'estal sur lequel estoit posé le Lion de Hollande, avec cette Devise des Etats pour Inscription.

VIGILATE DEO CONFIDENTES.
Veillez vous confiant en Dieu.

Au côté droit on voyoit un Soleil qui se levoit, & un Hercule s'avançant vers luy avec sa Massuë, avec cette Inscription.

HÆC META LABORUM.
Voicy le but de mes travaux.

Dans le fonds paroissoit le derriere du Chiffre du Roy, & au dessus l'autre côté de l'Etendart, où l'on voyoit aussi la Figure du petit Bateau qui avoit servi à passer le Roy.

Aprés la décharge de trente pieces de Canon, qu'on réitera plusieurs fois, on alluma le Feu d'artifice. Le Chiffre du Roy parut le premier, & fit un trés bel effet, tant par la lenteur avec laquelle il s'éleva, & se perdit enfin en l'air, que par l'éclat des fossettes de la Couronne qui paroissoient de vrays Diamans.

On

On vit paroître enfuite le Soleil des François dans toute fa fplendeur, mais le Hercule s'eftant tout d'un coup avancé avec fa Maffuë, qu'il fit tomber fur luy, il ne parut plus aucune forme de Soleil, mais il s'obfcurcit & s'évanoüit. Aprés quoy pour témoigner la joye qu'on en avoit on lâcha plufieurs boëtes de fort beaux Feus qui auroient donné au Peuple un divertiffement agreable, fi un broüillard épais qui fe leva, ne leur en eût derobé la vûë en partie. Cependant on en vit affez pour admirer la beauté de l'Ordonnance, & la delicateffe du Deffein de ce Feu d'artifice, qui fournit un Feu continuel pendant plus de trois quarts d'heure. Et comme tout ce Feu fe faifoit fur une efpece de Theatre dreffé fur le Vivier vis à vis des Feneftres de la Chambre où le Roy foupoit, il divertit la Cour agreablement.

On a frappé auffi cette Medaille fur cette derniere Face du Feu d'artifice gravée fur la même Planche de ce Feu. D'un côté on voit le Bâteau qui étoit peint fur la grande Banderole du Feu d'artifice ; le Roy debout montrant de la main l'endroit où il faut defcendre, le Payfan à cheval qui parle au Roy, & cette Infcription autour de la Medaille.

QUID METUAS CÆSAREM
VEHIS.

Ne crains rien, tu portes Cefar.

Dans l'Exergue

REGI GUILLELMO PER GLACIEM, NUBILA
ET SYRTES REDUCI.

Au Roy Guillaume heureufement de retour aprés avoir effuyé les rigueurs de la glace, des broüillards, & les perils des Efcueils.

REVERS

ON voit l'Arc de Triomphe dressé sur la Plaine qui faisoit Face au Vivier; à côté le Feu d'artifice qui paroît allumé; de grandes Colomnes qui marquent comme l'entrée du Palais, & deux Femmes, dont l'une est la Pucelle de Hollande qui regarde une autre Femme qui luy apporte les Clefs, & l'Epée du Gouvernement pour les presenter à ce Grand Conquerant. La Pucelle tient de la main droite l'Etendart de ce Monarque répresenté sur un Pied'estal, sur lequel est peinte une Ancre pour marquer la Solidité du Gouvernement du Roy avec Messieurs les Etats; de l'autre main elle tient l'Ecuson de l'Etat; autour ces mots.

IO TRIUMPHE.

Dans l'Exergue.

P. P. P. C. REGE RECEPTO V. FEB. M. DC. XCI.

Au retour du Roy 5. Feb. Mille six cens nonante un.

GUILLAUME III.

R. de Hooghe fecit

Cc 2   Expli-

Explication de la douziéme Planche où est réprésentée l'Illumination qui parut à la Porte & aux Fenestres de la Maison de Monsieur Schuylembourg. Douziéme Planche.

ON a jugé à propos de mettre icy l'Illumination de M. de Schuylembourg, Conseiller & Secretaire de sa Majesté Britannique, parce qu'elle se fit admirer sur toutes les autres.

Sur la Porte de sa Maison vis à vis du lieu où étoit le Feu de joye, il y avoit une Medaille vernie peinte sur la soye par le fameux Monsieur Romain de Hooge, aussi bien que les Tableaux dont nous avons déja parlé, qui s'étoient faits remarquer pendant le jour, mais qui parurent la nuit avec un nouvel éclat. Dans cette Medaille le Roy étoit réprésenté arrivé heureusement dans sa Patrie, s'appuyant sur un Monde posé sur un Pied'estal dont la Face étoit ornée de l'Ecusson d'Orange & de celuy d'Angleterre, tenant de la main droite une épée élevée & couronnée de Laurier, & donnant sa Protection Royale à la Religion & à la Liberté, qui paroissoient devant Luy sous la Figure de deux Femmes. Cette Medaille étoit ornée de beaux Festons de fleurs. Au dehors on voyoit les Rebelles, & les autres Ennemis de sa Majesté vaincus, & les marques de son Empire & de sa Grandeur; & cette Inscription autour de la Medaille.

REGI GUILLELMO REDUCI.

Au retour du Roy Guillaume.

Les Fenestres étoient ornées de huit grands Tableaux, qui parurent sur le soir avec un éclat pareil à celuy de la Medaille précédente, qui sont aussi representez dans cette douziéme Planche.

Le premier réprésentoit la Naissance du Roy, que la Maison de Nassau regarde comme un jeune Hercule écrasant les Serpens dés son Berceau, & que sa Patrie reconnoit pour son Protecteur. Mars à cette bonne nouvelle relève l'Etendart des Princes d'Orange & de Nassau; le Lion de Hollande, & la Religion s'en rejoüissent. On voit ses vrays Compatriotes tout autour du Buste de Guil-

Guillaume II. défunt pour rendre graces au Ciel de ce qu'il a mis au monde un si Grand Prince. L'Envie & la Jalousie de ses Ennemis sont au bas qui se rongent le cœur plein de desespoir & de rage de voir à cette Illustre Naissance tous leurs pernicieux desseins échouez, avec toutes leurs esperances.

Le Second faisoit voir un jeune Lion sortant de sa Caverne pour la premiere fois, & menaçant fierement de ses Griffes les animaux les plus fiers, avec cette Devise au bas du Tableau.

GENEROSUS AB ORTU.

Il est Genereux dés sa Naissance.

Au Troisiéme on voyoit ce Grand Monarque conduit sur le Parnasse, par la main d'Apollon, accompagné des Muses & des Vertus, qui luy montrent le chemin de la vraye Gloire. La Volupté, la Paresse, & la Débauche paroissent en bas negligées, & comme abandonnées. Au haut on voit le Prodige des trois Couronnes dont nous avons parlé qui parut dans le Ciel sur l'Amphitheatre d'Orange.

Dans le Quatriéme on voyoit un Cheval aîlé, comme le Cheval Pegase montant sur le Parnasse à la faveur de ses Ailes, avec ces mots au bas du Tableau.

SUPERAT COELESTIBUS ALIS.

Il surmonte les difficultez par le secours du Ciel.

Le Cinquiéme estoit la representation d'une Bataille, où le Roy paroît dans le Champ de Mars, l'épée à la main rompant les Escadrons & les Bataillons de ses Ennemis, & triomphant d'eux glorieusement.

Le Sixiéme étoit la Figure d'une Grande Aigle, comme celle qui porte Jupiter, portant avec elle les Foudres & les Tonnerres, brisant, fracassant tout, renversant les Rochers, passant la Mer & les Rivieres, avec ces mots.

TRANSITQUE FERITQUE.

Il franchit tous les obstacles, & frappe son coup.

Le Septiéme réprésentoit le Mariage du Roy. On y voyoit le Roy & la Reine avec leur Couronne sur la Teste, & le Sceptre à la main; les quatre Parties du Monde

Monde qui s'avançoient pour leur offrir leurs Thresors, & leur rendre Hommage. La Religion, la Liberté, la Justice & la Délivrance de l'oppression, paroissoient à leur suite. Toutes les Vertus étoient autour du Thrône de leurs Majestez; & l'on voyoit au bas la Rebellion, la Tyrannie, l'Idolatrie, la Suppression des Loix, renversées, enchainées, & entierement abatuës par leur sage Conduite.

Le Huitiéme étoit la Figure du Monde avec tous ses Sceptres, ses Couronnes, & ses Grandeurs, & ces paroles.

IMPARIA AUGUSTO.

Encore cela est-il au dessous de Luy.

Tous ces Tableaux étoient ornez de Festons de fleurs tout autour; mais l'Oranger y dominoit sur tout. Tout cela étoit fait avec tant d'industrie que cette Illumination peut passer pour une des plus belles.

GUILLAUME III.

POur faire passer aisément à la Posterité la memoire de cette Réjoüissance Publique on la renfermée dans cette seule Medaille. D'un côté on voit le Portrait du Roy dans un Ovale formé par un Serpent qui joint sa queuë à sa tête, & soûtenu par un Oranger, & par les quatre Sceptres de la Couronne Britannique, avec cette Inscription.

GUILLELMUS TERTIUS DEI GRATIA MAGNÆ BRITANNIÆ, FRANCIÆ, ET HIBERNIÆ REX, FIDEI DEFENSOR.

Guillaume III. par la Grace de Dieu, Roy de la Grand Bretagne, de France & d'Irlande, Defenseur de la Foy.

Il y a de plus un Pied'estal sur lequel on a peint la Figure du Feu d'artifice qui fut dressé à la Haye quand le Roy y fit son entrée publique. Aux côtez du Thrône de l'Oranger pendent deux Cartouches, dont la premiere réprésente l'arrivée du Roy au port *Oranje* le 31. Janvier mille six cens nonante un, & l'autre son entrée publique à la Haye le vingt cinquiéme de Février. Ces Cartouches qui sont fort deliées sont attachées à l'Oranger, qui porte aussi le poids des quatre Sceptres; c'est pour désigner que la Puissance qui doit proteger, défendre, & rétablir l'Europe réside dans ce Grand Monarque.

REVERS.

ON voit les trois Arcs Triomphaux entrelacez de Laurier, ce qui marque que l'honneur que l'on a rendu à ce Grand Heros, en luy dressant de si beaux Trophées, étoit dû à ses belles Actions & à ses Triomphes. A côté de l'Arc d'enhaut on voit les Armes des Etats, & celles de la Haye, c'est pour faire connoître que ç'a esté par ordre de Messieurs les Etats & des Magistrats de la Haye que l'on avoit erigé ces Ouvrages publics.

Dans

GUILLAUME III.

Dans l'Exergue

On lit dans une espece de Drappeau qui est attaché à un Laurier, cette Inscription.

**MAGNO REGI GUILLELMO III. VICTORI,
L. P. REDUCI DIE XXXI. JAN.
M. DC. XCI.**

A l'honneur du Grand Roy Guillaume III. revenant vainqueur dans sa Patrie le trente un Janvier 1691.

Aprés cette Réjoüissance Publique le Roy fit distribuer à tous les sçavans qui avoient fait quelque chose pour sa Gloire dans cette Conjoncture, de trés belles Medailles d'or, sur lesquelles on voyoit les Figures suivantes. D'un côté paroissoient le Roy & la Reine en Buste, avec une Couronne de Laurier sur la Tête du Roy, & cette Inscription autour.

GUILLELMUS ET MARIA DEI GRATIA MAGNÆ BRITANNIÆ, FRANCIÆ ET HIBERNIÆ REX, ET REGINA.

Guillaume & Marie par la Grace de Dieu, Roy & Reine de la Grand Bretagne, de France & d'Irlande.

REVERS.

LE Roy Guillaume tenant d'une main l'Etendart Imperial, & de l'autre le Catalogue de ses ordres; la Renommée qui publie ses Victoires, & qui tient l'expedition Britannique sur un Escusson, qu'elle pose sur les dépoüilles de ses Ennemis. Plus loin on voit une Colomne avec des Pointes de vaisseaux aux Gallions, & la representation de cette expedition avec la Benediction du Ciel qui descend sur la Tête de ce Grand Monarque. Minerve la Deesse des Sciences distribuë les Medailles aux sçavans Orateurs, Peintres, & Poëtes.

Dans l'Exergue

LIBERALITAS REGIS IN ERUDITOS.

La Liberalité du Roy envers les Doctes.

Dans l'Epaiſſeur de la Medaille cette autre Inſcription autour.

GLORIA ET FELICITAS NOVI SECULI.

La Gloire & le bonheur du nouveau ſiecle.

Voicy encore une Medaille que l'on a frappée dans ce meſme temps ſur le même ſujet. D'un côté on voit les Buſtes du Roy & de la Reine couronnez, avec cette Inſcription autour.

GUILLELMUS ET MARIA DEI GRATIA MAGNÆ BRITANNIÆ, FRANCIÆ ET HIBERNIÆ REX, ET REGINA.

Guillaume & Marie par la Grace de Dieu, Roy & Reine de la Grand Bretagne, de France & d'Irlande.

REVERS

L'Eſcu de la Grand Bretagne avec une Couronne au deſſus traverſée de deux Sceptres. Autour de cet Eſcu il y a ſept Cartouches où l'on voit les Armes particulieres du Roy, ſçavoir l'Eſcu de Naſſau, de Catzenelbogen, de Vianen, de Duſts, de Warneſton, de Buren, de Châlon, & de Geneve. On lit ces paroles autour de la Medaille.

PRINCEPS AURAICÆ ET NASSOVIÆ HIC TERRÆ LÆTITIA.

Le Prince d'Orange & de Naſſau eſt la Gloire de la Terre.

GUILLAUME III.

La Medaille suivante fut frappée dans une occasion particuliere, sçavoir lorsque le Duc de Zel reçût de la main du Roy l'Ordre de la Jartiere, ce qui arriva dans le mesme temps.

On voit d'un côté le Roy qui paroît en Buste avec une Couronne de Laurier, & cette Inscription.

WILHELMUS III. DEI GRATIA ANGLIÆ, SCOTIÆ, FRANCIÆ ET HIBERNIÆ REX.

Guillaume III. par la Grace de Dieu Roy d'Angleterre, d'Ecosse, de France & d'Irlande.

REVERS

LE même Roy avec les ornemens & les habits de l'Ordre de la Jartiere, mettant la Jartiere, & les autres ornemens de cet ordre au cou du Duc de Zel, avec ces paroles autour de la Medaille.

HOC PRETIUM VIRTUTIS HABE.

Recevez cet honneur pour recompense de vôtre Vertu.

Dans l'Exergue

DUX ZELLÆ TORQUE DONATUS.
M. DC. XCI.

Le Duc de Zel reçût l'Ordre de la Jartiere l'an mille six cens nonante un.

Outre ces témoignages de Veneration & de Reconnoissance publique que la Republique donna au Roy par l'ordre des Estats Generaux, il y eut plusieurs Villes

HISTOIRE DU ROY

Villes particulieres qui luy donnerent des marques de leur zele, & de leur attachement singulier à sa Personne Sacrée, en faisant frapper des Medailles à son honneur. La Ville de Deventer fit frapper celle-cy. Le Roy paroît en Buste avec ces paroles autour.

GUILLELMUS MAGNUS.
Guillaume le Grand.

REVERS

LE Roy encore débout tenant d'une main l'Etendart de la Religion où est écrit ce mot PRO CHRISTO, *pour Christ*; & presentant l'autre à baiser, selon la coûtume d'Angleterre, à l'Irlande qui paroît à ses pieds avec son Escusson, sa Couronne, & une Corne d'abondance qu'elle luy sacrifie, c'est pour montrer à ce Royaume par cette forme d'accueil, qu'il tient ses Hommages pour agreables, & qu'il le reçoit en sa Protection Royale. Derriere la Figure de l'Irlande on voit la Ville de Carigfergus où ce Grand Monarque débarqua; on voit aussi la Victoire qui s'appuyant de la gauche sur une Colomne où est écrit ce mot SALUS PUBLICA, *Le Salut Public*, tient de la droite une Couronne de Laurier, qu'elle & la Ville de Deventer, representée icy par une autre Femme qui tient l'Escusson de cette Ville, posent d'un commun accord sur la Tête du Roy. Dans la Perspective on découvre la Flotte sur laquelle il a passé en Irlande, avec ce mot.

HIBERNIA SURGE.
Irlande levez-vous.

Aprés toutes ces Réjoüissances Publiques, le Roy qui avoit passé la Mer pour toute autre chose que pour donner lieu à des divertissemens, assembla incontinent le *Congrez*; c'est ainsi que l'on a nommé l'Assemblée Generale des Confederez, qui se tint à la Haye dans le même temps pour les affaires de la guerre. Cette Assemblée fut celebre pour la qualité des Personnes qui la composerent, & pour l'importance du but qu'elle se proposoit. C'estoit les Princes, ou les Deputez de presque tous les Estats de l'Europe, que la necessité
des

GUILLAUME III.

des affaires publiques, & les lumieres tout à fait extraordinaires du Roy d'Angleterre, avoient attiré auprés de Luy pour deliberer sur les moyens de garantir l'Europe du dur Esclavage, où la France qui avoit de secrettes intelligences avec la Porte Ottomanne, avoit projetté de la reduire; moyens assez difficiles à bien déterminer dans la Conjoncture presente. Mais le Roy applanit une bonne partie des difficultez par la force de ses Discours, & par son Exemple. Il fit connoître à cette Assemblée que le peril eminent où l'on se trouvoit faisoit assez connoître les fautes qu'on avoit faites, & qu'il ne faloit point d'autre avertissement que celuy-là pour prendre de plus justes mesures. Qu'il n'étoit plus question de deliberer, mais d'agir, veu l'Éstat où estoient les choses. Que l'Ennemy estoit Maitre des principales Forteresses qui servoient de rempart à la Liberté publique, & qu'il alloit bien-tôt occuper le reste, si l'esprit de division, de lenteur, & d'Intérêt particulier continuoit. Que chacun devoit être persuadé que leur intérêt particulier estoit compris dans le general. Que les forces de l'Ennemy estoient puissantes, & qu'elles agissoient avec rapidité, & qu'il luy falloit opposer non des plaintes & de vaines clameurs, non des protestations inutiles contre l'injustice, non des resolutions de Diete steriles, non des esperances de quelque revers de fortune, conçûës sur des fondemens frivoles, mais des Soldats, de fortes Armées, une prompte & sincere Union de toutes les forces des Alliez, & les luy opposer sans aucun delay, si l'on vouloit arrêter ses Conquêtes, & luy arracher comme des mains la Liberté de l'Europe qu'il tenoit déja sous un joug pesant. Qu'au reste il leur protestoit qu'il n'épargneroit ni son credit, ni ses forces, ni sa Personne pour concourir avec eux dans un dessein si juste & si necessaire; & qu'on le verroit au Printemps prochain à la tête de ses Troupes, pour dégager fidelement la parole Royale qu'il leur en donnoit authentiquement. S'il n'y eût personne dans l'Assemblée qui ne fut frappé d'étonnement en voyant les sentimens & la disposition Heroïque de ce Prince, & pénétré d'estime & de veneration pour sa Personne Sacrée, il n'y eût aussi personne qui ne reconnût clairement qu'il y avoit entre eux, une réelle & veritable Communion d'Intérêts, qui devoit les unir trés-étroitement; & qu'il estoit temps de faire cesser les vûës d'intérêt particulier, qui jusques alors les avoit divisez & affoiblis, pour prendre d'un commun accord une forte resolution de défendre & de rétablir le bien public. C'est aussi ce que chacun d'eux promit de faire en son particulier en fournissant le plus qu'il pourroit de forces pour les opposer à celles de l'Ennemy. Cette genereuse resolution réjoüit l'Europe comme un agreable presage, & l'on frappa ces trois Medailles pour en conserver la memoire.

La Premiere.

La Figure du Roy avec cette Inscription à l'entour.

UNUS PUGNANDO RESTITUIT REM.
C'est Luy qui en combattant à rétabli les Affaires Publiques.

REVERS

ON voit l'Arc de Triomphe qui fut erigé auprés de la Cour; c'est pour marquer les Triomphes de ce Prince. Au bas paroît une Femme qui represente l'Assemblée. Cette Femme est armée d'un Casque aux pieds de cét Arc, & assise sur le terrain, a une espece de Brasselet composé de Medailles & de diverses pieces de monnoye qui ont cours chez les diverses Nations de l'Europe, & s'appuye sur un Globe où cette partie du Monde est dessinée, tout cela pour figurer que la Cause du Congrez est la Cause de la plûpart des Princes & des Nations de l'Europe, & que les forces principales de cette belle partie du Monde l'appuyeront. Elle tient de la main droite une Grenade qui est le Symbole tant de l'Union que les Alliez se sont jurée, que de la force merveilleuse que cette Union doit avoir. Derriere on voit la France sous la Figure de l'Envie, parce que c'est contre elle, & pour la remettre sur l'ancien pied, que toutes les resolutions du Congrez sont prises.

Dans l'Exergue

CONGRESSUS CONFOEDERATORUM PRINCIPUM
HAGÆ M. DC. XCI.

Le Congrez des Princes Alliez à la Haye 1691.

La Seconde.

On voit le Congrez & les Princes qui s'y trouverent sous les auspices du Roy Guillaume, representé par l'Assemblée des Dieux, sçavoir Neptune, Pluton, Mars, Bacchus, Mercure qui paroissoit à la droite, & Venus, Hercule, Cupidon, Saturne, Pan, Junon, Pallas, Cerés qui sont à la gauche, convoquez par le Grand Jupiter, & dans l'Assemblée desquels il preside. Pour Inscription on lit autour ce Vers du Poëte.

INGENTES ANIMO DIGNAS JOVE CONCIPIT IRAS,
CONCILIUMQUE VOCAT.

Il s'est mis dans une grande colere digne de Jupiter, & sur cela il a convoqué le Conseil des Dieux.

Dans

GUILLAUME III.

Dans l'Exergue

CONVENTUS FOEDERATORUM PRINCIPUM PRÆSI-
DE GUILLELMO III. REGE BRITANNIÆ HAGÆ
COMITIS CELEBRATUS M. DC. XCI.

L'Assemblée des Princes Confederez qui se tint à la Haye où presidoit Guillaume III. Roy de la Grand Bretagne l'an 1691.

Dans l'Epaisseur de la Medaille on lit, ces autres paroles.

ReX RegUM ConsULtaDeUs FortUnet UbIqUE.

Dieu qui est le Roy des Rois veüille benir en tous lieux les resolutions que vous avez prises.

REVERS

IL y a deux Figures principales, dont l'une sçavoir celle de la droite est la Figure d'un homme armé de pied en cap, qui represente la Force; & l'autre sçavoir celle de la gauche est la Figure de l'Union & de la Concorde. Ces deux Figures se donnent la main sur un Autel à la sollicitation du Congrez, ou de la Prudence qui paroît entre-deux comme levant la main & les obligeant de s'unir avec serment, pour executer les justes resolutions que l'on y a prises. C'est pour donner à entendre aux Confederez qu'ils trouveront la force & leur conservation dans l'Union, & leur entiere ruine dans la discorde; sur la face de l'Autel on lit cette Inscription.

SALUS PUBLICA.

Le Salut Public.

On voit dans l'éloignement la Chambre où l'Assemblée des Princes s'est tenuë, & autour de la Medaille on lit.

CONSILIO, CONCORDIA ET FORTITUDINE.

Avec Prudence, Union & Force.

La Troisiéme.

Il y a d'un côté la Figure de la Sagesse, qui tient de sa main gauche le Miroir de la Prudence, avec lequel elle rassemble les Rayons du Ciel ; de ces Rayons elle enflamme & reduit en cendres les Armes de France qui paroissent au dessous, entre autres son Casque qui semble être fait comme un Turban, sans épargner non plus les Armes du Turc l'Allié de ce Royaume, puis qu'elle les embrase aussi de la même maniere. Autour on lit cette Inscription.

CURA HUC TRADUCITUR OMNIS.

Tous nos soins aboutissent à ce grand point-là.

REVERS

TRois mains jointes ensemble marquent l'union des trois Chefs de la Ligue, la Maison d'Autriche, la Grand Bretagne, les Provinces-Unies ; deux Etendarts qui croisent sur ces trois mains representent les prodigieuses Armées de Terre que les Alliez ont amassées, & un Vaisseau que l'on voit au dessous marque les Forces de Mer que l'on doit aussi équipper. Autour on lit ces mots.

CONCORDIA PRINCIPUM.

La Concorde des Princes.

Dans l'Exergue

FOEDERATI PRINCIPES CONSILIA CONFERUNT HAGÆ COMITIS M. DC. XCI.

Les Princes Confederez consultent ensemble à la Haye l'an 1691.

Mais pendant qu'on deliberoit dans cette Assemblée sur les moyens de faire une Campagne heureuse, le Roy de France jugeant que le meilleur moyen, qu'il pourroit employer pour dissiper les Conseils que l'on y prenoit contre luy,
seroit

feroit d'épouvanter les Alliez, s'il étoit poſſible, & de retenir par quelque action d'éclat, dans la terreur de ſon nom & de ſes Armées, le reſte de l'Europe qui n'avoit pas encore pris party contre luy, partagea les Forces qu'il avoit toutes prêtes en deux corps formidables, dont le premier s'avançant par Terre & par Mer vers les Etats de Savoye, fut aſſieger Nice dans le Comté de ce nom, & l'autre inondant la Flandre comme un Deluge ſubit vint mettre le Siege devant Mons. Cette entrepriſe, que nous dirions digne des Forces & de la puiſſance d'un ſi Grand Roy, ſi des intelligences ſecrettes, & le mauvais eſtat où étoient ces deux Forteresses, ne l'avoient trop favoriſée & renduë facile, eſt une partie du ſuccez qu'il en attendoit, car elles ſe rendirent volontairement l'une & l'autre à compoſition, Nice dés le deuxiéme du Mois d'Avril, aprés avoir eſſuyé le Bombardement, reſiſté quelques jours aux travaux d'un Siege, & veu ſauter ſon principal Magazin à Poudre, par un accident arrivé par le Hazard ou par le Conſeil, & qui fut neanmoins attribué à la chûte d'une Bombe; & Mons le 10. du même Mois, avec ſa Contreſcarpe & ſon foſſé en bon eſtat, ſon rempart entier, ſes murailles ſans brêche conſiderable, ni mineur attaché pour y en faire, quatre mille hommes de bonne Garniſon diſpoſée à ſe bien défendre. Mais une troupe de Moines & d'Eccleſiaſtiques ſeditieux corrompirent les Bourgeois en faveur de la France, & les porterent à menacer la Garniſon de luy refuſer les choſes neceſſaires, & de tirer même ſur elle, ſi elle ne vouloit entendre comme eux à capituler. Cependant l'effet principal que ce Monarque attendoit de cette double Conquête, qui étoit d'ôter l'eſperance aux Alliez, & d'agrandir la terreur & la reputation de ſon Nom, ne ſuivit pas tout à fait ſelon ſon deſir; au contraire elle réveilla les eſprits, & fit connoître la difference que l'on doit mettre entre la gloire des ſuccez qui vient du pouvoir & du bonheur, & celle qui naît du merite & du grand courage. Car le Roy Guillaume toûjours prêt à courir où ſa Vertu & l'Intérêt public l'appellent, ayant appris que la Ville de Mons étoit aſſiegée, & que Loüis XIV. marchoit en Flandre en perſonne pour ſe mettre à la tête de ſon Armée, raſſembla en diligence le plus qu'il pût de Troupes, & malgré le peril où l'inegalité de ſes Forces l'expoſoit, s'avança juſqu'à Hall, non pour forcer les François dans leurs retranchemens devant Mons avec le peu de Troupes qu'il avoit, mais pour animer les Alliez par ſon Exemple, & ſauver le reſte de la Flandre, s'il étoit poſſible. Alors la Carriere fut ouverte à ces deux Monarques pour diſputer entr'eux de la Gloire, du Merite, & de la Valeur. Et ſi le Roy de France eut eu deſſein de combattre ſon Ennemy avec les Forces qu'il avoit, l'occaſion étoit belle. Il n'avoit qu'à ſortir de ſes Lignes, & luy preſenter la Bataille. Tout l'y engageoit, l'honneur, la gloire, l'ambition, la reputation de ſes Armes, la terreur de ſon Nom, le deſir de l'accroître par la défaite de celuy de ſes Ennemis qu'il avoit trouvé oppoſé dans tous ſes deſſeins, & la Conquête de la Flandre qui en ſeroit la ſuite immanquable. Mais il aima mieux attendre en repos l'effet des intelligences ſecretes qu'il avoit à Mons, & joüir paiſiblement du fruit de la Conquête qu'il en fit ſans aucun effort, que de riſquer un Combat avec un Heros auſſi intrepide. Au reſte ſi le Roy Guillaume ne pût ſauver Mons, à cauſe des ſecretes intelligences que le Roy de France y avoit, il a ſauvé au moins la Flandre à l'Eſpagne. Car il eſt certain que toutes les Places qui reſtoient en Flandre aux Eſpagnols, comme Namur, Charleroy, Mons, Ath, Oſtende & Nieuport, &c. eſtoient alors effectivement en fort mauvais eſtat, n'ayant ni Fortification bien entretenuë, ni brêches reparées, ni Magazins remplis, ni Garniſon payée, ni Armée prête à les ſecourir en cas d'attaque. D'ailleurs les habitans Naturels de ce Pays accablez des miſeres de la guerre, & laſſez tout à fait de ſe voir la proye preſque également de l'Ami & de l'Ennemy, avoient renoncé à leur forte & ancienne averſion pour la Domination Françoiſe, & ſe diſpoſoient à recevoir le Joug qu'il plairoit au Vainqueur de leur impoſer, s'imaginans qu'il ne pouvoit être plus dur que l'état de misere où ils se trouvoient reduits. A quoy il faut ajoûter que la France avoit des intelligences secrettes presque dans toutes les Villes, & un grand nombre d'Emissaires qui ne cessoient de souffler aux oreilles assez credules des Peuples Flamands, que l'Espagne ne pouvant empêcher qu'ils ne fussent la proye du premier venu, ils avoient un zele bien aveugle pour la Domination de cette foible Couronne; qu'ils feroient bien mieux de prendre le party de la France, & de se soumettre à un Roy comme Louïs XIV. qui seroit capable de les proteger. Si bien que dans cette situation des choses, le Roy de France avoit trés juste raison d'esperer, qu'il n'avoit qu'à paroître en Flandre devant les murailles des Villes qui luy restoient à y conquerir, avec cette Armée prodigieuse, ramassée de tous les endroits de son Royaume, qu'il y avoit amenée, pour les obliger à se rendre à luy. Mais *Guillaume le Pourvoyant*, *l'Intrepide*, vint arrêter ce torrent par sa seule presence. Avec une Armée de quarante à quarante cinq mille hommes il s'avance contre une Armée de cent mille Combatans.

UNUS HOMO NOBIS PROPERANDO RESTITUIT REM.

C'est Luy qui a rétabli les affaires par sa diligence.

Cependant comme le mal de sa nature est contagieux, l'exemple de Mons excita les Partisans du Cardinal de Furstemberg, qui sont en assez bon nombre dans la Ville de Liege, à y former en faveur de la France un même attentat de trahison, par l'esperance qu'ils conçûrent d'un succez pareil. Sur cela la Cour ordonna au Marquis de Bouflers, d'aller droit à Liege avec une Armée, des Bombes, & des Munitions, pendant que le Maréchal de Luxembourg amuseroit les Hollandois du côté de Bruxelles. Ce fut le 1. de Juin qu'on vit paroître vers la hauteur de la Chartreuse le Lieutenant-General François avec une Armée de prés de 25000. hommes, & environ 600. Chariots chargez de Bombes, de Boulets, & d'autres Munitions necessaires, faisant élever dés ce même jour une Batterie de quatre pieces de Canon à 400. pas de la grande muraille de ce Convent, pour attaquer ce Poste le lendemain dés la pointe du jour. Comme il avoit le mot de l'intrigue, & qu'il se flattoit qu'au premier effort qu'il feroit contre cette grande Ville, les Bourgeois mutinez viendroient luy ouvrir les Portes, il ne fit d'abord que de foibles attaques, qui n'avoient pour but que de montrer aux Bourgeois que c'estoit tout de bon qu'il les attaquoit. Il fit une brêche d'environ quarante pas dans la muraille des Chartreux, attaqua la grand Garde Liegoise sans la forcer, prit le Pont de Chaynée, & mit le feu à quelques Maisons dans le Fauxbourg pour intimider les Bourgeois. Mais ne voyant paroître du côté de la Ville que des Soldats aguerris, qui repoussoient ses attaques avec vigueur, il commença à douter que cette entreprise luy réüssit, si sa promptitude ne le secondoit. Pour cet effet il se prepare à attaquer la Chartreuse la nuit du 3., & l'ayant trouvée abandonnée, il commença le 4. à bombarder furieusement la Ville par le moyen de douze Mortiers qui recommençoient tous les quarts d'heure. Cependant il y avoit dans la Ville un trés bon ordre; & le Comte de Cerclas General des Troupes de son Altesse le Prince de Liege, avoit si bien ménagé les choses, ayant posté des Troupes à propos dans les endroits foibles, & d'où l'ennemy pouvoit approcher, posé des Gardes & des Sentinelles dans tous les carrefours, & obligé les Bourgeois à demeurer dans leurs Maisons, que tout étoit disposé à une forte & vigoureuse resistance, plûtôt qu'à une sedition qui auroit ouvert les portes à l'Ennemy. D'ailleurs le Roy d'Angleterre au bruit de cette expedition contre son Allié, avoit fait sur le champ avancer deux Bataillons de Namur, qui étoient entrez dans Liege la nuit du 5., détaché de son Armée le Comte de Tilly avec 4000. chevaux qui y arriverent le lendemain, & engagé les Troupes de son Altesse, & celles de l'Electeur de Brandebourg, qui étoient en Garnison dans le Païs de Cologne & de Juliers, de se mettre en marche pour venir promptement à son secours: & pour ôter entierement à la Ville la crainte d'une sedition, qui étoit ce que l'Ennemy attendoit sur tout, le Prince de Liege déclara aux Bourgeois qu'il trouvoit à propos pour l'intérêt public, & pour leur seureté particuliere, qu'ils ne parussent point en armes dans les ruës, pour éviter les querelles qu'ils pourroient avoir avec les Soldats; qu'il avoit des Troupes plus qu'il n'en falloit pour les défendre, & qu'ils ne devoient penser dans la Conjoncture presente, qu'à preserver leurs Maisons contre le feu des Bombes, les asseurant d'y contribuer de sa part de tout son pouvoir. Ce fut alors que le Marquis de Bouflers desesperant du succez de cette entreprise, tourna toute sa colere & tout son ressentiment contre la Ville. Il la fit canonner avec des Boulets rouges, qui conjointement avec les Bombes que les douze Mortiers y lançoient, firent un horrible fracas dans les Maisons & dans les Eglises, portant la ruïne & l'embrasement par tout où on les jettoit. Cet horrible feu dura dix-huit heures entieres, pendant lequel temps Monsieur de Bouflers étoit encore attentif à la démarche des Bourgeois, esperant que le desespoir de voir consumer leurs biens, & accabler leurs Femmes & leurs Enfans sous les ruïnes de leurs Maisons, les porteroit enfin à se rendre. Mais dés qu'il eut appris qu'un de ses Trompettes, passant la Meuse avec quelques Moines, & chargé d'une Lettre où il étoit parlé de capituler, avoit été arrêté & mis en prison pour cela par l'ordre du Prince; que le secours avançoit, & que le Comte de la Lippe étoit déja à Visé avec dix mille hommes, il crût qu'il étoit à propos de se retirer; ce qu'il fit la nuit du 6. au 7. sur les onze ou douze heures, avec la confusion de n'avoir pas reüssi; mais laissant des marques de sa fureur dans les ruïnes de plus de 900. Maisons, & de 15. Eglises consumées, ou endommagées. On a frappé cette Medaille sur ce triste évenement.

On voit d'un côté le Bombardement de la Ville de Liege par les François, répresenté par une Ville qui paroît dans l'éloignement; des Bombes qui tombent dessus avec violence, & une Colomne qui est les Armes de Liege, avec ces mots autour.

NON IRRITA FULMINA CURAT.

Elle ne s'épouvante point de ces foudres vains.

Dans l'Exergue

LEODIUM A GUILLELMO III. AB INCENDIARIIS LIBERATUM.

Liege delivré par Guillaume III. de la fureur des Incendiaires.

REVERS

LE Roy Guillaume habillé à la Romaine, tenant de la main droite son Epée, & de la gauche, l'Etendart de la Religion où on lit cette Inscription PRO CHRISTO, *pour Christ*. On voit aussi sur le même Etendart la Liberté, representée par le Chapeau posé sur un Monde, ce qui signifie que le Roy Guillaume a pour but dans tous ses desseins de rendre à l'Europe la Liberté & la tranquillité qu'on luy a ravie. Deux Diables avec des aîles, que l'on a mis pour representer le Roy de France & le Roy Jacques, viennent pour troubler le Monde, par la ruse, la malignité, la promptitude, & leurs machinations secretes ; mais des Rayons descendus du Ciel entourent le Roy Guillaume, pour marquer les lumieres de sa Prudence, par le moyen de laquelle leurs Complots malins, & pernicieux à la Liberté de l'Europe ont esté découverts & dissipez. A ses pieds sont les Escussons de ses trois Royaumes, avec les Ornemens Militaires que l'on donne aux Heros ; & au milieu un Trident pour figurer qu'il est le Roy de la Mer ; autour on lit cette Inscription.

HIS ARMIS TRIA REGNA PARAT.

Il s'est acquis trois Couronnes par ces armes.

Dans l'Exergue

GUILLELMUS III. LIBERATOR FLORENS,

Guillaume III. le Liberateur fleurissant.

Il auroit été à desirer que dans cette Medaille l'on eut eu plus de respect pour les Rois, dans la Figure des deux Diables. Il est vray qu'il devroit être permis de dire les défauts des plus grands Princes. Mais bien loin de-les outrager, il
faut

faut reconnoître l'Image de Dieu en leur Personne, & il faut que les paroles, les Images & les Emblêmes, dont on se veut servir pour marquer les défauts qui sont en eux, portent les marques du respect qui leur est dû.

Au reste ce ne fut pas simplement en Flandre & à Liege que la fortune des François ne leur fut pas si favorable. Aprés une suitte de bons succez qui enfloient le cœur des François par la prise de Suse, Nice, Carmagnole, Veillane, Saviliane, Salusses, &c. qui faisoient déja dire à la Cour, que bien-tôt le Duc de Savoye iroit remplir dans la Diette la place du Duc de Lorraine dépoüillé de ses Estats, Monsieur de Catinat résolu d'assieger Turin la Capitale du Piémont, quand il auroit occupé quelques autres petites Places qui restoient au Duc aux environs, envoya le Marquis de Feuquieres & Monsieur de Bullonde pour se saisir de Coni, Place qui n'est éloignée de Turin que de 30. ou 40. milles. C'est une Ville située sur une Colline au conflans de la Sture & de la Gez, mais peu considerable par ses Fortifications & ses remparts ; il n'y avoit de Garnison sous le commandement du Comte de la Rouere, que sept cens Vaudois ou François refugiez, environ 500. hommes des Milices de Mondovi, & une partie d'un Convoy de 3000. hommes, qui entra dans la Ville au commencement du Siege, aprés avoir soûtenu un combat sanglant. Ainsi on n'auroit sçû s'imaginer qu'elle peut résister à une Armée de 14. à 15000. hommes qu'on y envoyoit. Cependant ayant été attaquée le 11. de Juin, les assiegez se defendirent avec tant de courage, qu'aprés 17. jours de tranchée ouverte, pendant lesquels les François mirent en œuvre tout ce qu'ils ont de promptitude, d'adresse & d'experience pour le Siege des Villes, sur la nouvelle qu'ils eurent que le Prince Eugene de Savoye marchoit au secours de la Place avec un Corps de quatre mille chevaux, & de 6000. hommes des Milices de Mondovi, ils leverent honteusement le Siege, laissant 3000 de leurs gens morts devant cette Place, avec leurs blessez, leurs malades au nombre de 60. Officiers & de 300. Soldats, une piece de Canon, trois Mortiers, une grande partie du Bagage, & beaucoup de Munition de bouche & de guerre, & Monsieur de Bullonde a été mis en arrêt à cause de sa mauvaise conduite. On doit l'honneur de la défense de Coni à la Valeur de Monsieur de Julien, François Refugié, qui est au service du Roy d'Angleterre, qui commandoit toutes les Troupes de la Garnison composées de Soldats Vaudois & de François Refugiez.

Pour conserver la memoire de ce Siege fameux qui arrêta les progrez de l'Ennemy, on a frappé la Medaille suivante. D'un côté le Roy Guillaume en Buste avec cette Inscription.

GUILLELMUS III. DEI GRATIA MAGNÆ BRITANNIÆ, FRANCIÆ ET HIBERNIÆ REX.

Guillaume III. par la Grace de Dieu Roy de la Grand Bretagne, de France & d'Irlande.

REVERS

QUatre Personnes qui tiennent quatre Etendarts, celuy de l'Empire, celuy d'Angleterre, celuy de Messieurs les Estats, & celuy de Savoye; & le Duc de Savoye qui fait bon accueil au Duc de Baviere, & semble en luy presentant ces Etendarts luy offrir le Commandement des Troupes qu'il a reçû de toutes les Puissances Alliées. Au bas de l'Etendart des Estats on voit un Chandelier mis sous le Boisseau l'ancienne Banniere des Vaudois; dans l'éloignement la Ville de Coni, avec ces paroles autour de la Medaille.

SABAUDI, VALDENI SERVATI CONGRESSU PRINCIPUM HAGÆ.

Les Savoyards & les Vaudois conservez par le moyen du Congrez des Princes à la Haye.

Dans l'Exergue

OPERA GUILLELMI REGIS M. DC. XCI.

Par les soins du Roy Guillaume 1691.

Pendant que le Roy Guillaume cherchoit l'ennemy en Flandre pour l'attirer à un Combat, ses Troupes achevoient de reduire l'Irlande. La premiere action de cette Campagne, fut la prise d'Athlone qui fut emportée l'épée à la main. Athlone est une Ville située sur le *Shanon*, qui la divise en deux parties, dont l'une qui est située à l'orient de cette Riviere, s'appelle *Athlone Angloise*, & l'autre qui est située à l'occident, *Athlone Irlandoise*. Comme cette situation la rend forte, & d'autant plus considerable que celuy qui en est le Maître, peut faire des courses par tout le Païs au deçà, & au delà de la Riviere, d'un côté jusqu'à Limerick, & de l'autre jusqu'à Galloway; le General Ginkel, qui commandoit les Troupes de sa Majesté dans ce Royaume, resolut d'abord d'en former le Siege. Pour cet effet il marqua Mulingar pour le Rendevous general de l'Armée, & dés qu'elle y fut arrivée, il l'a fit avancer vers Kallymore, Place fortifiée par les Marais, & défenduë

par

par plus de 1200. Irlandois, mais il l'attaqua si heureusement qu'il les obligea de se rendre à discretion le 20. de Juin. Aprés quoy il marcha vers Athlone, & commença l'attaque par la partie orientale qui est la plus foible. Il y avoit dans la Place deux à trois mille hommes de Garnison résolus de se défendre jusqu'à l'extremité, & d'attendre le secours que Tirconnel & Sarsfield leur avoient promis. Mais on les pressa avec tant de vigueur, qu'aprés avoir emporté tous les déhors de la Place, on entra par la bréche l'épée à la main le 29., par un assaut où plus de 400. Irlandois perirent par l'épée du Brigadier Stewart qui les poursuivit. Cependant le reste de la Garnison s'étant retiré de l'autre côté de la Riviere, & ayant rompu deux Arches du Pont, le General Ginkel tint un Conseil de guerre, où l'on résolut de passer la Riviere à gué, & d'entrer par la bréche dans cette Place. Le 10. jour de Juillet ayant été marqué pour cette entreprise, & le son des cloches de l'Eglise donné pour signal, on vit sur les quatre heures aprés midi une partie de l'Armée se ranger en Bataille sur le bord de cette Riviere, & les Irlandois accourir de l'autre côté du rivage pour luy disputer le passage. Alors les Grenadiers entrent dans la Riviere, & bien qu'ils eussent de l'eau jusques sous les aisselles, ils ne laissent pas de passer, & essuyent tout le feu de l'Ennemy sans tirer un coup; mais se voyant assez prés d'eux pour les saluer avec leurs Grenades, ils en font tomber un si grand nombre, que les Ennemis sont obligez de quitter leur poste. L'Armée qui suit cette troupe, poursuit les fuyards, qui entrent par la bréche, & se retirent derriere leurs remparts. On entre avec eux dans la Place; on fait main basse sur tous ceux qui sont armez; plus de mille Irlandois perissent dans ce carnage, & 300. sont faits prisonniers. On a frappé cette Medaille pour la prise d'Athlone.

Le Roy Guillaume en Buste avec une Couronne de Laurier; autour de la Medaille ces mots.

WILHELMUS III. DEI GRATIA ANGLIÆ, SCOTIÆ, FRANCIÆ ET HIBERNIÆ REX.

Guillaume III. par la Grace de Dieu, Roy d'Angleterre, d'Ecosse, de France, & d'Irlande.

REVERS

La Ville d'Athlone située sur le Shanon, les Troupes du Roy qui passent cette Riviere, & emportent la Ville d'emblée. Autour on lit.

DISSIPATIS GALLIS ET REBELLIBUS.
Les François & les Rebelles ayant été dissipez.

HISTOIRE DU ROY

Dans l'Exergue

ATHLON LIBERATUR M. DC. XCI.
Athlone fut delivrée en 1691.

Cependant le General Ginkel ayant appris que l'Armée Irlandoise n'estoit pas loin, alla droit à sa rencontre. Il partit d'Athlone le 20. aprés avoir fait reparer le Pont, & donné les ordres qu'il jugea necessaires pour la seureté de cette Place; & vint camper le 21. à Balinasso sur la Riviere du Suc, à trois mille de l'Ennemy, qu'il trouva assez prés d'Agrim dans un poste avantageux, plus fort que luy de 8000. hommes. Ils avoient reçû un grand Convoy de France le 18. de May, un Lieutenant-General, deux Brigadiers generaux, 106. Officiers inferieurs, 150. Cadets, 320. Gentils-hommes Anglois, des Ingenieurs, & des Soldats, toute sorte de Munitions de guerre & de bouche, plus de 16000. Fusils ou Mousquets, & des habits, pour plus de 26000. hommes, ce qui étoit le plus necessaire, parce que la plûpart des Irlandois étoient fort mal équippez. D'ailleurs le Roy Jacques pour les encourager avoit fait publier une Déclaration, portant que le Roy de France son Allié ne les laisseroit manquer de rien, qu'ils ne devoient penser qu'à combattre vaillamment. De plus Monsieur de St. Ruth General François poussé par l'ambition, ou peut-être par le dépit d'avoir été envoyé en Irlande, & chargé d'un employ où l'on disoit par tout qu'il n'y avoit point d'honneur à acquerir, avoit employé tout ce qu'il avoit d'experience dans le métier de la guerre, pour faire réüssir un combat qu'il ne pouvoit éviter. Il avoit posté l'Armée Irlandoise dans un lieu si commode, qu'on ne pouvoit l'y attaquer sans beaucoup de risque. D'un côté elle étoit couverte de deux Marais; de l'autre il y avoit des hauteurs, & les ruines d'un Château où il avoit mis du monde. Il avoit fait creuser des Retranchemens redoublez dans tous les lieux foibles. L'Armée Irlandoise étoit ainsi disposée, quand le General Ginkel vint l'attaquer le 22. aprés avoir passé la Riviere. D'abord le Combat fut douteux, & la Victoire incertaine; l'Ennemy même eut quelque avantage sur l'Aîle gauche Angloise, & comme ils avoient dans la plûpart des lieux où l'on combattoit des Retranchemens redoublez, derriere lesquels ils se retiroient aprés leur décharge, on eut bien de la peine à les forcer; mais Monsieur de Ruvigny Major General vint fort à propos à la tête de son Regiment de Cavalerie, composé d'Officiers & de Soldats François Refugiez, & ayant trouvé le moyen de passer le Marais, & donné lieu à l'Infanterie de le suivre, attaqua l'Ennemy de tous côtez avec un si grand courage qu'il commença à plier, & à prendre la fuite. Il se fit alors un horrible carnage. On trouva sept mille Irlandois morts sur le Champ de Bataille, entre lesquels étoit Monsieur de St. Ruth qui fut emporté d'un boulet de Canon; & un grand nombre de Hauts Officiers, & de subalternes, avec tout leur Bagage, Tentes, Canons, Munitions, & Armes que les Soldats avoient jetté fuir avec plus de vîtesse. Les Anglois perdirent dans cette occasion prés de 1400. hommes, & il y eut plus de 800. blessez. En memoire de cette Victoire on a frappé quatre Medailles.

La Premiere.

Le Roy en Buste avec une Couronne de Laurier & cette Inscription.

WILHELMUS III. DEI GRATIA, ANGLIÆ, SCOTIÆ, FRANCIÆ ET HIBERNIÆ REX.

Guillaume III. par la Grace de Dieu, Roy d'Angleterre, d'Ecosse, de France & d'Irlande.

R E.

GUILLAUME III.

REVERS

Un Lion qui de ses Griffes terrasse un Leopard & blesse un Coq qui s'enfuit étendant les aîles; avec cette Devise autour de la Medaille.

SIC UNO FERIT UNGUE DUOS.

C'est ainsi qu'il en frappe deux d'un seul coup d'ongle.

Dans l'Exergue

JACOBO ET LUDOVICO HIBERNIA PULSIS AD AGRIM.

Jacques & Loüis chassez d'Irlande par la Victoire d'Agrim.

Le but de cette Medaille est de montrer que cette seule Victoire porte coup contre deux Rois, sçavoir, Jacques II. reprefenté par le Leopard atterré, pour marquer sa défaite, & la ruine entiere de ses affaires en Irlande; & Loüis XIV. figuré par le Coq qui s'enfuit.

La Seconde.

Le Roy Guillaume encore avec une Couronne de Laurier, & cette Inscription.

WILHELMUS III. DEI GRATIA, MAGNÆ BRITANNIÆ, FRANCIÆ ET HIBERNIÆ REX.

Guillaume III. par la Grace de Dieu, Roy de la Grand Bretagne, de France & d'Irlande.

REVERS

UNe Guirlande de Laurier, & de Chesne, entrelasse les quatre Couronnes de la Domination Britannique; au dessus on voit le Chiffre du Roy, & au bas son Sceptre, son Epée Royale, & ses Armes Victorieuses representées par la Foudre que l'on a commise pour la garde de ces quatre Couronnes. On y lit cette Inscription.

REBELLES ET GALLI PROPE AGRIM HIBERNAM FUSI, PENITUS CAPTIS AUT FUGATIS DUCIBUS, EX-
CLUSIS CASTRIS, RELICTO APPARATU
BELLICO UNIVERSO.

*Les Rebelles, & les François sont entierement défaits prés d'Agrim en Ir-
lande, laissant morts ou prisonniers leurs Chefs & leurs Generaux;
ils sont chassez de leur Camp, & y laissent tout leur appareil de
guerre, sçavoir leur Canon, leur Bagage, &c.*

La Troisiéme.

Le Roy & la Reine en Buste comme à l'ordinaire, avec cette Inscription.

GUILLELMUS, MARIA DEI GRATIA, MAGNÆ BRITAN-
NIÆ, FRANCIÆ ET HIBERNIÆ REX ET REGINA.

*Guillaume & Marie par la Grace de Dieu, Roy & Reine de la Grand
Bretagne, de France & d'Irlande.*

GUILLAUME III.

REVERS
La Bataille d'Agrim avec ces paroles.
HIBERNIS GALLISQUE DEVICTIS.
Les Irlandois & les François vaincus.

Dans l'Exergue

PUGNA AD AGRIM XXII. JULII. M. DC. XCI.
Dans le Combat d'Agrim le 22. Juillet 1691.

La Quatriéme.

Le Roy Guillaume en Buste, & cette Inscription.
GUILLELMUS III. DEI GRATIA, MAGNÆ BRITANNIÆ, FRANCIÆ ET HIBERNIÆ REX.
Guillaume III. par la Grace de Dieu, Roy de la Grand Bretagne, de France & d'Irlande.

REVERS
La Bataille d'Agrim représentée encore par une grande mêlée où les Irlandois lâchent le pied. Autour ces mots.

ABSENS VINCIT.
Il triomphe tout absent qu'il est.

… HISTOIRE DU ROY

Dans l'Exergue
CIƆIƆCLXXXXI.

Dans l'Epaisseur de la Medaille.
GALLORUM ET REBELLIUM STRAGES AD FLUVIUM SHANON.
La défaite des François & des Irlandois auprés du Shanon.

Aprés cette memorable Victoire, tout ce qu'il y avoit de Places à l'un des côtez de la Riviere jusqu'à Limerick, & à l'autre jusqu'à Galloway, se soumirent à leurs Majestez. Il n'y eut que ces deux Places où les Irlandois s'étoient retirez aprés le Combat, qui firent mine de resister. Cependant Monsieur de Ginkel ayant donné quelque repos à son Armée, marcha en diligence vers Galloway. D'abord il fit sommer le Gouverneur de cette Place, l'exhortant d'épargner le sang, & d'accepter de bonne foy les conditions avantageuses que les Lords Gouverneurs d'Irlande avoient proposées dans leur Déclaration du 17. Juillet à ceux qui se soumettroient, sans attirer par une vaine résistance, une ruïne inévitable sur luy, & sur la Ville où il commandoit. Mais on respondit que les Officiers se vouloient défendre. Surquoy il la fit attaquer sans perdre de temps. On avoit déja emporté un Fort, & passé la Riviere, & l'on se préparoit à une attaque le 30. Juillet, lorsque le Gouverneur, ayant demandé à capituler, promit de rendre la Place le 4. d'Aoust, s'il ne recevoit du secours avant ce temps-là. Ce qui fut executé de bonne foy, plusieurs des Officiers de la Garnison acceptant avec le Peuple la grace du Roy portée dans la Déclaration. On a frappé cette Medaille sur la prise de Golloway.

Le Roy en Buste avec cette Inscription.

WILHELMUS III. DEI GRATIA, MAGNÆ BRITANNIÆ, FRANCIÆ ET HIBERNIÆ REX, FIDEI DEFENSOR.
Guillaume III. par la Grace de Dieu, Roy de la Grand Bretagne, de France & d'Irlande, Défenseur de la Foy.

REVERS

Les Armes de la Ville de Galloway avec des Palmes derriere qui les accompagnent. A l'un des côtez est le Chapeau de la Liberté, & à l'autre la Bible, pour figurer que cette Ville par sa soûmission au Roy Guillaume recouvre sa Religion & sa Liberté. Au dessus on lit cette Inscription.

GALLOWAY REBELLIUM ET GALLORUM PENULTIMUM REFUGIUM. POST PLURIMAS STRAGES GUILLELMO III. MAGNO, RESTITUTORI RELIGIONIS AC LIBERTATIS, CUM ARMAMENTARIIS SIMUL AC NAVIBUS REDDITUR.

Galloway la penultiéme retraite des Rebelles & des François, aprés plusieurs sanglants Combats, s'est renduë à Guillaume le Grand, le Restaurateur de la Religion & de la Liberté, avec les Magazins, Vaisseaux, &c.

En

GUILLAUME III.

En voicy une seconde que l'on a frappée pour la prise d'Athlone, de Galloway, & de Slego, qui se rendit aussi presque dans le même temps. D'un côté le Roy & la Reine en Buste avec cette Inscription.

GUILLELMUS MAGNUS REX, MARIA REGINA, F. D. P. A.

Guillaume le Grand Roy; & Marie Reine; Défenseurs de la Foy, Pieux; Augustes.

REVERS

LE Plan de ces Villes, renfermées chacune dans une Cartouche de Laurier; sur chaque Cartouche il y a une Tour, avec le Chapeau de la Liberté posé sur celle d'Athlone, & le jour de la prise de ces trois Villes qui se trouve dans l'Exergue de leurs Cartouches. La Cartouche qui renferme la Ville d'Athlone est distinguée par des branches de Laurier qui l'entourent avec le Sceptre & l'épée, pour marquer les Actions Heroïques qui se sont faites dans l'attaque & la prise de cette Place. Au milieu des trois sont les Armes du Royaume d'Irlande, que la France vouloit usurper, mais à qui les armes Victorieuses de sa Majesté Britannique ont sauvé & rendu la Liberté par la prise de ces trois Villes. Ces Armes sont soûtenuës par une Lance, pour figurer la puissance du Roy, tant par la Conquête que par la défense de ce Royaume, & autour on lit.

ARMIS NOMINISQUE TERRORE.

Par ses Armes; & par la terreur de son Nom.

Dans l'Exergue

M. DC. XCI.

Aprés que la Ville de Galloway se fut soûmise, il ne restoit plus pour l'entiere reduction d'Irlande que d'obliger Limerick à se rendre. Mais il n'estoit pas aisé de soûmettre cette Place. Car outre sa situation qui la rend forte, & qui a fait que dans toutes les guerres d'Irlande elle a été toûjours le dernier refuge des Rebelles, elle étoit pourvûë de toute sorte de Munitions. Monsieur Dusson qui y commandoit étoit un Gouverneur experimenté. Il y avoit une forte Garnison, & plus

& plus de 15000. hommes de l'Armée Irlandoise s'y étoient retirez, résolus de se défendre jusqu'à l'extremité. D'ailleurs la saison étoit assez avancée, & il y avoit lieu d'apprehender, que les pluyes, qui commencent d'assez bonne heure en ce Païs-là, ne vinssent traverser cette entreprise. Mais le General Ginkel jugeant combien il étoit necessaire pour le service du Roy, & l'intérêt public, de forcer ce dernier retranchement de la Rebellion, marcha droit à Limerick sans perdre de temps, & arriva avec l'Armée le 4. de Septembre à la vûë des murailles de cette Ville. Aprés avoir chassé l'Ennemy de quelques postes avancez, la tranchée fut ouverte dés le lendemain sur le soir; pendant que pour empêcher le secours du côté de la Mer, le Capitaine Cole entroit dans le Shanon avec des Vaisseaux de guerre, & faisoit aller devant quelques Fregates, qui ayant chassé à coups de Canon la Cavalerie des Ennemis qu'ils trouverent postée sur le bord de cette Riviere, vinrent moüiller l'Ancre à la vûë de la Place. Comme le circuit en est grand, & qu'il falloit bien prendre ses précautions aux approches d'une Ville aussi bien munie, les travaux des Assiegeans furent un peu longs. Cependant aprés avoir achevé les Lignes de Circonvallation, que l'on munit de plusieurs Redoutes, on fit dresser des Batteries contre la Place, & on tira avec tant de violence que le 29. il y avoit déja une brêche où cent hommes auroient pû passer de front. Les Assiegez craignans un assaut avoient fait divers retranchemens dans la Place, & quoy qu'ils fissent peu de sorties, & toûjours avec peu de succez, neanmoins ils faisoient mine de se vouloir défendre jusqu'à l'extremité, dans l'esperance de recevoir bien-tôt du secours de France. Mais voyant leurs déhors emportez, leurs murailles abatuës, & la Ville presque ruinée par les Bombes, & par le feu de 30. pieces de Canon, & de douze Mortiers qui tiroient continuellement; que le General Ginkel avoit passé la Riviere pour les serrer de prés, qu'il avoit dissipé leur Cavalerie qui campoit de ce côté-là, taillé en pieces à leur porte plus de 600. hommes, qu'on ne voyoit paroître aucun secours, & que tout se disposoit à un assaut general, ils demanderent à capituler le 3. d'Octobre. On fut dix jours pour convenir des conditions de cette Capitulation, parce qu'outre qu'il y avoit de la division entre les Assiegez, qui ne pouvoient s'accorder sur les points de la demande qu'on auroit à faire, il ne s'agissoit pas simplement de capituler pour la Ville de Limerick, mais de faire comme un Traité avec l'Armée ennemie, qui vouloit que tous ceux qui étoient au service & dans les Intérêts du Roy Jacques y fussent compris aux conditions les plus avantageuses qu'il leur seroit possible de le faire. Ce qui leur en fit proposer de si déraisonnables qu'on fut obligé de les refuser. Cependant le General Ginkel leur en accorda plusieurs trés avantageuses; de sorte qu'aprés diverses contestations, l'on convint de 28. Articles dans lesquels toute la Capitulation fut renfermée, & dont le principal portoit que tous les Irlandois, François, ou Etrangers qui étoient au service & dans les intérêts du Roy Jacques, pourroient passer librement en France avec tous leurs effets, & que les Anglois seroient obligez de fournir 60. Vaisseaux de charge pour leur transport. La Capitulation ayant été signée le 13. on executa ponctuellement de part & d'autre tous les Articles du Traité. Il y eut environ 9. ou 10000. personnes, compris les Femmes & les Enfans, qui passerent en France; le reste prit party dans les Troupes du Roy, ou se retira dans ses biens pour en joüir en repos suivant la Déclaration de leurs Majestez. Ainsi finit cette guerre aprés avoir coûté tant de sang, & donné tant de gloire au Roy Guillaume. En memoire d'un évenement si heureux on a frappé diverses Medailles en Suede, en Allemagne, en Angleterre, & dans ces Estats. Il y a eu même de Particuliers, comme l'Auteur de cette Histoire, & autres, qui en ont fait fraper pour témoigner leur zele pour le Roy & la Reyne de la Grand Bretagne. La premiere est celle-cy.

Le Roy en Buste avec cette Inscription.

GUIL-

GUILLAUME III.
GUILLELMUS III. DEI GRATIA, MAGNÆ BRITANNIÆ, FRANCIÆ ET HIBERNIÆ REX.

Guillaume III. par la Grace de Dieu, Roy de la Grand Bretagne, de France & d'Irlande.

REVERS

Un grand & bel Oranger qui soûtient de ses branches les Armes d'Angleterre, & au pied duquel deux Rebelles à genoux viennent l'embrasser, c'est pour marquer la prosperité du Roy, & sa Clemence à l'égard des Rebelles qui sont rentrez dans la soûmission & l'obéïssance qu'ils doivent à S. M. De grandes Forces de Terre & de Mer paroissent dans l'éloignement, & cette Inscription.

LIMERICA ANGLO-HIBERNA.
Limerick en Irlande soûmise aux Anglois.

Autour de la Medaille.

BONA CAUSA TRIUMPHAT.
La bonne Cause triomphe.

Dans l'Exergue

VICTA REBELLIONE.
La Rebellion estant vaincuë.

En voicy une seconde qui a été frappée sur le même sujet.

Le Roy en Buste avec ces mots.

GUILLELMUS ET MARIA DEI GRATIA, MAGNÆ BRITANNIÆ, FRANCIÆ ET HIBERNIÆ REX ET REGINA.

Guillaume & Marie par la Grace de Dieu, Roy & Reine de la Grand Bretagne, de France & d'Irlande.

HISTOIRE DU ROY

REVERS

LE Roy qui eſt repreſenté ſous la Figure de cette Femme qui tient une Harpe d'une main, & de l'autre une branche d'Olivier qu'elle preſente à l'Irlande qui eſt à ſes pieds, pour marquer qu'il luy accorde la Paix & ſa protection. La Harpe nous deſigne, que comme Orphée ſçavoit apprivoiſer au ſon de ſa Lire les Tigres, les Lions & les autres bêtes farouches, le Roy veut tourner la Victoire à l'avantage des Irlandois. A ſes pieds on voit d'un côté avec beaucoup de Drapeaux, d'Etendarts, & autres dépoüilles une partie des Rebelles qui s'humilie, mettant bas les Armes, & paroiſſant devant luy en ſuppliante, ce ſont les Irlandois qui ſe ſont ſoûmis de bonne-foy & qui ont accepté l'amniſtie ; & de l'autre la Diſcorde fuyant avec l'Envie à une de ſes mains, & à l'autre un Flambeau. C'eſt pour répreſenter ce peu d'Irlandois qui ſe ſont retirez en France, avec les autres partiſans du Roy Jacques. On voit la Mer d'Irlande libre & nettoyée de Pirates & d'autres voleurs. Derriere l'Irlande humiliée vous voyez un Soleil qui ſe leve, qui vient pour redonner la joye & la tranquillité à ce Royaume. Et autour on lit cette Inſcription.

JAM PLACIDUM SONITURA MELOS.

Maintenant elle, (ſçavoir la puiſſance du Roy repreſentée par la Harpe d'Orphée,) donnera une douce & paiſible melodie.

Dans l'Exergue

GUILLEL. ET MAR. REG. HIBERNIA DEVICTA IN GRATIAM RECEPTA M. DC. XCI.

L'Irlande ſubjuguée reçûë en grace par le Roy Guillaume III. & la Reine Marie.

Enfin Voicy une troiſiéme Medaille que l'on a frappée ſur cela, & qui finira cet Ouvrage.

Le Roy en Buſte avec une Couronne de Laurier, & cette Inſcription.

WILHELMUS III. DEI GRATIA ANGLORUM, SCOTORUM, FRANCORUM ET HIBERNORUM REX.

Guillaume III. par la Grace de Dieu, Roy des Anglois, des Ecoſſois, des François & des Irlandois.

REVERS

Le Roy encore ſous la Figure d'un Hercule terraſſant l'Irlande avec ſa Maſſuë, & obligeant les François à prendre la fuite, & à ſortir d'Irlande, le dépit & la colere dans le cœur, & la confuſion ſur le viſage. Autour cette Inſcription.

PLURES IMPARES UNI.

Deux contre un ſont vaincus.

Dans l'Exergue

HIBERNIS SUBJECTIS, GALLIS FUGATIS.

Les Irlandois ſoûmis, & les François mis en fuite.

On voit aſſez que cette Deviſe, *Plures Impares Uni*, eſt icy miſe en oppoſition à celle de Loüis XIV. *Nec pluribus impar*, & que le but de cette Medaille eſt de faire comprendre que les Armes du Roy de France, ne ſont pas ſi Victorienſes, ni ſi invincibles que cette Deviſe veut l'inſinuer.

Le Roy ayant reçû à la Haye la nouvelle de la priſe de Limerick, en fut complimenté par tous les Ambaſſadeurs & les Grands Seigneurs qui y étoient. Quelques jours aprés il partit & s'embarqua pour retourner à Londres, où il fut reçû avec des acclamations & une joye univerſelle de toute l'Angleterre

FIN.

www.ingramcontent.com/pod-product-compliance
Lightning Source LLC
Chambersburg PA
CBHW061957180426
43198CB00036B/1309